# 経済成長主義への訣別

佐伯啓思

新潮選書

# まえがき

本書で私が述べていることは、実に「あたりまえ」のことである。「あたりまえ」過ぎて少々気恥ずかしいほどである。特に新しい見方を提示するわけでもないし、新奇なデータや情報を提供しようというわけでもない。欧米の最新の文献や理論を紹介するわけでもない。ただ、われわれの生きているこの社会が、表面上はにぎやかで楽し気に見えるものの、実は、一歩、一歩、破局へ向かっているのではないか、という思いに言葉を与えようとしただけである。

ところが、この「あたりまえ」を述べるのに、かなりの枚数を要したし、内容的にいっても必ずしも簡単に読めるものではないだろうと思う。それほど、今日、「あたりまえ」が難しくなっている。

「あたりまえ」とは、「ふつうの人」が「ふつうの生を送る」ということである。しかし、それが、今日、結構むつかしいのだ。そして、この「ふつう」であるためには何が必要で、何が大事なのかを、ある程度、まとまった形で書き、伝えることも、かなりむつかしいのだ。政府も経済界もジャーナリズムや有識者も、「ふつう」ではだめだ、という。「もっとがんばって、もっと能力を発揮して、グローバル競争に勝つ」ということが至上命題になっている。われわれは、何か

奇妙な思い込みにとらわれ、その結果として、たいへんに窮屈な社会に生きているのではなかろうか。

たとえば、経済成長という思い込みもそのひとつで、本書のテーマも「脱成長主義」にあるのだが、そういった途端にたちどころに次のような反応が返ってくる。

「脱成長やゼロ成長社会とは、まったく変化のない停滞した社会ではないか。日本がどんどん貧しくなってもいいのか」という。あるいは、こういう反応もある。「いまや、グローバル市場で新たな産業革命が起きており、世界は新たな豊かさのステージに変わろうとしている。それに乗り遅れたらたいへんだ。脱成長どころではない」。

私には、ほとんど意味のない情緒的な反応としか思われないのだが、それよりも大事なことは、この一事を見ても、われわれは、どれほどまでに経済成長という観念にとらわれているのだろうか。そのことを、私は問いたいのである。

上のような反応に対する私の回答は本書を読んでいただくほかないのだが、あらかじめ一言だけ述べておけば、脱成長社会もゼロ成長社会も、決して変化のない停滞した社会なのではない。

そもそも、経済成長率とはGDP（国内総生産）の増加率なのである。そしてGDPとは、1年で一国において生産され付加された価値である。つまり、GDPとは、いまここにある富にさらに富を付け加えているのである（富の減耗分の補てんがあるので多少、差し引くとしても、である）。だから、成長率とは、この「付け加えられる部分」の増減をいう。ゼロ成長とは、いってみれば、富（豊かさ）の増加（GDP）のさらに増加がゼロになっている、ということだ。かりにマイナス

成長でも、この増分がマイナスになるだけで、富が縮小するわけではない。

この「あたりまえ」のことを見ても、脱成長社会とは、決して「貧しくなる社会」ではない。さらに、それは変化のない停滞した社会などでもない。じっさい、この二十数年、日本はほとんどゼロ成長であった。では、この二十数年、日本は変化しなかったのだろうか。とんでもないことで、変化しすぎたぐらいである。東京都心の光景は大きく変化し、多くの地方都市の中心部は、崩壊といってもよいほどの変貌を示した。われわれの生活は、情報化やデジタル化で一変し、価値観もかなり変わった。まちがいなく「変化」はしている。にもかかわらず、ほとんどゼロ成長なのである。問題は、変化しない停滞した社会かどうかではなく、変化の方向が望ましいものかどうか、なのである。

ここで私が問いたいのは、経済成長、グローバル競争、技術革新などを推し進めることによって、人間はいっそう幸せになれる、という思い込みだ。もっと自由に、もっと便利に、もっと大きく、といった「成長主義」を問うことである。これは、いかにも「近代社会」の先入観といってもよいが、近代を200年近くにもわたってやっておれば、この先入観も疑う余地のない当然のものとなってくる。しかし、それがいかに、われわれの「ふつう」を壊してゆくのか、そのことを本書で描きたかったのである。

この6年半ほど、私は、雑誌『新潮45』で「反・幸福論」という連載をやっている。最近の1年ほど（2016年7月号から2017年5月号まで）は、「脱成長主義」論を書いてきた。本書は、この連載をもとにしているが、分量は連載のほぼ二倍になっている。「選書」としては多少、分

量は多いかもしれないが、特別の専門的な知識を要求するものではない。それこそ「ふつう（だと思っている）の人」に読んでいただければ幸いだ。最後に、この6年半ほどの長期にわたり雑誌連載においていつもお世話になっている大畑峰幸さんと、大変な熱意をもって選書にまとめていただいた今泉正俊さんに深く感謝したい。

佐伯啓思

平成29年4月6日

目次　経済成長主義への訣別

まえがき　3

序　章　人間復興の経済へ　13
成長至上主義の思考　グローバル資本主義の機能不全
アベノミクスのディレンマ　賢明な破局主義
人間＝中心主義

第一章　『スモール・イズ・ビューティフル』を読み直す　43
㈠ハーメルンの笛吹き男　「物的豊かさ」には満足している
㈡シューマッハー再訪　40年前のベストセラー
歪んだ仕事から正気の社会は生まれない
何がよき生活か、何がよき人生か

第二章　1970年代に社会転換が生じた　73
㈠せめぎあう経済学　数学に席巻された理論経済学
アメリカの「マス・エコン族」
「ホモ・エコノミカス」という人間観

㈡ベルの「脱工業社会」論　ベルの予測した社会
脱工業社会の意思決定

第三章　高度情報化は「衝動社会」を生み出す　107
㈠限界費用ゼロ社会？　レーガンの新自由主義以降
コストのかからない社会
㈡「衝動社会」の見えないコスト　何でも手に入る「恐ろしい社会」
情報過剰社会の居心地悪さ

第四章　「稀少性の経済」と「過剰性の経済」　139
㈠「あふれ出る社会」へ　個人主義、合理主義、自由主義、能力主義
脱工業社会とは何か　無限の欲望と資源の制約
㈡「稀少性」から「過剰性」へ　稀少性とは何か
「過剰性」とどう付き合うべきか

第五章　経済成長はなぜゆきづまるか　169
㈠経済成長とは何なのか　成長主義という強迫観念
成長が鈍化する三つの理由　イノベーション信仰は正しいのか？
㈡イノベーションは成長をもたらすか　誤った信仰にとらわれている

「ふつうの人」に便益が還元されない

**第六章　「人間の条件」を破壊する「成長主義」** 207

(一)「人間の条件」とは　「生命」、「自然」、「世界」、「精神」
「生の条件」になじまない経済成長　ソフィストとソクラテスの対立
(二)変わり者が遂行する「創造的破壊」「人間が作り出すもの」を拡張する世界
永続するストックを破壊する経済成長
シュムペーター「創造的破壊」の真意

**第七章　経済成長を哲学する** 247

(一)問題は「価値」にある　成長についての形而上学
過去と現在の幸福は比較できるか　農場の規模が大きいとできなくなること
(二)「世界」を壊す経済成長　「世界」とは無縁なもの
「世界」が少しずつ崩されてゆく

**第八章　グローバリズムは人間を幸福にしない** 281

(一)自由貿易論の虚偽　アメリカは自由貿易の国か
比較優位論が成り立たない　自由貿易は国を豊かにしない
(二)スミスとケインズの知見　スミスのいう「自然のなりゆき」

そこそこの楽しみ　スミスとケインズに共通した人文主義
外へ外へ求めた近代主義　経済的な進歩と人間的なものの退歩

終　章　成長主義と訣別する　321

(一)カール・ポランニーの経済学　市場は社会的存在
ポランニーの「善き生」
(二)「外延的拡張」と「内向的凝縮」　ポスト・モダニズムが消滅させたもの
外延的拡張と内向的凝縮のモーメント
(三)「足し算」から「引き算」へ　引き算の原理を
(四)「ふつうの生」へ　「ふつうの生き方」が難しい
「方法的悲観主義」でいい

本書で紹介されている主な書籍　377

# 経済成長主義への訣別

# 序章　人間復興の経済へ

## 成長至上主義の思考

この本で、私は、経済成長主義への異議を申し立ててみたいと思う。いうまでもなく、経済成長こそは、今日、われわれを捉えて離さないもっとも強力な価値観のひとつであろう。あまりに当然のことになってしまい、わざわざその重要性など説くものもほとんどいないほどである。

とはいえ、新聞は日々、景気の動向や成長率の上昇下降について紙面をさき、時には、それが政権を揺さぶることもある。政府に対するもっともわかりやすい批判は、この政権では経済はよくならない、というもので、一方、受けて立つ政府の側も、景気を回復し力強く成長させることこそが支持率につながると考えている。選挙となれば、与党も野党も、景気回復と経済成長を公約の筆頭に掲げるし、大新聞などのメディアも、景気指標が悪くなったり成長率が低下したりすれば、ここぞとばかりに政府批判を行う。

経済学者や経済評論家そして経済系のジャーナリズムもいうまでもなく「成長主義」に与している。ある経済政策を批判する場合にも、その政策では成長できない、というのが通例だろう。

もっとも、最近、事情は少し複雑になり、経済格差の拡大が今日の経済問題の最大テーマのひとつになってきた。そこで、成長よりも所得再分配を優先すべきと説く経済学者もでてくる。しかし、これは経済成長そのものへの異議というよりも、その修正というべきだろう。成長（効率性）と配分（公正性）の間のバランスという問題は別に新しいテーマではなく、経済学にずっとつきまとってきた課題なのである。

それに対して、私は、「脱・成長主義」というものを論じてみたい。それは、第一に、今日、われわれはもはや経済成長を生み出せる状況ではなくなりつつある、と考えるからであり、第二に、それにもかかわらず経済成長を第一義的な価値とする「成長主義」は、われわれにとって、もはや幸福を約束するものではないと考えるからである。

この場合、より重要なのは後者の方である。「経済成長」という事実よりも、「成長主義」という価値もしくは考え方の方である。余計な誤解を避けておきたいので、あらかじめ述べておくが、私は、何が何でも「経済成長をやめろ」などというつもりはない。別に経済成長を目の敵にしているわけではない。

確かに、私は、今日の世界経済、とりわけ日本経済は、少なくとも中長期的にみて、もはやそこその成長率（たとえば数年にわたり平均して2%程度の成長）さえ達成できる状態ではない、と考えている。せいぜい1%もいけばよいだろうと思う。人口減少社会なら0%でも一人当たりのGDPは成長する。しかし、私は別に計量的に推測したわけでもなく、特別な根拠があるわけでもない。だからそのことを争うつもりはない。

問題はむしろ、さして根拠もない推測や予測に基づいて日本経済はもっと成長できるだの、3%成長を目指すべきだ、などという無責任な言説があまりに多すぎる点にこそある。そうした成長待望論者に限って、脱成長という悲観論などケシカラン、という。その気になればできる、あらかじめあきらめるのは敗北主義だ、というわけだ。

私が本書で問題としたいのは、現にそこそこの成長が可能なのか、それともほぼゼロの低成長路線に入るか、ということではなく、この成長至上主義の思考そのものなのである。日本の成長率が何%になった、さあ大変だ、あるいは、成長率があがった、日本は復活した、とばかりに一喜一憂する種類の成長主義とは訣別したいと思う。

それは、ただ私の個人的な願望や嗜好というだけではない。われわれは、統計的数値として示される経済成長率に何か大きな意味があると考え、その数値をもち上げなければ気が済まなくなっている。そして、あたかも血圧計の測定結果が体の健康を示すかのように、成長率の数値の上下だけが、われわれの幸せの尺度であるかのように思ってしまっている。血圧とは逆に、この数値が年々あがっていかなければ、何か生活が豊かになり、幸せになれないかのようにたちまち不安になってしまう。

だけれども少し考えてみよう。自動車を一台買うことで幸せを感じることもあれば、一人の信頼できる友人を作ってこの人物とゆったり話をすることに幸せを感じることもある。ある程度の生活レベルが達成されると、たいていの人は、後者の方により魅力を感じるだろう。だがそれではGDPは増えない。自動車を購入すればささやかではあるが経済成長には貢献する。成長と幸

福感が一致しないのはあたりまえなのである。

にもかかわらず、いつのまにか、可能な限り大きな成長を達成することこそが望ましい、という成長信仰からわれわれは抜け出せなくなった。そしてそのことは、一人の友人を見つけるよりも一台の自動車を買う方をよしとする社会へとわれわれを誘導してゆく。大事なことは、これはひとつの価値観だということなのである。個人の嗜好や選択の話ではないのだ。経済成長をめざす社会とは、一人の友人とゆっくりとおしゃべりを楽しむ「無為な」時間よりも、せっせと働いて収入のレベルを上げ、高級な自動車を購入することにより高い価値をおく社会なのである。こうした社会では、「無為」であることは不道徳になる。有用性と効率性が支配的な価値になる。こうしてわれわれは、活動は常に有用性をもたなければならず、非効率であることは悪であるかのような社会へと押し込められてゆくだろう。

しかし、いったいそこにどのような合理的な理由があるというのだろうか。われわれは何のために経済成長を求め続けるのか、その先に何があるのだろうか。こう問うても確かで納得のゆく答えはどこからもでてこないであろう。それなのに、われわれは見事なまでに成長幻想もしくは成長主義に囚われている。きわめて長い人類の歴史のなかで、物的な意味でこれほど豊かになり、そして、これほど高度に個人的な自由を享受している時代はない。にもかかわらず、今日われわれは、いっそうの豊かさと自由とを求めるあげくに成長主義に捕捉され、たいへんに窮屈な経済の論理の中に収監されている。

これは、近代社会の合理的な選択の結果などというものではなく、理性的な判断の帰結などと

いうものでも決してない。成長主義とはひとつの明確なイデオロギーというより、輪郭のはっきりしない共有された感情であり気分といった方がよい。それは、輪郭はあいまいであるが、その核にはきわめて強固な情緒をもった気分なのだ。昨日よりは今日の方がよくなる、今日より明日はもっとよくなる。いや、よくなくてはならない、という規範的な願望を含んだ気分である。

近代社会にはいって、われわれは時間というものをそういう風に見るようになった。未だ来たらず、という未来への不安を、希望というあいまいな情緒を信じることで克服しようとしたのである。明日が今日と同一状態ではまだ不安なのだ。それほど、近代に生きるわれわれは未来を確かなものとして信じることができなくなってしまった。だからこそ、未来は、今日よりもよくなければならない、という強迫観念に囚われてしまうのであろう。しかもそこに「進歩」という言葉を当てはめるという念の入れようである。モノが増えるという物象的形態はよりよい社会の物証的事実となった。かくて経済成長とは社会進歩のもっともわかりやすい指標におさまった。富が少ないよりも多い方がよいと無条件に信じることができれば、経済成長が「進歩」であることは論をまたない。こういう了解ができたのである。

繰り返すが、ここには何の合理的理由も確実な根拠もない。それはほんの少し考えてみればわかることだ。なぜなら、富を生み出すためには、それなりの犠牲を払わなければならない。無償で贈与される富は太陽の熱と大地の恵みぐらいである。富は空から降ってくるものではない。とすれば、この犠牲と富を比較しなければ、実際には富の増大が進歩を意味するかどうかはわからないであろう。ところが、富の方はともかく、犠牲の方は、簡単には計測できないし、そもそも

何を犠牲と考えるのか、どこまでを犠牲と考えるのか、あらかじめ決まった基準はどこにもない。ということは、富の増大をそのまま「進歩」とみなす理由はどこにもないということになる。成長主義とはただの情緒、気分といわざるをえないのである。

この点で、フランスの思想家であるジャン＝ピエール・デュピュイが面白い話を述べている。アメリカのイエール大学の法学講義では、定期的に、次のような例が議論されているそうである。ある国の大統領のもとへある者がやってきて、次のような取引をもちだした。「貴国の経済は調子が悪いですな。私が立て直して見せましょう。そのために最新技術をお譲りしましょう。するとGDPはいっきに2倍になりますぞ。ただその代わりに、貴国の人口から毎年2万人の命をもらいたいのですがね」

これを聞いた大統領はうろたえ、申し出を拒否した。拒否するのが当然であろう。彼が拒否した最新技術の発明とは、自動車のことである……。（『経済の未来』以文社）

私が「経済成長主義」に強い疑問を感じるのは、まさに、これと同様のことが「成長主義」のもとでは生じうると考えるからだ。いや、「生じうる」などという控えめな言い方は、かえって事実を欺くことになりかねない。日常的に生じている、というべきだろう。先の、一人の友人と一台の自動車を考えてもよい。高級車を一台手に入れるためにあくせく働けば、一人の友人と過ごす無為な時間は確保できないだろう。それは高級車を手に入れるための犠牲であるが、この犠牲の方はまったく目にはみえず計測もされない。確かに自動車のたえざる発明・改善によってGDPは増加してゆく。しかし自動車事故による人口の減少はカウントされないし、まして、環境

の悪化やわれわれの生活のあわただしさからくるストレスなどまったくカウントされない。それで果たして「進歩」といえるのか。われわれの幸福につながったなどといえるのだろうか。

### グローバル資本主義の機能不全

私は、本書を「脱成長主義」という立場で書いている。繰り返すが、私は必ずしも経済成長をやめろといっているわけではない。経済成長を至上の価値とすることをやめようといっているだけである。「脱成長」ではなく、あくまで思想や価値の次元の問題を論じているのであって、だから「脱・成長主義」なのだ。

とはいえ、強く主張するつもりはないのだが、ここには、今日の資本主義のもとでは、もはやわれわれの経済は十分に成長できる状態にはない、という思いがある。特に日本についてはそうである。このことはまた後の章で述べるが、今日のような相当な豊かさの段階に達した先進国の経済が、戦後数十年間で達成してきたような経済成長を維持できると考える方に無理があろう。物的な豊かさが実現されればされるほど成長率が低下するという、おそらく現実にしばしば見られる現象には、厳密に確かな根拠ではないものの、ある程度の大雑把な理由はあるだろう。しごく雑に次のように考えることもできるだろう。

経済学には「限界効用逓減の法則」という概念がある。これは、消費するモノの量が大きくなれば大きくなるほど、そのモノからえられる追加的な満足度（限界効用）は減少する、という「法則」だ。同じ食品ばかり食べれば、満足の全体量は増加するとしても、その増加率は減少す

る、ということである。この「法則」は、厳密には、同一のモノに関する法則であり、同一の消費者についてである。しかし、われわれの誰しもが経験することだろうが、歳を経るにつれてモノに対する関心は薄れてくる。もはやモノは十分だと思うようになるだろう。明らかに限界効用は低落しているだろう。40年も50年も消費者をやっておれば、おおよそほしいモノは手に入ってしまう。明らかに限界効用は低落している

もちろん、若者はそういうわけにはいかない。ほしいものもいくらでもあるのかもしれない。しかしそれでも、親の世代に比べれば、明らかに豊かな状態で消費社会に参入している。オギャアと生まれた時からすでに相当なモノに囲まれている。モノに対する渇望感がそれほど強いとは思われない。とすれば、豊かさが実現されればされるほど、世代の進展とともに限界効用はやはり低下していくとみておいてもよいだろう。世代を通じた限界効用の逓減の法則もある程度は成り立つであろう。

もちろん、これは経済学に従った厳密な議論ではない。ひとつのイメージを与えるための雑な言い方である。だが、仮にこうしたことがありえるとすれば、豊かさの進展、つまりGDPの増大につれ、社会全体の消費意欲が低下するのは当然なのである。

ということは、従来と同じ効用の増加を得ようとすれば、消費量はますます増加しなければならない。そのためには、これまでにもまして多大な資源を投入し、われわれはますます忙しく働かなくてはならないであろう。そうでなければ、従来と同じ満足感を維持することができなくなってしまう。言い換えれば、豊かになればなるほど、われわれは、さらにいっそう多くの資源を

投入し、いっそう忙しく働くことになる。それだけをみれば、あたかも、豊かになればなるほど、われわれはますます貪欲にモノをほしがっているようにみえるだろう。それでかろうじて経済成長を維持することができる、ということになる。

われわれは今日、すでにこのような段階に陥っている。経済成長を達成するために、多大なコストを投入しなければならなくなっている。しかも、そのコストの多くは目にはみえない。とりわけ、われわれの健康や人間関係や精神的な次元にかかわるコストはまったく目にはみえない。だから、それは通常の意味では計測不可能であって、市場価値のタームでの計測から落とされてしまうものなのである。

資本主義経済は、成長するために、市場における競争メカニズムを最大限に利用する。したがって、成長率の低下につれて、ますます競争圧力がかかってくる。1973年あたりを転換点として、先進国は、戦後経済の枠組みのもとではひとつのピークを迎えた（この点はまた後に述べる）。80年代に入るといわゆる新自由主義によって市場競争が強化された。90年代に入るとグローバル経済の形成によって、自由競争はさらに激しさを増した。

90年代の末から2000年代になると、ここにIT革命と金融市場の急激な成長が重なって、先進国では、製造業から情報技術や金融へのシフトが生じた。その結果、製造業に関しては、先進国の労働者は、新興国の労働者との激しい競争を強いられることになる。また、ITや金融部門では次々とイノベーションが生じるため、そのイノベーションが生み出す利潤機会から取り残されないためのかつてない激しい競争が生じる。それが、先進国において大きな所得格差を生み

出したのである。

これはすべて富と自由を求めたこの数十年のわれわれの経済活動の結果であった。そのことをわれわれはしっかりと認識しなければならない。戦後、先進国は、破壊された街や生活を再建しようとして経済成長を実現した。まさしく「奇跡の復興」であった。30年、40年もたてば、先進国は驚くべき豊かさを現実のものとした。まさしく「奇跡の復興」であった。そして、それからまた30年もたとうとしている。この間に経済成長率は徐々に下がり続けてきた。そして、成長率が下がれば下がるほど、われわれは、あたふたとさらなる豊かさを求めて、グローバリズムとイノベーションの激しい競争のなかに突入していったのである。繰り返すが、いったい何のために？

ドイツ・フランクフルト学派の衣鉢を継ぐ社会思想家のヴォルフガング・シュトレークは、この事態を「時間かせぎの資本主義」と呼んでいる。どこに着地するというあてもなく、今日の資本主義はただただ危機を先送りしているだけだ、というのである。それを主導したのは常にアメリカだ、と彼は述べる。ブレトンウッズ体制を終わらせ、次に減税による財政赤字を生み出し、次には1990年代に財政再建を掲げ、金融市場の規制緩和を行い、そして2008年のリーマンショックに至る。その後も先進国を覆っているのは、超金融緩和という「貨幣による時間かせぎ」である。このシュトレークの分析には説得力がある。

確かに、われわれは時間かせぎを続けてどこへいくのであろうか。今日の、経済の金融化やグローバリズム、そしてイノベーション競争は、いったい何のためなのだろうか？

われわれは何を求めているのだろうか。はっきりしているのは次のことだ。

「豊かになればなるほど、われわれはさらに忙しく働かなければならなくなっている」

そして「それにもかかわらず、われわれは豊かさを実感できなくなっている」。

さらに悪循環が続く。

「豊かさを実感できないのは、経済成長率が低下しているからだ。だからもっと経済成長率を高めなければならない」

しかし実際には、

「経済成長を求めれば求めるほど、経済成長は達成できなくなる」

これが現実なのである。

だがこの現実をもたらしたものは何なのだろうか。責任を問われるべきは「資本主義」なのだろうか。


確かに、今日、いわゆるグローバル資本主義はほとんど出口のない危機へ向かって暴走しているようにみえる。2016年には、グローバル資本主義の危機的状況を物語るふたつの出来事が生じた。ひとつは、イギリスの国民投票によるEU離脱の決定であり、もうひとつは、アメリカの大統領選におけるドナルド・トランプの勝利である。

この、世界を震撼させた予想外の出来事は、ある重要な一点において、同一の事情から生み出されたものであった。それは、グローバル資本主義の機能不全ということである。

グローバル資本主義は、国境を消し去った自由な経済活動を理想とする。この理想をもっとも

すばやく現実に変えることができるのは資本であり、資本を自由に動かせる金融投資家やグローバル企業がこの時代の主役となる。ボーダーレス化した世界市場は彼らに大きな利潤機会を与える。ところが、土地に縛られて簡単に移住することのできない、あるいは転職することのできない労働者はきわめて不利な立場におかれる。それでも住む場所があればよいが、いっそう不利な立場にいるものは、土地を離れて仕事を求めてさすらい、他国へと移住するほかない。

こうして地域格差や所得格差が生じる。しかも、多くの場合、収入が減少し雇用が不安定になるのは、製造業を中心とした中間層から下層へかけての企業従業員や労働者たちであった。ごく「ふつうの人々」なのであり、彼らの不満は政治に向けられるであろう。

したがって、政府は何らかの政策を打たなければならない。しかし、その手段は限られている。過度な金融緩和は、ますます浮動する資本を増長させ、金融市場の投資家に甘いえさをばらまくことになる。他方、財政政策は財政赤字を生み出し、過剰に国債を発行すれば、それがまた投資家に狙われる。あるいは、新自由主義者にそそのかされて緊縮財政や競争促進政策をとれば、いっそうの景気の悪化や労働賃金の低下を招きかねない。どれもが手詰まりになる。政府が取りうる政策手段は限られているのだ。

そこで、IT革命や金融革命から排除され、グローバル資本主義の恩恵にあずかれないものは、政府に対して批判票を投じ、既存の政治に対して不満をぶつけるであろう。民主主義は、こうした不満を表明する格好の舞台になるのだ。かくて、イギリスではEUをリードするフランスの官僚やドイツの新自由主義者が批判された。アメリカでは、グローバリズムを押し進めた既成の政

治が批判された。その同じ力学が、イタリアでもオランダでもフランスでも、そしてEUの牽引者であるドイツにおいてさえも排外主義的なナショナリズムを押し上げている。彼らは、批判の矛先を、職が競合する移民労働者に向けるのである。こうして、グローバル化やボーダーレス化の帰結である開放的な移民政策が攻撃されることとなる。

明らかに、グローバル資本主義はうまく機能していない。しかもそれだけではない。民主政治もうまくいかないのである。

もしも今日ほどグローバル化やボーダーレス化が進展せず、一国で独自の経済政策をとることが可能であれば、大衆の不満は民主政治のもとで福祉政策や所得再配分政策へと焦点化されたであろう。市場競争主義は社会民主主義によってある程度、抑制されたであろう。

しかし、グローバリズムのもとでは、各国は独自の経済政策をとることができない。財政負担の増大をもたらす福祉政策は、その国のグローバルな競争力を弱体化しかねないからであり、増税も同じ理由で難しい。経済を活性化するために移民に頼れば、大衆の不満は移民に向けられ、トランプ大統領を誕生させたアメリカのように、反移民政策と反エリート主義を打ち出す指導者を、不満をもった大衆が歓呼をもって迎えることになろう。

明らかに経済的なグローバリズムが行き過ぎたのである。しかし他方で、政治的には国民国家という枠組みは残っている。ここにディレンマがある。「グローバル経済」と「主権的な国民国家」という近代社会を駆動させた両輪が両立できなくなっているのだ。そして民主政治は資本主義の生み出す矛盾を処理できない。それどころか、矛盾を増幅させてしまい、敵対と憎悪を、風

船を膨らませるように膨張させてしまいかねない。西洋社会が誇り高くも掲げてきた人権主義や個人の自由や寛容という啓蒙的価値も、グローバル資本主義のもとではほとんど機能しない。不満や憎悪というガスをたっぷりと含んだ風船はやがて破裂するか、さもなければ、行方も知れずただただ飛び続けるか、であろう。

アメリカではトップ1％の者が総所得の約10％を独占し、トップ10％が総所得の半分近くを占めている。資産でいえば、トップ1％の者が総資産の40％を保有し、トップ0・1％の富裕層の保有資産は22％で、これは下位90％の者の資産の総計に匹敵するという。CEOなど、トップ経営者は最高水準で50億円にもなる年収を得ている。上位40名ほどの年収は10億円を超している。こうなると、同一企業で働く経営のトップと一般従業員の間の所得格差はへたをすれば1000倍近くにもなるだろう。もはや自由も寛容もないであろう。ついでに述べれば、「フォーブス誌」によれば、世界の1810人の金持ちの保有資産は約650兆円になる。日本のGDPの1・3倍なのである（これらの論点については小林由美『超一極集中社会アメリカの暴走』を参照）。

啓蒙主義の産物である西洋近代社会が高々と打ち上げ、戦後のアメリカがその十字軍の役割を引き受けた「近代というプロジェクト」が、自ら崩壊へと歩を進めている。このプロジェクトのもっとも核心にあったグローバル資本主義が、まさにこのプロジェクトを破壊へ導こうとしているのである。

こうした状況のもとで、イギリスはEU離脱を選択し、アメリカはトランプ大統領を選択した。それが何をもたらすかは不明であるとしても、何がそれをもたらしたかは明白である。過剰なま

での、グローバル資本主義の競争と金融中心の経済である。今日は、ここにさらに第四次産業革命などともいわれるイノベーション競争を付け加えるべきであろう。第四次産業革命の帰趨はまだ先の未知の領域だとしても、金融中心のグローバル資本主義が問題の根底にあることは否定できない。確かに、資本主義は限界に近付きつつあるようにみえる。成長率の鈍化および排外主義や保護主義への転換は、まずはその状況証拠というべきではなかろうか。

## アベノミクスのディレンマ

もうひとつ、われわれにとっては直接に関連する事例について触れておこう。日本のアベノミクスである。2012年に始まったアベノミクスは、「異次元の金融緩和」という第一の矢、「機動的な財政政策」という第二の矢、そして「成長戦略」という第三の矢を組み合わせる、かつて例のない経済政策であった。確かに、これほど大胆で明確な意思に支えられた政策はこれまでほとんどなかった。日本の首相がこれほどの決断と指導力を発揮することはめったにないことである。

とりわけデフレ克服と2%程度のインフレ実現をうたった、第一の矢の「超金融緩和」と第二の矢の「財政政策」の組み合わせは(特に第一の矢は)、いわゆる「リフレ派」と呼ばれる、あまり正体のはっきりしない経済理論に裏打ちされていると宣伝された。これは、基本的には貨幣数量説を原理とし、貨幣供給の増加によって物価を上昇させようというものである。ただし、古典的な貨幣数量説ではなく、貨幣量の増加によって、物価上昇についての人々の期待を喚起し、そ

のことによって需要を生み出す。つまり景気を回復させる、というものである。そこへもってきて、財政政策を打つと同時に貨幣を供給することで、民間資金が公共部門へ流れることによって生じるクラウディングアウトを避けようというのである。

確かに安倍首相が述べたように、「考えられることはすべてやる」政策といってよい。経済思想的にはまったく敵対する新自由主義的なマネタリズムとケインズ主義を両方ともに組合せようというわけである。私のように、経済思想に関心をもつものからすれば、まったく異なったふたつの経済観を強引に結びつけた、とんでもない異種混合のやり方にみえる。うまくいけば大成功、失敗すれば後がない、といった大きなリスクを背負ったものだと思うが、実際にはやってみなければわからない、というのが実情であった。

そして、その結果はどうであろうか。数年たった時点でいえば、ある程度の成果は示したものの、とてもではないが期待されたほどの成果をえたと評するのは難しい。最大のテーマであったデフレの克服はともかくとしても、2%程度のインフレ目標は達成されたとはいいがたい。財政政策の成果も十分ではない。財政政策の積極性からすれば成長率はそれほど上昇していないからである。第三の矢の「成長戦略」については、その成果は長期的な観点から評価されるべきである、という点を割り引いても、実体はよくわからない。これが実情なのである。

どうしたことであろうか。また第五章でも述べるが、本質的な問題は、リフレ政策やケインズ的財政政策によって解決できるようなものではないからである。グローバル資本主義という、あらゆるものを飲み込んでしまう巨大な潮流が、そもそも一国の経済政策を困難にしているのであ

る。グローバル競争は先進国にとってはデフレ圧力をもたらす。そこで超金融緩和政策を採用しても、それが国内で需要をうみだすとは限らない。それよりも流動性はグローバル金融市場へ流れだし、金融市場を動揺させる可能性が高い。財政政策は、いずれ将来の増税を予測させ、常に投機的な金融市場の動向を見ながら行うほかない。

問題の本質は、グローバル資本主義そのものにあるのだ。グローバリズムのもとでは、政治はもはや市場経済から独立に、いわばその外側から市場に大きな影響を与えることは難しい。政府は、市場に対する超越的なアクターではなく、政治はグローバル市場の動向に左右され、市場の反応に対応して政策を決定するほかなくなっている。政府が市場を監視しているのではなく、市場が政府を監視しているようなものである。各国の政治はグローバル市場に飲み込まれているのだ。

したがって、政府は、たえざるディレンマのなかに置かれる。それは、一方で、生活の安定や雇用を求める大衆の民主的な要請にさらされ、他方では、規制撤廃や自由競争の促進を求めるグローバル市場の要求を受け入れざるを得ないからである。そして、この両者の要求を満たすものがあるとすれば、それは成長の実現以外にはないのだ。経済成長さえすれば、すべてはうまくゆく、というわけだ。そしてそのために、なりふり構わず「考えられることはすべてやる」ということになる。

しかし、それにもかかわらずさして経済は成長しない、となれば、問題の根本はやはりグローバル資本主義そのものにあるといわざるをえないだろう。それはほとんど限界まできているとい

わねばならない。その端的な現れは、超金融緩和のたどりついた果てに見てとれる。
２０１６年に、日本銀行は政策金利をマイナスにすることを決定した。もちろん、これが直ちに、民間金融機関の貸出金利がマイナスになることを意味するものではないが、このことが意味することはたいへんに深刻である。それほどまでに資金需要がなくなっている、ということだからだ。

企業の収益率は、金利から予測される物価上昇率を差し引いた長期的な実質金利をひとつの目安にするから、物価上昇率がゼロだとすれば、企業の収益率はマイナスになりうると予測されていることになる。これでは誰も投資など行わないだろう。民間企業が、将来の長期的な投資によってはほとんど収益を期待できない、と公式に認めているのである。それほどまでに民間投資が低調になった経済が拡張し成長すると期待する方が常軌を逸しているのではなかろうか。

資本主義とは、将来へ向けて経済を拡張してゆく活動である。そのためには、手元に資本が必要で、それは借金によるほかない。借金は将来の収益によって返済される。将来に向けて収益が得られると期待できれば、企業は借金をするから、当然、利子がつく。借金つまり負債を動力にして成長するのが資本主義の本質なのである。いいかえれば、成長できないと予測すれば、負債を抱えるわけにはいかない。借金はできるだけ避けようとするだろう。その代わりに、利益を積み上げて内部留保として保有するだろう。今日の企業はこのような状態にある。ということは、将来に向けた経済成長が期待できない、ということを示している。

## 賢明な破局主義

先に名前をあげたフランスの思想家、ジャン＝ピエール・デュピュイは、今日の金融中心のグローバル資本主義はいずれ崩壊する、と断言している。もっとも、「崩壊」とは何を意味するのか、それがどのような形で生じるのかは、彼も論じていないし、誰にもわからない。ただ、経済がこのままで成長を続け、世界に繁栄と安定をもたらすなどと期待することはまず不可能であろう。この状態を続けてゆけば、いずれそれは行き詰まることは明らかであろう。資源も環境も土地も人口も食糧も有限の世界のなかで、無限に成長を続けるなどということはありえない。もし成長を続ければ、何らかの巨大な歪《ゆがみ》が生み出され、それが世界を支えきれなくなるだろうことは、容易に想定できる。いわば、人は、どのようにして死を迎えるかはわからないが、いずれ死を迎えることは間違いない、といっているわけである。

グローバル資本主義の破局がどのような形で生じるのかはわからない。考えられることはいくつもある。この徹底した世俗的利益中心主義を主導したアメリカがその主導的立場を降りるのか、あるいは、アメリカや西洋近代主義とイスラム原理主義との間の「文明の衝突」が生じるのか、国際的なテロ組織が活動を活発化するのか、混乱のヨーロッパから再び独裁的指導者が出現するのか、アメリカ、中国、ロシアといった大国間での摩擦が生じるのか、あるいは、環境問題が耐えがたいほどの深刻なものとなるのか、資源やエネルギーの隘路《あいろ》が明白になるのか、はたまた巨大災害や新種の病原体のパンデミックが生じるのか。さらにいえば、第四次産業革命の目玉であるＡＩ（人工知能）が人間を超えてしまうことで、これまでとはまったく異なった社会が出現す

るかもしれない。

可能性はいくらでもある。破局がどのように来るかはわからないが、グローバルな資本主義が、この先もずっと年率3％や4％で成長し続けるとは考えられない。もしそんなことがあれば、資源問題、環境問題、食糧問題がふたたび鎌首をもたげてくるだろうし、逆に成長率が落ちれば、グローバル資本主義は新たな資源と市場を求める新帝国主義というべき状況に入るだろう。いやすでに、今日、グローバリズムはすでに新帝国主義という様相を呈しているのである。この経済競争、成長競争のなかで、無理に成長を加速させようとして各国の通貨当局が過剰に流動性を供給すれば、ますます金融市場は不安定化し、バブルとその崩壊をもたらすであろう。次の新たな「リーマンショック」は、さらに規模を巨大化してわれわれを飲み込むであろう。それがどれほどのダメージを資本主義に与えるかは計り知れない。

これはかなり悲観的な想定である。しかし無理やりに悲観的にしているわけではない。十分に考えうることである。私がいいたいのは、だからこそ、本当は、低成長へと緩やかに推移し、定常経済へと徐々に移行することが望ましいということなのである。脱成長こそが、ほとんど唯一、この資本主義を長期的に安定的に持続させる方法なのである。

にもかかわらず、脱成長はグローバル資本主義の終焉を意味する、と捉えられている。脱成長主義は、反グローバリズムであり反資本主義と理解される。成長主義こそが、そしてそれだけが、グローバル資本主義の生き残る道だとみなされている。だがこれほどの誤解もあまりないであろう。グローバリズムの敵は反グローバリズムではなく、グローバリズムそれ自体がひき起こす破

局なのである。

確かに、資本主義とは、負債を抱えて、未来へ投企《とうき》し、未来において収益をえる、という活動である。未来における収益は、負債よりも大きいものでなければならない。このような期待がなければ資本主義は存続しない。だから、資本主義の存続を信じるということは、成長を信じることでもある。そして、そのことは言い換えれば、資本主義的な活動を支持する者は、将来の破局などありえない、と考えていることになる。破局の可能性など想定してはならないのである。

デュピュイが述べている次のような例を考えてみよう（これはもともと自身が投資家だったピーター・シエルがあげている例示である）。

今ある男が、ある事業をやるかどうか考えている。この事業がうまくゆく確率は10％程度だとする。そして、この事業を成功させれば自社株は１００ドルの値が付く、としよう。客観的かつ合理的に考えれば、彼は、現時点で自社株に10ドルの値を付けるのが正解であろう。しかし、実際には、彼は１００ドル近くの値を付ける。どうしてか。90％の確率で事業は失敗するのだが、失敗してしまえば株も何も意味を失う。だから、株式が取引されるとすれば、それは事業が成功した時だから、90％の失敗の可能性は排除してよいのである。これが彼の「合理性」である。人は、破局のない未来へ自己を投企するのだが、投企する限りは破局はありえない、ということにしているのである。

デュピュイ（シエル）は、この事態を次のような国営宝くじのユーモラスな宣伝文句に重ね合わせている。「なんと！　当選したみなさんは全員がくじを買っていたんですよねえ！」確かに

その通りだ。当選した者は、あたかも最初から、はずれる可能性などまったく考えてもみなかった、とみなしうるのである。

ところが、おそるべきパラドックスはこの後にやってくる。90%の失敗の可能性を排除して、ただ事業をやり、株式市場を沸騰させる。しかしやがてその事業は90%に飲み込まれて失敗するだろう。すると株式市場はパニックになる。つまり現実に破局する。

ここで述べられているパラドックスは、こういうことなのである。破局の可能性を排除したために現実に破局が起きた、ということだ。もしも彼が、90%の破局の可能性を深刻に受け止め、事業をやらなければ破局は起きなかったのだ。破局の可能性を排除したがゆえに破局が生じ、破局が起きると考えれば破局は起きない、というパラドックスが生じている。

これは、金融市場だけではなく、今日の資本主義経済の姿を象徴している。資本主義がさしあたり続くのは、破局などありえないという楽観的期待をもっているからである。だから、彼は、未来へ向けて投企し成長を目指す。しかし、そのことがやがて資本主義の破局をもたらす。だから、この行為者にとっては、当面は、破局の可能性などには目をつむり、未来について楽観的であることが合理的なのである。そうすれば当面は現に経済は成長し利益があがるからである。しかしその結果として破局がやってくる。だからこの楽観主義者は、本当に思慮深ければ、破局主義者（破局が訪れることを想定する者）でなければならないのだ。このことが意味していることは何であろうか。資本主義は永遠に続くという楽観主義は、ある点では合理的なのだが、別の点からすれば、破局主義の方がいっそう合理的だということになるのである。

そして、資本主義は続くという楽観主義こそが破局をもたらすのに対して、逆に、破局主義にたてば、むしろ資本主義経済はゆるやかな形で継続する。それは、大規模な投資や成長とは無縁であるが、定常化に近い水準で持続するだろう。かくて楽観的な成長主義者であるよりも、悲観的な破局主義者である方が、むしろ持続的安定を可能とするであろう。こうして、デュピュイは、この立場を「賢明な破局主義」と呼んだ。それは、思考を通じて、あるプロセスの行く末を想像し、その極限で生じる出来事の事後的状態に身を置き、そこから今日あるべき事柄へと、手元に向かって遡及させる、ということである。

この考えに私はほとんど同意できる。私自身は、こうした思考様式を、自身で「方法的悲観主義」と呼んでいたが、それをデュピュイに倣って「賢明な破局主義」といってもさしてかわらないだろう。未来はまったく不確定である。どのような形で破局がやってくるかはわからない。しかしいずれ何らかの破局がくることはまず間違いない。とすれば、未来の破局の時点から現在へと遡及して、それをできるだけ避けるにはどうすればよいかという思考は、ほとんど唯一取りうるものではないのだろうか。

### 人間＝中心主義

さて、それではどうすればよいのか。「方法的悲観主義」もしくは「賢明な破局主義」に立つとして、いまここでわれわれはどう考えればよいのか。どのように破局を先延ばしすればよいのか。それを避けることは果たして可能なのか。

そこで、私は「人間中心主義」に立ちたい、と思う。「人間中心主義」といえば通常はいわゆる「ヒューマニズム」を想起するが、ここでいうのはまったく異なったことである。強いていえば「人間的であること」から出発する、という意味で「ヒューマニシズム」とでもいっておきたい。それは、何やら、人に優しいとか、人道主義的であるとか、理性的であるとか、といった含意をもつヒューマニズムとはまったく何の関係もない。もちろん、いわゆるルネッサンスの「人間中心主義（ヒューマニズム）」とも違うし、またそれは、古代ギリシャの哲学者プロタゴラスのいうような「人間中心主義（ヒューマン・セントリズム）」でもない。すべての価値の基準を人間に置くというようなことではまったくない。

あえてそれらと区別をするために「人間＝中心主義」と記しておこう。私が「人間＝中心主義」から出立するというのは、きわめてシンプルなことで、「人間＝中心主義」から出発するとなると、そもそも「人間」とはいかなる存在なのか、「人間的である」とはどういうことなのか、と問わなければ始まらないからである。その意味で、まずは、思考の原点に「人間」を据える、ということなのである。そしてそのような問いを問うことこそが、今日の政治や経済を論じる上で、決定的に重要だと思うのである。

もちろん、「人間とは何か」などと問われても完全に答えられるものでもないし、また、ここで、いかにも哲学に目覚めた高校生のような青臭い、しかしとてつもない哲学的問題を考察することが目的でもない。ここで私に扱えるのは、哲学的な人間論などという大それたものではなく、せいぜいそのほんのひとかけらである。いや、もっと正確にいえば、「人間とは何か」というよ

うな哲学的問いかけが背後にある、という確認に過ぎない。

しかし、そのひとかけらの確認でも、それがあるかないかは実に大きい。たとえば、それがなければわれわれは次のような問いを発するだけであろう。「効率性を高めるにはどうすればよいのか」あるいは「成長率を高めるにはどうすればよいのか」さらには「もっと民主化するにはどうすればよいのか」、といった具合に。つまりこれらの問いは、「いかに（How）」をめぐる技術的な問いである。しかし、「人間」を中心におけばこうなる。「それはどういう意味をもつのか」と。つまり「何（What）」をめぐる意味への問いなのである。

こういうひとかけらの問いかけでもあればと強く思う。今日の政治学にせよ、経済学にせよ、おそらくは社会学にせよ、それらの学問的な知識において「人間とは何か」という根源的な問題と切り結ぶ作業が多少なりともあったか、と問うてみたいのである。もし多少なりともそれがあれば、経済学が「ホモ・エコノミカス（経済人）」などという珍妙な人間像を振りかざして現実離れした議論を組み立てることなどなかったであろう。人間とは何か、という問いを多少なりとも発しておれば、今日の経済学も経済ももう少しは違っていたかもしれないであろう。

だがもっと重要な点は次のことである。近代社会のひとつの特徴は、われわれの知識が「科学」と「哲学」に分離した点にある、というのは哲学者レオ・シュトラウスの考えだが、これはきわめて重要な指摘である。

しかも、ただ分離しただけではなく、近代社会は、「科学」の側に軍配をあげ、「哲学」を追放しようとした。「科学」の勝利は「哲学」の敗退を意味したのである。ここに「実証科学」とい

うものができる。実証科学の身元証明は、理論を事実にのみかかわらせる、という点にある。「事実」は「価値」から切り離された。「事実」は客観的で検証可能だが、「価値」は主観的で検証不可能である、という。したがって、「価値」にかかわる事柄は「科学」の対象にはならない、というのである。

レオ・シュトラウスの指摘を待つまでもなく、たとえば、古代ギリシャにあっては、人間が扱うもっとも重要な知識は「哲学」であった。少なくともギリシャの思考を代表するソクラテスやプラトンにおいてはそうであった。もともとは、自然の秩序を究明する「自然学」も「哲学」とは区別はされていなかった。そして、「哲学」こそが人間にとってもっとも重要な知的作業であったのは、普遍的で究極的な真理を知ることで、同時に人間の生を充実させることができ、さらには社会（ポリス）を優れたものとすることができると彼らは考えたからである。

したがって、「哲学」は、人間とは何か、存在とは何か、と問い、それに答えることで、人間にとってよき生とは何か、よきポリスとは何か、という実践的な問いに答えを与えようとした。これは今日風にいえば、まさしく「価値」への問いかけなのである。

ところが、近代科学は、「価値」への問いかけを放逐した。放逐することで、客観的な普遍性は高まったかもしれないが、それが「人間の生」にとってどのような意味をもっているのか、などという関心をまったく失っていった。「人間にとってのよき生とはどういうものなのか？」あるいは「よき社会とはどういうものなのか？」、こういう問いかけにまったく応答する気配もない学問的知識にいったいどれほどの意味があるのだろうか。

もちろん、そこには確かな答えは見いだせないかもしれない。いやそれどころか、早急に絶対的な真理などを持ち出すべきではない。また人によって答えは違うかもしれない。

しかし、少なくとも次のように述べることはできるはずである。「私にとっては、人間的であるとは、かくかくしかじかだと思われる。とすれば、人間にとってよき生とはおおよそ、かくかくしかじかであり、そのために必要な社会の条件とは、かくかくしかじかである。その観点からすれば、今日の社会のありようは問題を含んでいる」といったように。

私は、「哲学」を放棄した近代の「科学」は問題だ、というかなり一般的な言い方で議論を提起したが、本当に深刻なのはこの一般論ではなく、まさしく今日の経済生活なのである。グローバル資本主義と科学技術のイノベーションを結合させて経済成長することこそが人間を幸福にするといわんばかりの世界へ、われわれは有無をいわさず閉じ込められようとしている。それを支えているのは、経済学という高度な「科学」を自任する学問的知識である。

だが、そのようにいえば、たちまちひとつのことに気付くであろう。「科学」などといいながら、実は、ここで「価値」をこっそりと持ち込んでいるのだ。経済成長こそが人を幸福にする、というのは、りっぱな「価値」である。にもかかわらず、これは、思想の検問をするりと通り抜けて密輸されている。不正持ち込みである。それならば、思想の検問を前にして、この「価値」がいかなる人間観にもとづいているのかが審査されなければならない。しかし、そのためには、「あなたが考える人間的なものとは一体何なのか」という問いにそれなりに答えなければならない。私が、「人間＝中心主義」から出立する、というのはそういう意味である。

そこで、あらかじめ述べておきたいのだが、この「人間＝中心主義」すなわち「人間とは何か」というういささか青臭い問いに対して、私はおおよそ次のように答えておきたい。

「人間とは、何よりもまず、己は何者なのかと問いかける存在である」

するとそこから派生して次のようになるだろう。

「人間は、常に与えられた環境的世界の制約のもとで、その内部で生きている。と同時に、その環境的世界を超出しようとする存在である」

そしてそのことは次へ続くだろう。

「人間は、常に己の力ではどうにもならない環境世界に適応しつつも、それを少しずつ変えてゆく存在である。そしてその場合に、己にとってのよき生とは何か、という問いを発する存在である」

さしあたりは、このように考えておきたい。それが具体的にどのようなことを意味するのかは、本書でおいおい説明してゆきたい。ここで改めて繰り返しておきたいことは、今日の、このグローバルな資本主義社会、まったく自由に自己利益を追求できるような自由社会、高度に科学と技術が発展した現代社会にあって、もっとも欠落しているのは、不思議なことに、「それがわれわれにとって何を意味しているのか?」という問いかけであり「それが人間にとってどういう意味をもつのか?」という問いかけなのである。こういう素朴で素人臭い、しかし本質的な問いかけがなくなってしまった、ということは、実はたいへんに残念なことであり、深刻なことでもある。

その結果、効率万能主義、成長至上主義、科学技術絶対主義といったものに対する疑問を、つ

まり、「それがわれわれにとってどういう意味をもつのか？」という問いを発することができなくなっている。しかしまた、われわれはもはやこの種の問いを避け続けることはできないようなステージにまで上りつめているように見える。グローバル経済はもはや自明のものとして経済を拡張できる状態ではなくなり、近代社会を支えてきた、人間の自由と幸福追求の観念も確かなものではなくなりつつある。

　そして、科学技術も、もはや、人間の幸福に資すると断言できるものではなくなった。じっさい、ＡＩはやがて人間の能力をしのぐかもしれない、といわれる。再生医学や遺伝子生理学は恐るべき勢いで人間の身体と生理に対して人為的な操作をほどこしつつある。こうなると、文字通り、「人間とは何か」という問いが切実なものとなってこざるをえない。ＡＩと「人間」は何が違うのか。再生医療や遺伝子工学を前にすれば人間のセルフ・アイデンティティとは何か、という、少し前ならば、ほとんどＳＦの世界にしかみられなかった関心が、現実にわれわれの前に突き付けられている。もはや、「哲学」と「科学」の分離などといってはいられないのである。さしあたり、本書で、私は、私なりの「人間＝中心主義」に立って、今日の経済の核心にある課題、すなわち経済成長とは何を意味するのか、を論じてみたいと思う。

# 第一章　『スモール・イズ・ビューティフル』を読み直す

## ㈠　ハーメルンの笛吹き男

### 「物的豊かさ」には満足している

今、手元にある『現代日本人の意識構造』（第八版　２０１５年　ＮＨＫ出版）という調査報告をパラパラと見てみると、現状に満足している人の割合が、この数年で、かなり増加したという結果がでている。調査は、（１）衣食住などの物的な生活、（２）生きがいのある生活、（３）地域の生活環境、（４）地域や職場の人間関係、の四項目についての満足度を調べたもので、「満足」と答えた人の割合は次のようになっている。（１）物的生活（衣食住）79・1％、（２）生きがい76・2％、（３）地域の生活環境87％、（４）人間関係71％。こういう結果が示されている。明らかに、様々な面を含めて現状に満足している日本人が多数を占めている。

しかも、この満足度は、どれも傾向的に増加している。衣食住などの物的生活に関していえば、調査開始の１９７３年には59％であった。それが80年代の半ばには70％台にのせ、その後、90年

代以降は73～4％で推移した後、この5年で5％も増加している。

また、内閣府による「国民生活に関する世論調査」によると、所得・収入に対して満足感をもっている人の割合（「満足」と「まあ満足」を合わせたもの）は、1996年から2013年まで50％より少し下あたりを推移している。しかし、所得・収入ではなく、現在の生活全般についていえば、2008年から2013年にかけて、満足度はかなり上がる。2013年には70％ほどの人が満足しているのである。所得や収入はあまり変わらないのに、生活の満足度は高まっている。人々は、所得や収入の増加にさして大きな満足を期待しなくなった（あるいは、あきらめた？）ということになる。

ところがまた、将来について「今後の生活はよくなってゆくか」と問えば、「よくなる」が10％程度であり、「昨年よりもよくなったか」と問えば、5％程度の人しか「よくなった」と答えていない。現在の満足度が高いのに対して、将来がよくなるという見通しはまったく持てないのである。

少し面白い結果であろう。この20年はバブル崩壊後の「失われた20年」と「デフレ経済」なのである。成長率はほとんどゼロに近い状態がずっと続いているのである。にもかかわらず、多くの日本人は、この状態におおよそ満足している、ということになる。高度成長がほぼ終了した73年と比べても、先の『現代日本人の意識構造』によると、「衣食住について満足している」人は20％ぐらい増加している。「地域の生活環境」については27％増えた。しかし、「生きがい」は9％、「人間関係」は6％の増加にとどまっている。要するに、物質的な生活や生活環境はこの40

年ほどきわめてよくなった。だが、精神的生活や人間関係はさして変わっていない、ということである。

確かに、物的な豊かさは把握しやすいし、変化もしやすい。それに比べると、精神的な満足や人間関係は把握しづらいし、そもそもそれほど変化するものではない。しかしそれにしても、この二十数年にわたるゼロ成長経済にもかかわらず、物的な意味での満足度はすでにきわめて高い水準にある、といってよい。

もっとも、「日本の最重要な政治課題は何か」と問うと、2013年では「経済の発展」と答える人がもっとも多く37％となっている。2位の「福祉の向上」は20％である。では、1973年にはどうだったろうか。「経済の発展」は11％、「福祉の向上」は49％なのであった。

少し奇妙な結果にもみえるが、考えてみれば当然ともいえよう。高度成長が頂点に達した1973年あたりには、人々はもはや経済発展を志向せず、それよりも福祉向上を求めていた。ある意味では当然であろう。これに対して、この数年、経済停滞が常に話題となり、マスメディアも政治家も経済の立て直しを唱えてきた。だから、「経済の発展」が第一の政治的課題に選ばれるのも不思議ではない。しかし、実際には、今日の日本の経済水準、つまり「物的な豊かさ」には十分に満足している、ということになる。

ついでにもうひとつ、この『現代日本人の意識構造』から引用しておこう。「生活の目標」を次の四つの選択肢から選ぶとする。（1）その日その日を自由に暮らす、（2）計画的に豊かな生活を目指す、（3）身近な人となごやかな日々を送る、（4）みんなで力をあわせて世の中をよく

する。この四つである。すると第1位は（3）「身近な人と過ごす」で、1973年の31％から2013年の45％へとかなり増加している。（2）「豊かな生活を築く」は、第3位で、33％（1973年）から23％（2013年）へと相当に低下している。

私は、統計やアンケート調査といったものをあまり重要視するのは好きではない。データのとり方や調査の仕方によってかなり結果が変わるし、また、アンケートなども答える方はかなり主観的で、それぞれの事情に即して答えているにもかかわらず、でてきた結果は、一見したところ、それなりの客観性をもっているように見えてしまうからである。具体的で個別の「質」の違いは見えずに、それを無視して定量化して客観性を担保したかに見えること自体が問題を含んでいると疑いたくなるのである。

とはいえ、それをまったく無視するのもまた適当ではないだろう。それらが大雑把な傾向を示していることまで否定するわけにはいかないだろう。

というわけで、留保付きで述べるのだが、右に引用したデータが暗示するものは、おおよそ次のことだ。

今日、われわれは物的な生活水準においては、相当に高い満足をえている。少なくとも、多くの人がそう感じている。しかもそれは、この20年ほど、ほぼゼロ成長が続いてきたにもかかわらず、だ。そして今日、人々がもっとも大事だと考えるものはといえば、「身近な人とのなごやかな時間」なのである。「物的な豊かさ」は、高度成長がほぼ終わった1973年からみても満足水準は大きく高まったのに対して、精神的なものや人間関係についての満足水準はそれほど上昇

していない。その上で将来についていえば、多くの人は、今よりよい生活ができるとは期待していない。

これが、おおよそこのデータから見えてくるものである。どのあたりを境目にしてかは別として、明らかにここには、ひとつの価値の動きを見て取ることができよう。今日、物的な豊かさという意味での日本経済は、すでに相当な水準に達しており、われわれは、もはや経済成長を追求することで、幸福（本当に大事だと思うもの）を手にする時代ではなくなったのではないか、ということだ。

にもかかわらず、今日、「自由な市場競争」、「グローバリズム」、「成長主義」は疑いをはさむ余地なき価値とされ、すべてが、その前提のもとで進行している。それを見直すことがたいへんに難しくなっている。とりわけ年々、人口が減り続ける日本は、このままのグローバル競争路線に即した成長政策をとり続けるならば、破滅とはいわないまでも、かなり醜悪な状態に落ち込んでしまうのではないだろうか。それでは、われわれは、ハーメルンの笛吹き男に先導されて、少しずつ奈落へと転落していくのではなかろうか。しかも笛を吹いている男が誰かはまったく不明なのである。

先の意識調査からも推測されるように、おそらくは、多くの人が、内心では、今日の過激なまでの市場競争や成長路線はもはやもたない、と感じているのではないかと思う。それにもかかわらず、この方向を転換することは容易なことではない。どうしてか。それは、このグローバルな自由競争を支えている価値観、世界観を根本から反駁《はんばく》するのが容易ではないからである。

グローバルな市場競争論は、ひとつのイデオロギー、あるいはひとつの「ものの見方」＝「世界観」に支えられている。しかし、この世界観がひとつのイデオロギーに過ぎないだけではなく、完全に誤った浅薄な世界観であることを認識することさえも、今日、難しくなっている。

ひとりの人間が、本人はそうとは気付かずにある先入観にとらわれている、ということはいくらでもある。少し距離をとってみればその先入観はよくみえる。同じことは、集団についてもいえて、今日、「われわれ」はひとつの無意識の先入観にとらわれており、そのことをしかと意識できなくなっている。

われわれをとらえている先入観の性格を知らなければ、われわれは先に進むことはできない。先に進むとは、それなりに明確な意図と決意をもって将来を選択することである。しかし本当の意味で先に進むことができなければ、ただ現状の方向を消極的に自動延長するだけである。いや、むしろ現状の向いている方向をいっそう強力に押しすすめようとするだろう。ということは、グローバル競争をさらに加速させ、経済成長をいっそう推進しようとする、ということになる。

そして困ったことに、そうすることによって、われわれはたえず前進し、世界は進歩しているかのように思い込むことができるのだ。実際には、笛吹き男の音色に導かれて川のなかにひたひたと沈み込んでいるにもかかわらず、である。川の水が津波のように、向こうから襲いかかってくれば誰もが危険を察知できる。しかし、われわれの方から川へ向かって前進しているとすれば、誰もその危険を察知できない。笛の音は一種の催眠術であり、笛吹き男がほら吹き男であることを知る手立てはなかなか得られない。

しかしまた、そうだとすれば次のようにもいえるだろう。われわれはそのことに気付きさえすればよいのである。確かに本当に催眠術にかかったものが自力で覚醒するのは困難であろう。だが幸いに、われわれを催眠状態に陥れている笛吹き男は一流のマジシャンでも一流の精神分析家でもない。そもそも自分が吹いた「ほら」に自分で騙されてしまったとさえいってよいだろう。ただわれわれはこの「ほら」によって集団的な自己暗示にかかっているだけだと思えばよい。

ではどうすれば、この自己暗示から覚醒できるのだろうか。ひとつの先入観＝世界観からどのようにして脱出できるのか。答えは決して難しくはない。ただそれを本当に実行するには多大な困難が伴うであろうが。

要は価値観を転換することなのである。ケインズが述べたように、重要なのは、価値観であり考え方なのである。世界についてのものの見方こそが、世界を動かすからである。もちろんそうはいっても、ひとつの社会のありようは、その社会のもつ自己イメージ、すなわち、その社会を下支えする価値観と不可分であろう。特定の価値観がある社会を支え、その社会がまたその価値観を再生産しているからである。

ここには、社会とその社会を支える価値観との間の循環構造が成立している。だから、鶏と卵のようなもので、鶏の姿を変えるには卵を変えればよいのだが、その卵を変えるにはそもそも鶏が変わらなければならない、ということにもなろう。

しかし、これも幸いなことに、われわれは鶏とは違う。人間と鶏の違いは、われわれは、たぶん鶏よりはもっと積極的かつ能動的に環境世界を知ることができる、という点にある。外見は鶏

の頭頂部の方が美的かもしれないが、鶏のトサカよりは、われわれの前頭葉の方が、世界認識に適しているのである。それが真に望ましいことなのかどうか最終的な判断は差し控えたいと思うが、いずれにせよ、前頭葉がほぼ自動的に作動してしまう点にこそ人間の長所も悲劇もある。

人間は意志をもつ。意志が作用することで喜劇も悲劇も生み出されるが、それも含めて人間の所作は愉快なるものと思うほかない。そうだとすれば、われわれは、この社会に対して、ある意志を作動させることはできる。そして多少はこの社会を動かすことができるはずなのである。

われわれに残されている時間はそれほどない。序章でも述べたようなグローバル資本主義の破局がどのような形で生じるのかはわからないとしても、それがわれわれの「生」を痛めつけ、われわれののど元から悲鳴に近いうめき声を絞り出させるのはそれほど先のことではないだろう。そうなる前に、われわれは、この社会を支えている価値観の何が問題なのかを正当に理解し、新たな価値観へ向けて準備する必要があるだろう。たとえ成功のおぼつかない細い糸を手繰り寄せることだとしても。

## (二) シューマッハー再訪

### 40年前のベストセラー

さて、いま、手元に一冊の本がある。『スモール・イズ・ビューティフル』。出版されたのは1973年、日本での出版が1976年。邦題は『人間復興の経済』。原書は世界的なベストセラ

ーとなり、日本でもよく読まれた。70年代の前半を代表する書物のひとつである。日本語版は1986年に新版が文庫化され（講談社学術文庫）、私の手元にあるのもこの文庫版である。

著者はE・F・シューマッハー。1911年にドイツに生まれ、ナチスを逃れてイギリスにわたり、ケインズの教えを受け、さらにはアメリカへわたる。その後、ヒトラー政権下のドイツに戻るものの、再びイギリスに脱出する。イギリスでは敵国人として一時収容所に送り込まれたが、すぐに農園作業員の仕事に従事する。その後はオックスフォード大学の統計研究所に職をえ、さらに政府関係の様々な仕事を歴任したのち、英国石炭公社顧問を20年勤めて退職した後、著作活動に勤んだ。公社顧問の時代に、インドやアフリカ諸国をはじめ多くの開発途上国に招聘されるとともに、イギリスでは自分で農園を持ち、有機農業を試み、さらには東洋文化や仏教へと傾斜したりもしている。最後はカトリック教徒として1977年に旅行中の列車の中で死去した。

ある年代以上のものにとっては、実際の読書経験は別としても、著者も著書もなじみ深いものであろう。ところが、40歳代の若い人たちにシューマッハーという名前を出してみると、ほとんど知らないのである。むろん『スモール・イズ・ビューティフル』といっても初耳だという。どこかでその読書体験や文化的な体験に大きな断層があるのかもしれない。

この書物が日本でベストセラーになっていたころ、私は大学院生で、主として経済学を勉強していた。いや、物事はもっと正確に述べた方がよいだろう。私は、いかに経済学を批判しようかと思っていた。ありていにいえば、経済学からいかに脱出しようかと思い始めていた。そして、シューマッハーの書物はまさしく経済学批判の書であった。だから私も当時この書物を読んだこ

とは間違いない。だが、さしたる強い印象は受けなかった。それは、この書物に書かれていることに共感できなかったからではなく、逆に、私にとってはあまりに当然のことしか書かれていない、という印象が強かったからである。

1973年に石油ショックがおきる。その少し前におきたアメリカのニクソン・ショックをへて、米ドルは変動相場制へ移行する。つまり、戦後の国際経済秩序を作ってきたブレトン・ウッズ体制は一夜にして音をたてて崩壊したのであった。おまけに泥沼化したベトナム戦争でアメリカの信用も指導力もすっかり地に落ちていた。そこへもってきて、アラブ諸国が中東戦争を契機に石油供給をストップして、先進国はすべからくあわを食わされたのである。堺屋太一氏の書名ではないが、確かに「油断」するとは、「油断」（油が断たれること）なのである。

もはや、豊かさの象徴であるアメリカを中心とした世界秩序は機能しない、という認識が世界中で共有されるようになっていた。それはとりもなおさず、アメリカがけん引して作り上げた安定した国際経済秩序の崩壊であり、石油に依存した成長追求の終焉を意味していた。そこへもってきて先進国では環境問題、公害問題が幅広い社会的関心を集めており、成長追求よりも環境保全の方へと政策の軸足も移動してきていたのである。

日本では水俣病（1956年）、四日市のぜんそく（1967年）、それに光化学スモッグ問題などを契機に1971年に環境庁が創設され、朝日新聞は1970年には「くたばれGNP」というキャンペーンをしていた。高度成長はまさに終焉を迎えようとしていた。

それを象徴するのが、『日本列島改造論』を書いてはなばなしく総理の座についた田中角栄の

失脚である。田中角栄こそは戦後の高度成長を象徴する人物であった。それは、自身、高等小学校出でありながら、建設・土建業によって戦後日本の経済復興のなかで財をなしたという彼の経歴にかかわるだけではなく、また郵政大臣や通産大臣などを歴任し、建設省、運輸省にも大きな影響力をもち、文字通り高度成長の立役者であった、という政治的業績によるだけでもなく、まさに、経済を成長させることで富と金を生み出し、それを配分することこそがこの国をよくする、という信念の故であった。それは戦後日本の復興の証であり、世界に日本の存在を知らしめる唯一の道であり、また、成長が産む富と金銭はわれわれの幸福そのものであった。それは、ただ田中角栄個人の信条というだけではなく、ほぼ国民的に共有された信条でもあった。

しかし、73年の石油ショックはその信条を打ち砕いた。公害問題や環境問題への社会的な関心はすでに少しずつ人々の意識を変えつつあったが、自身の政治資金にかかわるいわゆる田中金脈事件を問われた1974年に田中は総理の座を辞任、それは「成長主義の終わり」を決定づけるものであった。田中に示される成長主義、開発主義はもはやその役割を終えたと思われるようになったのである。それはまた戦後の成長経済とその帰結である物的な豊かさの象徴である「アメリカ」さえもはやモデルにはならない、ということであった。

先の『現代日本人の意識構造』のもとになる日本人の意識調査をNHK放送文化研究所が初めて行ったのも1973年であった。そこには、経済成長や物的な豊かさ追求が、もはやわれわれの幸福には直結しないのではないか、という思いがあったことは容易に推察できる。1974年には、アメリカでリチャード・イースターリンが、経済発展は必ずしも人々を幸福にはしない、

という いわゆる「イースターリン・パラドックス」を主張していた。すでにアメリカではGDP（当時はGNP）に代わる新たな尺度であるMEW（経済的福祉についての新指標）が作成され、日本でも、1973年には、経済企画庁がNNW（純国民福祉）という指標を開発する。続く1974年には、政府の第5次国民生活審議会が、健康、環境、余暇、犯罪、社会移動など10の社会的目標分野を定めて、それらを包括的に示す新たな「社会指標（SI）」なるものが作成された。

こういう動きが連動していた時代なのである。そして、『国民生活白書』によると、「物的な豊かさ」を重視する人と、「心の豊かさ」を重視する人の割合は、70年代の半ばごろには、両者ともにおおよそ41%と拮抗し、その後は一貫して後者の方が優勢になるのである。確かに、ひとつの時代が終わりつつあった。だが、新しい時代の姿はまったく見えなかった。

70年代の少なくとも半ば過ぎまで、こういう気分が続いていく。同時期には、アメリカのMIT（マサチューセッツ工科大学）のデニス・メドウズが中心となってひとつの報告書が出され、それがまた世界的なベストセラーとなっていた。ローマクラブの『成長の限界』である。1972年の出版、日本版も同年であった。このまま自然資源を使い続け、環境破壊が進めば、100年以内に成長は限界に達する、とこの書物は警告する。自然資源の限界、環境の維持、脱成長などは、少なくとも思想の上では先進国に共有された重要なオールターナティヴだったのである。理論的な分野ではエコロジーの先駆的理論ともされるルーマニアの経済学者ニコラス・ジョージェスク＝レーゲンの『エントロピー法則と経済過程』が刊行されたのは1971年だった。

という次第で、シューマッハーの『スモール・イズ・ビューティフル』を、至極当然の書物と

して私は受け止めていた。書名を聞けば誰でもすぐに連想が働く。自然資源を大量に使用して、企業はその規模を巨大化して大量生産を行い、都市はあらゆるものを吸収して膨張し、人々の欲望はとどまるところをしらずに拡張し、さらなる成長を追求するという「巨大なものへの追慕」の時代は終わった。そうではなく、規模を縮小し、人間のスケールにみあった、より「小さい」もののなかにこそ美を見出そう、という主張であろうということだ。

ただついでにいっておくと、『スモール・イズ・ビューティフル』という書名は、「規模を小さくしてつつましやかに生きることがいいことだ」というような意味ではなく、同書の中にある「人間は小さなものである。だからこそ小さいことはすばらしい」という文章からとられているようである。

ともあれ、最初の邦訳書が書名に掲げた「人間復興の経済」が指示している「人間らしい生き方」の追求というメッセージも、まことにその通りである。まったく同感である。ただそれはあまりにあたりまえ過ぎた。初期マルクスの人間疎外論や、ヘーゲル左派や、ルカーチやホルクハイマーやマルクーゼなどをその青年期に読んできた当時の大学院生にとっては、「人間らしいものの復興」などといわれても、もっともではあるものの、実に陳腐にしか聞こえなかったのだ。

そんなに簡単に「人間的なもの」が回復できれば苦労などしない。市場競争と資本主義のシステムは、そんな、それこそ良心的でささやかな（スモールな）願望など、あっという間に踏みつぶし、こなごなに砕いてしまうだろう。資本制生産様式という巨大な社会装置に対して、キリスト教的な「愛」や仏教的な「慈悲」を背負ったヒューマニズムなどを持ち出しても、せいぜいの

ところ偽善的な気やすめに過ぎず、それではどうにもならない、というのが当時の私の気分であった。

こういうわけで、確かに、私は院生の頃にこの本を読むことは読んだのだが、さしたる関心ももたずに、いつの間にかすっかり忘れてしまった。

ところが、最近、もう一度、読んでみた。別に理由はない。ただ、書棚の整理をしていたら、奥の方から落ちてきて、ちょうど足の上に乗っかっただけである。偶然の再会である。この再会を少し味わおうとして読みはじめ、面白くなり、一気に読んでしまった。時代とは恐ろしいものである。かつては、あれほど陳腐であたりまえにしか感じられなかったものが、結構、新鮮に響くのである。私自身も忘れかけていた大事なものをもう一度、思い起こしたようなものである。「そうか、40年前は、こういうことが当然のこととして受け入れられていた時代だったのか」という妙にノスタルジックな感慨をもったのである。

大事なものを書棚の奥からもう一度見つけた、ということは、70年代には当然であったことが、今日では驚くほど新鮮に思われるということだ。今こそ、改めてその本を多くの人が読むべきではないのか、と思った。

そこで私は、試しに、何人かのよく知った人たちに読んでもらった。おおよそ50代である。書名は知っているが読んだことはない、という人たちである。そして、彼らも一様に、これは面白い。いまこそ必要な本だ、という。

しかし、考えようによっては、このことは恐るべきことを意味している。やみくもに「巨大

さ」ばかり求めることは間違っており、そんなことはいずれ行き詰まる。人間的なスケールというものがある。人間とはささやかで小さな存在である。とすれば、われわれは、経済のスケールを落とすことを考え、人間らしい生き方のできる経済の仕組みを作り出さなければならない。

これが、まずは一応、この書物の主張である。40年前には、この主張は、共鳴はするものの陳腐にさえ響いたのであった。そんなことはわかっている。だけれども、それができないから困るのだ、というわけだ。だが、高々40年の間に、われわれの「常識」がすっかり変わってしまったのである。1970年代は、先にも述べたように、先進国の工業文明がほぼ頂点を迎える時代であった。戦後の高度な成長のおかげで物的な富が積み上げられた山々のほぼ山頂までわれわれは登りつめた、という意識があった。ではどうするのか。その模索がなされていたのである。工業文明と豊かさの頂点にありながらも、それがもはや限界まできてしまった、という意識が同時にあった。だからこの書物にきわめて多くの人々が共感を示しえたのである。

だが今日、われわれはこう考えている。今や、第三次やら第四次やらの産業革命が生じ、ITからロボットやAI、生命科学、環境技術、新たな代替エネルギー、宇宙開発などの分野でまったく新しい技術が生み出されている。また、地球上が一体となったグローバル経済が出来上がり、新興国は経済発展の経路に乗り、市場は世界的規模でますます拡張してゆく。このような条件をうまくつかみ取れば、さらに経済は成長し、われわれはいっそう便利で豊かな生活を手にすることができる。ただそのためには競争に勝たねばならない。そこで金融市場をますます肥大化させ、企業もさらに巨大化することが必要だ。都会には巨大な高層ビルを建てて海外からのビジネスを

呼び込み、人と資本を集中させる。そうしないと、グローバル競争に勝利することはできない、と。まさに、「より大きく」の論理なのである。

シューマッハーがあの書物を書いたとき、「人間的なもの」にまでスケール・ダウンする、という主張は、確かに、当時の先進国の到達した経済の姿を批判するものであった。どこまでも巨大化し、富を積みあげ、成長を続けようとする資本主義への批判であった。その中で、思想としてであれ、批判としてであれ、「より小さく」の主張は多くの人の感覚と共鳴した。しかも、繰り返すが、現実の資本主義そのものが見事に転換点にさしかかっていたのである。

そしてこの書物の主張は、今日、たいへんに新鮮に響く。われわれがいつの間にか忘れてしまったものをもう一度、思い起こさせてくれる。今日、われわれはそれほどまでに、グローバル競争や成長主義の大きな波にのみ込まれ、頭一つ浮かびあがらせることさえも難しくなっている。「自由競争」「グローバル化」「経済成長」といえば、そこで思考が停止する。前頭葉がトサカになるとはいわないが、少なくとも、これらに疑いをさしはさむものに対しては、トサカを向けておっぱらいにくる。

しかし同時にまた、半ば以上、富をめぐる競争にどっぷりと浸されながらも、その前頭葉は、実はこの時代の危機を漠然と察知しているのである。

私は、必ずしもこの書物の内容に全面的に賛同するわけではないし、シューマッハーがここで提案している主張がそのまま納得できるわけでもない。特に、彼の提唱する「仏教経済学」なるものにも違和感を持つし、重要な概念である「中間技術」もよくわからない。

またこの40年の間の経済社会の変化を無視するわけにもいかない。グローバリズムもＩＴ革命も金融工学もまだ生み出されていない時代のものなのである。こうした「新しい現実」にシューマッハーの議論は果たして耐えられるのだろうか。この40年間で、再生不可能な自然エネルギーによる工業文明は大きく姿を変えてきた。先進国の工業文明は情報文明へと変わった。したがって、この書物の主張をそのまま40年後に落下させるわけにもいかない。

しかし、それよりも、むしろ驚くべきことは、この書物の基調にある、今日の文明に対する危機の意識が、40年後の今日においてさえも大きな意義を持つ、ということの方ではなかろうか。われわれはその書物から、今日、依然として多くの重要なヒントをえることができるし、今日のわれわれの「常識」が、実際にはいかに「非常識」であるかを改めて知ることができるからである。

## 歪んだ仕事から正気の社会は生まれない

といっても、ここで本書の内容を丁寧に解説、紹介というわけにもいかないのだが、改めて簡単に要約すれば、シューマッハーが述べていることは次のようなことである。

今日、われわれは高度な工業社会を実現したが、それは、人間のもつ貪欲さや利己心や嫉妬心の上に築かれたもので、それは、人間の知性や本当の幸福や平静さを破壊し、やがて平和を壊し、文明を崩壊させるだろう。

しかもすべてを数量化し、ＧＤＰ（国内総生産）や成長率のような計量可能でわかりやすい数

値に変換する誤った専門学問としての経済学がますます事態を悲惨なものにしてゆく。実際には、再生不能な自然資源の制約があり、際限なき成長などありえないにもかかわらず、誰もそのことを直視しようとしない。資源は無尽蔵であるかのように、われわれはひたすら生産活動の規模を拡張し成長を追い求めている。

しかし、この方向はいずれ行き詰まる。貪欲さと嫉妬心をモチベーションとし、資源をいくらでも浪費し、無限の成長をめざす近代社会の工業文明はいずれ必ず限界に達する。大事なことは成長することではなく、われわれの生活を持続的に支える経済の枠組みと価値観へと転換することである。破局に至る前に、われわれは考え方を変えなければならない。いいかえれば、今日手にしている経済学ではなく、ある的確な価値観（形而上学）に基づいた新しい経済学を採用する必要がある。

新しい方向とはなにか。人間を技術に従属させることではなく、技術を人間に従わせることである。また消費者も、生活上で必要なものを効率的かつ自立的に確保すべきである。見知らぬ遠隔地からの貿易に過度に依存するのではなく、地域を軸にして可能な限り身近な経済循環によって必要なものを確保すべきである。

それは大量生産技術への依存ではなく、われわれのもつ経験的な知識や技術を最大に活用し、資源を浪費せず、エコロジーの原理に離反しないような人間的な技術（中間技術）を活用する方向である。

それを実現するためには、資本や人を都市に集積して大都市へと拡張するのではなく、人と資

源の地方への分散が不可欠で、とりわけ地域と土地に根づき、人々の信頼にもとづいた関係を軸にした、小規模で、われわれの日常生活に結び付いた経済構造を作り出してゆく必要がある。「二十世紀後半の大問題は、人口の地域的な分布の問題、つまり『地域主義』の問題である」と彼はいう。この場合の「地域主義」とは、各国内の地域を全体として発展させるということである。

おおよそこうしたことを彼は主張する。ついでに述べておけば、シューマッハーは本書の題名を最初「ホーム・カマーズ（ふるさと帰還者）」としたかったようである。言い換えれば、「ふるさとの喪失」こそが、この高度な産業社会の最大の問題なのである。

ここでいわば読書案内もかねて、われわれが改めて考えるべき論点と思われる個所をいくつか引用してみよう（引用は『スモール　イズ　ビューティフル』小島慶三・酒井懋訳、講談社学術文庫版により、文意をかえない範囲で多少手を加えている）。また、邦訳でシューマッハーの論文を集めた『スモール　イズ　ビューティフル再論』が２０００年に出版されている（酒井懋訳、講談社学術文庫）。これからも併せて引用しておこう。かなり長くなるが、ご容赦願いたい。

「現代人は自然との戦いなどというばかげたことを口にするが、その戦いに勝てば、自然の一部である人間がじつは敗れることを忘れている。」

「私が『人間性』と呼ぶものは国民総生産などで測れるものではない。それはそもそも測るこ

とができないもので、測れるのは、それが失われたときに現れる徴候だけであろう。」

「豊かさが増すにしたがって、経済学が人びとの主たる関心事となり、経済の実績、成長、発展などが、先進社会の不断の関心事になってきた。今日、人が口にする非難の言葉の中で『不経済』という言葉ほど決定的なものはない。ある行為が不経済というレッテルを貼られると、その存在の権利が疑われるどころか、強く否定されてしまうのである。経済成長を妨げているとわかれば、なにごとでも恥ずべきことであり、それをやめない人は妨害者か阿呆と見られてしまう。」

「経済学は、ある『一定』の枠組の中で、正当性と効力をもつのである。経済学は自立した学問ではない、いい換えれば、それは『派生的』な学問、超経済学(meta-economics)からの派生的学問であるといえよう。経済学者がこの超経済学を学ぶことを怠ったり、もっと悪い場合、経済計算の適用できる範囲には限界があることに気づかないままでいると、彼は物理学の問題を聖書の引用で解こうとした中世の神学者に似た過ちをおかすことになるだろう。どんな学問も、その限界の中でこそ役に立つのであって、その限界を踏み越えれば、悪となり、害を及ぼすことになる。」

「ある国の国民総生産が五パーセント伸びたことが実証されたとして、ではその伸びはよいこ

となのか、悪いことなのかと質問されると、経済学者は答えを避ける。そのような疑問を抱いただけで、まったく自信を失ってしまう。国民総生産の伸びは、何が伸びたのかとか、その利益を得たものはだれなのかということと関係なく、善に決まっていると彼らは考える。病的な成長、不健全な成長ないしは破壊的な成長もありうるという考えは、抱いてはならないのである。」

「ある意味では、成長を信じない人は一人もいない。そして、成長は生命の本質である以上、それが正しいのである。しかしながら、問題の核心は成長の概念を質的に限定することにある。というのは、現実には、あるものは成長しなければならないが、同時に退行していくべきものも多いからである。」

「社会科学が自然科学の方法をとり入れて、これを模倣しようという誤った試みの結果、人間の尊厳は深く傷つけられた。経済学は精密科学ではない。社会科学は、じつは精密科学より偉大なもの、つまり英知の一部門であるし、そうでなくてはならない。」

「経済学という宗教は、急激な変化を賛美するものであって、それが確実によい変化かどうかがはっきりしないものはむやみに歓迎すべきではないという、基本的真理を無視している。」

「経済政策は政府の関心をほとんど独り占めにしているが、同時に、かつてなかったほど無力になっている。社会が豊かになればなるほど、価値はあってもすぐには採算に乗らないことをするのがむずかしくなる。経済は外交政策のほとんど全部を呑みこんでしまうほどになっている。経済が倫理を呑みこんでしまい、経済以外のおよそ人間的な観点を封じこんでしまう。」

「現代の工業でいちばん驚くべきことは、非常に多くの資源を使いながら、その成果が微々たることである。現代の工業は想像を絶するほど効率が悪いように思われる。だから、かえってそれは人の注意をひかないのである。」

「土地は（生産要素というより）目的そのものであり、超経済的なものである。したがって、土地はある意味では聖なるものだといっても、事実の陳述としてはさしつかえないのである。」

「『車』と『動物』をそれぞれの効用ゆえに同じだとし、両者の間のきわめて根本的な違い、つまり『存在の次元』の相違を見失ってしまうのは、形而上学的な誤りであり、現実に対しても重大な結果をきたすおそれがある。」

「われわれは『大きければ大きいほどよい』という考えを意図して捨てさり、物事には適正な限度というものがあり、それを上下に越えると誤りに陥ることを理解しなくてはならない。」

（『再論』より）

「人間は仕事がまったく見つからないと、絶望に陥るが、それは単に収入がなくなるからではなくて、規律正しい仕事だけがもっている、人間を豊かにし、活力を与える要素が失われてしまうのが原因である。」（『再論』）

「問題は『近代的成長』をとるか『伝統的停滞』を選ぶかの選択ではない。問題は、正しい経済成長の道を見出し、物質主義者の無頓着と伝統主義者の沈滞の間の中道、つまり八正道の『正しい生活』を見いだすことである。」（『再論』）

「生活がこんなに楽で生活水準が昔よりはるかに上がっているのに、なぜ『ストレス社会』となるのだろうか。その理由は、世界のどこかでなにかが起こると、それが人をその進路から吹き飛ばしてしまうからである。ある事業が今日は順調で、つまりみんながそれを学び、それに習熟していても――世界のどこかでなにかが起こり、その結果、明日には事業が採算割れになって廃業のやむなきに至る。私のいいたいのは、これはすべて高速で廉価な輸送と即時の通信によって生まれた『故郷離れ』の帰結なのである。」（『再論』）

「効率を主目的として追求すると、効率そのものを殺すほどの非効率を生む」（『再論』）

「自己の栄達をもとめて他のことには見向きもしない人々が『より早い経済成長』という、単純で粗雑な目標を与えられた場合、彼らに健全な成長と不健全な成長の違いが区別できるだろうか。」（『再論』）

「『より大きく、より早く、より豊かに』というのが人間の仕事を歪め」そして「歪んだ仕事から正気の社会は生まれない」（『再論』）

「人間というものは、小さな、理解の届く集団の中でこそ人間でありうる。そこで、数多くの小規模単位を扱えるような構造を考えることを学ばなければならない。」（『再論』）

「資源のなかでもっとも重要なものは、いうまでもなく、人間自身の創意、想像力と知力である。」（『再論』）

## 何がよき生活か、何がよき人生か

ついつい、引用が多数に及んでしまった。引用したくなる個所がいくらでもあるのだ。こうした引用を読んでいただければ、それが、まさしく今日においても無視しえない重要な意味を帯びていることに気付くだろう。

おそらく、シューマッハーの議論に対しては、そんなものは印象論的な文明批評に過ぎない、あるいはまったく現実性を欠如したものである、いささか安易なキリスト教的ヒューマニズムの偽善だ、などという批判はありうるだろう。しかし、それでも、われわれはこの書物から得るべきことは多い。というより、この40年の間に、事態は、結局、基本的なところでは何ひとつ変わってはいない、という事実に驚くべきであろう。変わったのは、先に述べたように、この事態を批判的に対象化してみる見方が、今日では失われてしまったということである。

70年代は、たしかにひとつの転換の時代であった。その後、80年代のレーガノミックスと新自由主義路線、90年代のポスト冷戦のグローバリズムとIT革命、金融経済の急成長、21世紀に入っての中国等の急激な台頭と今日の第三次、もしくは第四次の産業革命などをへても、結局、われわれに突き付けられている問題は、本質的には40年前と同じなのである。

このことは何を意味しているのだろうか。

それは、「人間の本質」というものはいくら経済が豊かになり、技術が進歩してもさして変わらない、ということだ。

ここで「人間の本質」といったのは、人はただ物的な富によってのみ生きるのではなく、他者と共存し、仲間とともに生を組み立て、そして、生の意味を問う存在だ、ということである。生の意味を問うということは、現にあるこの生活や社会の状況をそのままでは承認しないということでもある。何がよき生活か、何がよき人生かを、よかれあしかれ、われわれは自らに問いかけるほかない。これは「人間の本質」というより「人間の宿命」といった方がよいであろう。

しかしそれが宿命であるとすれば、宿命ということの意味をわれわれはまじめに受けとめる必要がある。それはこういうことを意味している。

われわれは、いくら市場規模が世界全体へと広がろうとも、場所から場所への移動がいかに早くなろうとも、安価な食べ物がいくら手に入ろうとも、また逆にこれまで食したことのない高級食材を用いた料理を高級ホテルの最上階レストランで夜景を見ながら食することができようと、SNSによっていかなる情報も瞬時に手にしたり、また昨日までまったく知らない人といきなり友人になったりすることができようと、自動制御運転の自動車によっていかに楽ちんで快適な旅行が可能になろうと、それらすべては、さしあたりまったく何の意味もない、と認めなければならないのである。なぜなら、人間がその営為に対して常に意味を問う存在だとすれば、こうした今日の産業革命と経済成長の成果もまた、その意味が問われなければならないからである。

ところが、われわれは、それらに意味を与えることはできない。その現実を享受し、楽しみ、乗り遅れまいとしているだけである。意味を問うているわけではない。問いようもない。なぜなら、われわれは、この現状を評価し、意味づける「基準」を見失ったからである。そして、近代社会は、ここに万人が納得できる「基準」などというものは存在しない、と宣言したのである。近代なり現代に生きるわれわれが、ニヒリズムに陥るのも当然というべきであろう。

「基準」とは、「価値」であり、「価値」とは、多くのものが納得し、共感し、共有できるものでなければならない。そして、人々が共有できる価値など認めないのが、近代の「自由」というものである。近代の「自由」とは、価値はすべて、せいぜいのところ個人の次元で定義されるべき

ことがらであって、共有価値などというものは、あらかじめ想定できるものでもないし、想定すべきでもない、というのだ。

まずは、そのことを認めなければならない。しかしこれはかなりやっかいな事態ではなかろうか。一方で、人間は、自らの生についてその意味を問い、たとえ確かな答えはだせなくとも、生の意味を求める存在であるとしよう。ところが、他方で、今日の自由社会は、確かな共有できる価値の基準を排除するために、人々の活動に意味を与えることができなくなったのである。

そして今日、われわれはいくら経済活動を活性化し、成長を続け、富や消費物資をありあまるほど生産し続けても、そのことを確かに「進歩」と呼ぶこともできず、かといってやめることもできない。AIやロボットや遺伝子工学をわれわれは本当に確信を持って「進歩」と呼ぶことができるだろうか。しかし、できないとしてもやめることは難しい。そして、そのうちに、われわれは破局へと一歩、一歩、近づいてゆく。「時間かせぎの資本主義」はいずれいきづまる。こういう事態は十分に生じえるのである。

結局、シューマッハーの書物が警告したのはそのことであった。人間が、人間とは何か、という（ある意味ではとてつもない）問いを発するものだとすれば、経済活動もその問いの前に立たされなければならない、ということであった。今日の自由社会のドクトリンを額面通りに受け取って、自由とは、諸個人が自らの判断で自らの幸福や生活を調達するものだ、などと安易にいってはならないのである。そこから出発してはならないのである。この種のリベラリズムが抱く個人主義的自由観と市場経済を組み合わせれば、バラバラな利益の追求しかでてこない。それを保証

する社会的価値はせいぜい効率性や競争や成長でしかない。

そうではなく、何が「人間」にとって「よい生活」なのか、われわれは何を大切にし、何を守るべきなのか。人間にとって何が価値あるものなのか。こういう問いを常に発する必要がある。これは、決して「人間てすばらしい」などという素朴な「人間中心主義」でもなければ、近代的ヒューマニズムでもないし、また、生命や自由の擁護という人権主義でもない。ただ、「人間とは自らの営為の意味を問うものである」という、しごく当たり前の人間観から出てくるものなのである。

だがしかし、それは専門科学からはでてこない。むしろ、専門的学問は時としてその障害にさえなる。なぜなら、専門科学は、事実と価値の分離をこそ最大の身元証明に使い、そのうえで、価値については沈黙しようとするからである。

しかし、これほどの欺瞞もめずらしい。市場経済であれ、民主政治であれ、戦後憲法体制であれ、ひとつの社会を生きることは、すでに、一定の価値を付与されている。したがって、この社会を下支えする学問は、すでにある価値を暗黙の前提にしている。経済学者が、市場競争にまつわる経済学をどれほど「科学的」であると強弁しても、それが、実際にこの社会の基軸になり、われわれの行動様式を一定の方向へと誘導したとき、それはりっぱに「価値」を表現していることになる。科学は、それが科学である、という主張を社会的に流通させたとき、それ自体がひとつの価値を付与することになる。

で、どうなるのか。繰り返し述べるように、問題は価値の基準をどう設定するかであり、それ

は言い換えれば、われわれにとって「よい生活」や「よい社会」や「よい人生」とは何か、と問うことである。やはりここへ戻るのだ。それを個人主義的な自由にゆだねるわけにはいかない。この近代的自由主義は、一見、価値中立的で個人の自由を保障するようにみえて、実はひとつの価値へと個人を囲い込むのである。もともとは価値中立的であるはずの経済学を最大限に活用し、高度な市場経済を作り上げたとき、われわれは「効率性」や「成長」などという文字通り不動の「価値」のなかに閉じ込められてしまうのである。

だから、今日、必要なことは、まさにシューマッハーが述べたように、価値の観点から経済学の理論を相対化するような「メタ・エコノミクス」なのである。経済に関する「メタフィジックス（形而上学）」といってもよい。人間にとって「よき生」とはいかなるものか、「よき仕事」とは、「よき物的生活」とは、「よき組織」とは、といった「メタフィジックス」への問いかけを決して怠らない経済学が求められている。

確かに、70年代とは、そのような問いかけがなされていた時代であった。そして、もしも、私の知人たちのように、シューマッハーをいま読んで、これはいまこの時代にこそ必要だというのであれば、われわれは、今日、70年代と同様の、大きな社会的な転換点にさしかかっていることになる。80年代以降の新自由主義や冷戦以降のグローバル資本主義、ＩＴ革命から金融革命、そして今日の第三、四次の産業革命。70年代が終わってから続いたこの大きな経済社会の流れが、決定的な転機にさしかかっているのではないか。言い換えれば、このままこの潮流を展延し、さらに加速することが本当に可能なのか、というところまで来ているのではないか。いや、こうし

た疑いが、今日の「現実」を、それが「人間の生」にとってどのような意味をもつのかという問いの前に召喚されようとしているのではないだろうか。今日また、新たな経済学の「メタフィジックス」が求められているのではないだろうか。

そのような問いを発してみたい。十分に答えを見出すことは不可能だとしても、どこに考えるべき問題があるのか。どう考えるべきなのか。読者の皆さんにも投げかけてみたいと思う。

# 第二章　１９７０年代に社会転換が生じた

## (一)　せめぎあう経済学

### 数学に席巻された理論経済学

１９７０年代の前半は、日本においても、さらには世界的な視野でみても、経済、政治、社会のすべての領域における大きな転換期であった。この時代に生きていたものは、戦後社会の大きな変動の兆候を次々と目撃していたはずである。機械や装置産業における戦後の技術革新によって高度な発展をとげた先進的な工業社会に急激に影がさしてくる。成長率は鈍化し、環境問題、資源問題が急浮上してくる。アメリカを中心とした安定した国際政治経済システムは、ベトナム戦争や中東産油国の登場、冷戦の構造変化（中ソ関係の変化）などによって、もはや信頼に足るものではなくなった。

思想的には、60年代には知識階級や学生に対して圧倒的な影響力をもっていた左翼マルクス主義はほぼ崩壊していった。のみならず、人類史を地上におけるユートピアの実現としてとらえる

いっさいの歴史哲学が意味を失い、若者に対して革命や社会改革への情熱を注入した「大きな物語」をもはや語ることもできなくなった。「近代社会は人間解放のための壮大なプロジェクトである」などという「物語」はすっかり知的権威を失墜していった。少なくとも、そう思われた時代であった。

第一章でも述べたように、1972年にはローマクラブの『成長の限界』が出版され、73年にはシューマッハーの『スモール・イズ・ビューティフル』が世界的なベストセラーとなる。もっとも後者が日本語訳で出版されたのは、少し遅れた1976年であったが。

ところでこの73年にはもう一冊、きわめて重要な書物がアメリカで出版されていた。『脱工業社会の到来（The Coming of Post-industrial Society）』（邦訳 ダイヤモンド社）。著者はすでに『イデオロギーの終焉』などで著名だった社会学者、文明論者のダニエル・ベル。この書物が邦訳されるのが1975年である。本書の第二章と第三章、第四章では、この書物を取りあげたいと思うのだが、その前に、もう少し、この時代の経済学を取り巻く状況について論じておきたい。

本書が紹介された75年といえば、私はちょうど大学院の修士課程を終えて、博士課程に進学したところであった。当時の経済学の中心にはアメリカのいわゆる新古典派経済学なるものが鎮座していた。基本的には市場競争こそが最大の効率性を達成し、人々の幸福（効用）を実現する、というものである。ただ、その修正版として、価格硬直性などによって市場競争がうまくいかず、景気が悪化して失業が生じた場合には財政政策を導入すればよい、というケインズ主義的補正が加えられていた。アメリカではミルトン・フリードマンやシカゴ学派のような市場中心主義者と、

ポール・サムエルソンなどのケインズ的修正主義者との対立があったが、そんなことは私にはさしたる問題ではなかった。問題は、市場経済を分析する経済学の「方法」、もしくは「思考様式」そのものにこそあると思われた。

1960年代から70年代にかけてのアメリカの理論経済学は数学に席巻されてゆく。いや、席巻されるという受動形も適切ではなかろう。嬉々として数学を導入し、それを物理学と並ぶ厳密科学の証明として誇り高く掲げたのであった。解析や線形代数はもちろん、トポロジー（位相論）、ゲーム理論、線形計画、集合論、変分法、最適値原理等々。私は、ほんの少しの間だったが、位相幾何学なる相当に高度な数学までやりかけたことがある。

いったい何ということだろうと思う。いや、当時からそう思っていた。経済学の問題とは何なのか。それは、われわれの生きているこの資本主義体制のメカニズムの本質を知ることではないか。それは果たしてうまく機能するのか、それとも崩壊に向かうのか。資本主義と社会主義ではどちらがより優れた体制なのか。そしてまた、経済がやみくもに成長し、もっぱら物的富を積み上げることが人間にとって幸福なのか。また、数値的に計量化可能な財貨やサーヴィスの増大と計測不可能な環境や自然との関係をどう調和すればよいのか。

私にとっては、こうした事柄こそが経済問題であった。端的にいえば、資本主義は生き残ることができるのか。そして、それはわれわれ「人間」にとって望ましい体制なのか。こういう問題である。

確かにそれは「大問題」である。とても厳密に「論証」できるものではない。確定した正解な

どないだろう。しかし、ある程度、納得のゆく論理によって大きな見当をつけたい。そもそも私が「経済」に関心をもった理由はこういうことであった。

それにしては、経済理論は、あまりに数学的な厳密性にこだわり、その結果、数学的道具立てはますます高度化する一方、それに応じて経済的意味はますます希薄化する。ほんの少しの仮定の変化によって、市場経済は安定したり不安定になったりする。しかも、それが、ほとんど数学的な論証におけるきわめてテクニカルな要請から生じてしまうのである。これではわれわれは数学という「手段」によって身動きが取れなくなってしまうではないか。

「科学」を詐称したマルクス経済学の「非科学性」を暴露することと、物理科学に対する過度の憧憬が結び付いて、かくも厳密な数学論理を導入したのだが、たちまち、経済学はその論理に拘禁され、窒息しつつあるように私には思われた。

そして、70年代の前半、それはただ私だけのことではなかった。実際、理論的な経済学のカテゴリーの中にも、比較経済体制論、公共経済学、環境経済学、開発経済学などといった多様な領域があった。経済人類学などというものも登場してきた。この時代の大きな特徴は、一方で、経済学の高度な数学化が進展すると同時に、そうした傾向に批判的な多様な試みがあった、ということである。

もちろん、現代でもこうした分野は形の上では生き残っているのかもしれない。しかし、今日では、市場競争理論があまりにオーソドクシーとみなされてしまい、それ以外のものはせいぜいその応用や補正といった位置になっている。しかし70年代にはそうではなかった。それは、むし

ろ、市場競争中心的経済学に対する「アンチ」という意味を持っていたのである。そこには、経済観の違いがあった。それは市場中心的な経済学に対する批判的な意味が込められていた。

しかも、当時の経済系の学部には、たいてい「経済学説史」「経済思想史」「社会思想史」という講義があった。重商主義からはじまってアダム・スミスやリカードの古典派、そしてワルラスやジェヴォンズ、メンガーらの限界革命、マーシャルやケインズとケンブリッジ学派など、一通りの経済思想史を学んだものである。

こうした歴史的見方はたいへんに大事だと思う。今日の経済学部で、いったい、これらの思想史的講義をどれほど残しているのだろうか。じっさい、経済学は、それぞれの時代背景やそれが生み出された国や地域から切り離すことはできない。歴史的な見方はきわめて重要なのである。そうしてはじめて、われわれの時代の経済学の意味やその歴史的背景がわかる。今日われわれが当然視している経済学もまた、ひとつの時代の産物であることが理解できる。思想史的な見方によって、われわれは、われわれの生きている時代と、その知識を相対化してみることができるからだ。このことはいくら強調してもしすぎることはない。今日の経済学は、あくまで「現代」という特定の時代の産物なのである。それを教えてくれるのは経済学を思想史として見ることなのである。

そして、もうひとつ強調しておきたいことだが、当時の院生の大半は、しごく当然のこととして、学部時代にマルクスを読んでいた。『ドイツ・イデオロギー』や『経済学・哲学草稿』も読んでいた。マルクス経済学でいえば、宇野弘蔵も岩田弘も鈴木鴻一郎も読んでいた。いや、経済

というものについての関心はもともとマルクスから始まっているのである。

私自身もそうであった。その頃の私はこう考えていた。マルクスの経済学は理論としてはまったく間違っている。労働価値説も価値と価格の区別も経済論としては意味がない。しかし、大きなレベルでのマルクスの直感が全面的に間違っていたと断言できるのであろうか。いや、そうはいえまい。

マルクスの直感とは次のようなことである。資本主義経済は基本的に無政府的であって、資本の過激な競争にゆきつく。その結果、利潤率は低下する。すると、資本は利潤率を確保するために労働をいっそう強化するであろう。資本間の競争のしわ寄せが労働者にくるのである。ところが労働者はまた人間であり、生活者であるから、いずれこの事態に耐えがたくなり反乱や革命を起こすであろう、というものである。

もちろん、現実の歴史はそうはならなかった。むしろ、資本主義のもとで人類は未曽有の繁栄を迎えることとなった。それは、たえざる技術革新によって資本は生産性をあげることができたからであり、また、大量生産・大量消費によって人々の生活水準が年々上がっていったからであり、さらには、株式市場の発展と企業形態の変化によって、そもそも資本家と労働者の対立が無意味になったからである。確かにマルクスの理論は間違いだらけだし、歴史はマルクス主義を決して支持していない。

だが、それもいってみれば、これまでのところ、歴史的にマルクスの主張が実現できていない、というだけのことであって、その根本的な発想が誤っていたということにはならない。もしも、

技術革新のスピードが落ち、人々の大量消費が低下し、金融市場において労働者が株主になるというその傾向が弱体化してくれれば、いったいどうなるのか。またマルクスの述べた方向へと世界は近づくのではないか。

私はいわゆるマルクス主義者ではない。資本主義の崩壊の後に社会主義を夢見るなどという知的道楽ももちあわせていなかった。だからこそ、マルクスの直感がある程度でも当たっておれば、それ自体、恐るべき事態なのである。社会主義という逃げ道もないからである。

こういうことを記すのは、ただノスタルジックな自己陶酔のためでもないし、「昔はよかった」式の話をしたいからではない。大事なことなのである。時代の転換期にあって、経済学（および社会科学全般）において、実に多様な議論が可能であり、少なくとも、われわれの観念の次元でいえば、様々な選択肢が可能だったのだ。これは、70年代の時代状況を理解する上で大事なことなのである。ということはとりもなおさず、まさしく今日の状況を理解する上でもそれは逆説的に決定的な重要性をもっているからである。というのも、80年代以降、マルクス主義も崩壊し、経済学の多様性も、市場競争論に対する批判もすっかり姿を消してしまったからである。にもかかわらず、今日、グローバル資本主義は全くうまくいっていないのである。

## アメリカの「マス・エコン族」

さて、スウェーデン生まれの経済学者アクセル・レーヨンフーヴッドという人が「エコン族の生態」というエッセイを書いて、アメリカ経済学の数学偏重を皮肉っぽく批判していたのもこの

頃であった。アメリカの経済学は奇妙な閉鎖的部族集団を作っており、この部族の中心に居座っていばっているのは、「マス・エコン族」である。これはやたら数学のできる誇り高い数理経済学者（マス・エコン族）である、とからかったものである。ついでにいうと、レーヨンフーヴッドはまた『ケインジアンの経済学とケインズの経済学』と題する本を書き、アメリカの経済学者のケインズ理解（ケインジアンの経済学）が、まったくケインズその人の経済論（ケインズの経済学）の無理解と誤解に基づいたものであると批判していた。

にもかかわらず、アメリカにおいては、高度な数学を駆使した「マス・エコン族」の寡頭支配体制はとどまるところをしらなかった。経済の自由活動を説く人たちが経済学の独占を図っていたのである。そしてアメリカの市場競争論が高度な数学を使用することができたのは、数理的分析に適するような基本前提がおかれていたからである。

その基本前提とは次のようなものである。

（1）人々は合理的に行動する。合理的行動とは、いまここでの所与の市場条件のもとで自己利益の最大化をはかるものである。

（2）市場経済は閉鎖的な体系であり、政治や社会や文化はさしあたって問題としない。

（3）人々の幸福は、消費者として市場で供給されるモノやサーヴィスの購入量を適切な形で最

大化することで得られる。
（4）経済問題とは資源の稀少性のもとで生産や人々の満足を最大化することである。この問題は普遍的な問題であるから、経済学の回答も普遍性をもつ。

これが市場競争論の前提であり、この前提があって初めて経済学は高度な数学を導入し、誇り高い「科学」であることを宣言したのであった。もちろん、そこから様々なヴァリエーションも出てくるし、あれこれの修正もでてくる。しかし、基本になるのは、上の前提にたった市場競争論の数理モデルである。

この高度な数学の導入によって、人文・社会系の学問が長い間、自然科学に対して抱いていた「科学コンプレックス」が払拭されるはずであった。じっさいそうなったのかどうかは私にはよくわからない。だが確かなことは、それはとりもなおさず次のことを意味していた、ということだ。すなわち、経済学において成功するには、上に述べた基本前提をいささかも疑ってはならない、というのがそれである。

私には経済学者として成功したいという野望はまったくなかったが、それ以上に、経済学に魅力を覚えなかったのは、この前提をすべてそのまま受け入れるほど、私は「経済学的」にはできていなかったからである。

実際、これらの前提の反対命題、もしくはここには表現されていないことこそが真実であるよ

うに思われた。たとえば次のごとくである。

（1）人々は決して合理的に行動しているわけではない。特に重要な意思決定は合理的選択などではない。人は理念や理想や信条に従って行動するもので、消費者としての利益最大化などさして重要な行動モデルではない。

（2）市場経済は、その国の政治過程や政府の性格（強い政府であるか、人々の信頼を得ているか、民主的であるか等々）、社会構造（家族や地域のあり方、企業組織の意味付け、医療や教育など）、さらには文化（幸福についての人々の価値観や知識層の影響力など）と決して無関係ではない。それどころか、密に関係しているからこそ、各国によって市場経済の意味や制度が違ってくる。

（3）人々は、ただ消費者としてモノを買い自己の満足を最大化するというより、他者との関係という「社会関係」の中で生きている。たとえば、他人から多少カッコよく見られたい、他人に対する優越性を示したい、あるいはまた他人との親密な関係を築きたい、といった「社会的動機」こそが人を動かしている。

（4）確かにわれわれは一方で稀少資源の適切な配分という問題を抱えているが、他方では、あたかも再生不可能な自然資源を無限に存在するかのように成長している。しかし、清浄な空気や

水といった美的環境も稀少なのではないか。さらには、労働力も稀少であるが、だからといってそれを「稀少資源の適切配分」として処理してよいのか。なぜなら、労働力とは生身の人間であり、人間の幸福や存在の意味は「資源の適切な配分」にはそぐわないではないか。

こういう疑問をもっていた。もしも経済学者が「それでは科学にならない。科学的分析のためには、問題を限定しなければならない。経済学は人間行動のある一面を切り取って問題にしているだけだ」と反論したとするなら、そのことこそが、まさしく私が経済学を信用できないと感じる理由なのであった。

私はこういいたかったのだ。「経済学が切り取ったという経済的人間（ホモ・エコノミカス）などは実につまらないものではないか。市場に与えられたモノの洪水のなかで、満足を最大化しようとしてショッピングモールをあたふたと行ったり来たりしている人間像など、人間の行動のもつ多様な決断や選択や、さらに理想や信条や宗教的な意義や他者への配慮や自己犠牲などといったもろもろの行動のなかでも実につまらないものではないか。そうだとすれば、そんな人間像から出発し、そんな人間の最大幸福に市場競争のすべての正当性を委託する経済学などというものは実につまらない学問ということになるのではないか」

いや、「それはつまらない行動だ」というのは言い過ぎかもしれない。ショッピングモールを駆け巡ることも、リンゴとみかんの値段を比較するのに、スーパーのチラシを比較することも「つまらない」と断定するわけにはいかない。

しかし、合理的な消費者の効用満足行動へと人間の活動を縮減することで、他人のために働こうとする人間の自発的な意思や、崇高な理想によって動機づけられた行動や、社会における犠牲的な行為や、またその逆に、虚栄と支配欲に満ちたいかにも人間的な行動などから、経済活動を切り離してしまうことが「つまらない」のである。もし切り離して、そこに独自の「ホモ・エコノミカス」を想定できるというなら、それは経済活動を人間の多様な活動のうちのあまりにつまらない側面に位置付けていることになるであろう。

これに対しては、次のような反論がでるかもしれない。「行動の個人的動機は確かに様々であろう。犠牲的活動もあろうし、理想に燃えた活動もあろう。しかし、それをいちいち問題にしては一般的分析はできない。どんな動機で行動していても、それはすべて『効用の満足』という一形式に解消されてしまう」というものである。

形式的にはその通りだ。だが、まさにその「形式的に」が問題なのである。自衛のためにライフルを買うか防犯カメラをつけるかという選択と、チラシをみてリンゴかみかんかを選択する消費行動は同じではない。災害にあった被災者のためにする犠牲的行為とただ自分の満足のためにする消費行動は違っている。この違いは決して無視できるものではない。しかも70年代は、まだしも「政治の季節」であった。日本で居場所を失った日本赤軍のテロリストは世界に散らばってテロを起こしていた。中国では文化大革命の中で多くの人々が殺されたり、迫害されていた。もちろん、これは「消費行動」とは何の関係もない。しかし、その「関係ない」ところが問題なのであって、人を動かし、世界を動かしているのは、テロへと追い込まれる実存であり、国際関係

における政治家の野望ではないか、ということだ。

## 「ホモ・エコノミカス」という人間観

かつて経済学の講義をしていたころ、あるアメリカの教科書をみてみると、消費選択の議論として「大砲」と「食品」の二択の合理的選択が例示されていた。「効用」をできるだけ満足化させるよう、「大砲」と「食料」を選択する、というのである。しかし別の教科書をみるとこの選択肢はまさに「リンゴ」と「みかん」なのである。「大砲」（防衛）と「食料」（日常必需品）の選択と、「リンゴ」と「みかん」の選択が同列なのである。

形式化とはそういうことを意味している。国防をどうするか、日常必需品をどれほど生産するか。自衛のための銃の購入か、それとも戦争ごっこのゲームソフトの購入か。宗教的な信条から禁欲的生活を選ぶか、それとも放蕩三昧にふけるか。家族のために人生を捧げるか、それとも自分一人の享楽を求めて生きるのか、といった選択を、すべて「リンゴ」と「みかん」の選択と同じように扱うわけにはいかないのである。それは「幸福観」が違っている。そこに横たわる「意味」の違いこそが重要なのである。

これが当時の私の心境であった。その気分は今日に至るまで変わらない、いや、私の気持ちなどうでもよいことで、問題はそんなに簡単なことではないのである。

なぜなら、もしも、市場分析の典型的な形式が「リンゴとみかんの選択」と同型のものである、というだけなら、そのつまらなさはただ「分析上」のものに過ぎない。それは、モノに包まれて

合理的に自己利益を最大化する「ホモ・エコノミカス」という人間モデルの卑小さに過ぎない。経済学は必要だけれどやたら志の低い学問である、というだけのことであろう。

ところが、現実にはそうではなくなってきている。まさにこの「ホモ・エコノミカス」が途方もない影響力をもって、地上のあらゆる場所を闊歩しだしている。「リンゴとみかんの選択」という思考方法がわれわれの前頭葉を占拠しようとしているのである。70年代などとは比較にならないほど、この発想は今日、われわれを捉えている。それは、90年代以降、ジャーナリズムを支配した言説を少し思い出してみるだけで十分であろう。

いわく。「ニューヨークではビール一杯いくらなのに、東京ではその二倍だ。日本の消費者は損をしている。流通機構を改革しなければならない」。いわく。「大店法を廃止すれば、消費者はもっと安くモノを買えて得をする」。いわく。「TPPによって、われわれはもっと安いモノを手に入れることができる。だからTPPによって日本の消費者は得をする」。また、タックス・ヘイブンにしても、どの場所に資産を移せば得をするか、という場所の選択である。これも「リンゴ」を取るか「みかん」を取るかと本質的には同じことだ。つまり、どれもが選択行動の合理性をもっぱら満足（利益）という基準においているのだ。そこには、義務観や理想主義や倫理的判断の入る余地はない。合理的選択とは、ただただ利益比較の問題だというのである。

今日、こうした言説はあらゆるレベルに氾濫している。そして、実際、かつての流通革命、90年代以降の価格破壊、構造改革、規制緩和、グローバル化から今日のTPPに至るまでがこの種の思考によって進められてきた。だからそれはこの20年ほどを見ても、日本を大きく変えてきた

のである。われわれの主たる活動の基準はもっぱら「ホモ・エコノミカス」にあった、ということになる。「リンゴとみかんの選択」が、かくも大きな影響を及ぼしたのだ。「ホモ・エコノミカス」は、今日では政治を動かす決定的な理念となった。それはわれわれの生の標準形になった。今日、人々が政治に求めているものは、どうすれば消費者は得をするのか、どうすれば利益が生み出されるか、ということなのである。

とすれば、「ホモ・エコノミカス」というささか卑小な人間観は、せいぜい経済活動というひとつの断面で人間の活動を切り取った理論上のフィクションである、などといって済ませるわけにはいかなくなる。市場経済がわれわれの生活の根幹にまで入り込み、経済学的な、つまり「ホモ・エコノミカス」的な思考がわれわれの頭脳をしっかりと捉えている。卑小さが勝利しつつある。この一面化された人間像がほとんど無意識のうちにわれわれの行動を支配するとき、われわれは意識も意図もせずに実に「せこく」なる。２０１６年、あまりにみみっちく公費を使った舛添東京都知事を辞任に追い込んだのは「せこい、せこい」という世論の批判であった。「せこい」ことは違法ではないが、人格を疑われる。つまり、過度な「ホモ・エコノミカス」は、人格上の欠陥となりかねないのである。

さて、70年代には、このようなせめぎあいがなされていた。経済学は果たして自然科学と同様に科学でありえるのか、という疑問が呈せられていた。それはひとつの閉鎖系（クローズド・システム）なのか、それとも、「自然」や「社会」へ開かれて相互作用する開放系（オープン・シス

テム）なのか、といった論議があった。合理的選択という「ホモ・エコノミカス」仮説は支持されうるのか、という問題があった。しかもこれらは、ただかけだしの院生だけではなく、中堅や大家とみなされる経済学者まで含めて広く論議されていたのである。今日では想像もできないことである。

第一章で取りあげたシューマッハーの『スモール・イズ・ビューティフル』やローマクラブの『成長の限界』が出版されたのはこうした時期であった。そして、ダニエル・ベルの『脱工業社会の到来』が出版されたのもこのような状況下であった。

この書物は、経済評論・文明評論風の『スモール・イズ・ビューティフル』などとは異なり、アメリカのタルコット・パーソンズ流の社会学をベースにし、経済論、社会論、知識人論、イデオロギー論などを総合した実に闊達な学問的な書物である。それほど容易には読める書物ではない。にもかかわらず、本書は、社会科学の専門家だけではなく、財界人や官僚、あるいは一般的な知識人層にまで広い影響を与えた。それは、ベル流の社会学を基底において社会科学の総合化を試み、さらに、その枠組みを、当時生じつつあった先進国の社会変化、構造変化という現実の説明に充てようとしたのである。社会科学の総合化というその方法が、まずは、私のような経済学離れしつつある者には魅力的であった。

同時に私がこの書物にひかれたもう一つの理由がある。それは幾分、個人的なものである。この書物の紹介者（訳者）は、当時の東京大学の教養学部に籍をおく経済系と社会思想系の教授・助教授たちであった。内田忠夫、嘉治元郎、城塚登、馬場修一、村上泰亮、谷嶋喬四郎の六名で

ある。

彼らは、東大の専門課程とは一線を画した、教養学部独特の知的風土を作り上げていた。経済学についていえば、本郷の東大経済学部の厳密な専門主義に対して、駒場の教養学部は、社会学、経済学、政治学、思想史などのゆるやかな融合と学際化を特徴としていた。それは後に「相関社会科学」と呼ばれるようになるが、当時、私がひかれていたのは、本郷の専門的経済学ではなく、駒場の総合的な社会科学であった。

ベルの訳者のうち、特に村上泰亮氏は、経済学を軸にした社会科学の総合化に尽力しており、またその手法を使って、日本社会の経済構造をその歴史的意義にまで踏み込んだ分析を試みておられた。『産業社会の病理』（1975年）やその少し後に出版される、村上泰亮、佐藤誠三郎、公文俊平による『文明としてのイエ社会』（1979年）がその成果である。後者はたいへんに大部であり、読み通すにはそれなりの体力がいるにもかかわらず、この大著は当時、随分と評判になったのである。

しかも、さらに個人的な事情になるが、院生時代の私は、しばしば村上氏とは議論から雑談まで話をする機会があった。そして、そこへ現在、評論家をやっている西部邁氏が、「新進気鋭の経済学者」として着任することとなった。「ホモ・エコノミカス」からいかにして脱却し、それに代わる経済現象の新たな枠組みをいかに構築するかが、当時、「経済学者」であった西部氏の関心であった。社会学や言語学の書物を題材にした少人数セミナーが終了してから、西部氏とはしばしば夜明けまであれこれ論じたものである。当時、経済現象を社会的な観点（集団行動や経

済行為の社会的意味）から理解するというのが西部氏の立場であって、それは『ソシオ・エコノミックス　集団の経済行動』（1975年）と題する書物に結実する。これは経済学に対するひとつの挑発であったが、西部氏にとっては経済学への絶縁であった。だが絶縁であろうがなかろうが、この「経済学批判の書」は、少なくとも日本の経済学の中心部には衝撃を与えたのであった。

いずれにせよ、当時、私は、そういう混沌とした渦の中で将来への不安を抱きつつも、ある日はパーソンズを読み、ある日はレヴィ＝ストロースを読み、ある日は、フーコーを読み、ある日はソシュールを読むという、なんとも脈絡のない試行錯誤の日々を過ごしていたわけである。

## (二) ベルの「脱工業社会」論

### ベルの予測した社会

さてベルの『脱工業社会の到来』であるが、この書物は、まさにこの時代が近代社会の大きな転換である、という認識に立っている。この頃、先進国においては、すでに労働人口の半数ほどがサーヴィス業等の第三次産業へと移行していた。とりわけ知的労働の就業者の増加という事実に注目して、先進国がすでに工業化段階から情報・知識社会へと移行しつつある、という。まとめれば、脱工業化の趨勢とは次のことを意味していた。（1）経済的には、財貨生産経済からサーヴィス経済への移行、（2）職業分布上における、専門職・技術職の優位、（3）社会的な価値における、技術革新と政策策定の根幹としての理論的知識の重要性。これらが進展するのである。

そしてそのことは何をもたらすか。それをベルは、「社会構造」「政治的態様」「文化」の三つの領域の相互作用として描き出そうとする。「社会構造」の中心にあるのは、技術的・経済的様式であって、情報技術の著しい発展によって市場経済は変化を余儀なくさせられる。それは、情報や知識に習熟し、またアクセスの機会に恵まれた人々を社会構造上、優位な立場におき、政治的意思決定に対しても無視しえない影響力をもつ。それは「政策」における知的なものの位置を大きく引き上げ、また、「文化」においては大学や学問のあり方、政府と学問の関係、知的な文化人の思考様式に対しても大きな影響を及ぼすだろう、という。

ベルのこの大きな見取り図には疑いようのない説得力があった。近代社会とは「合理的・科学的精神の展開」と「産業技術による経済成長」を柱にしている。戦後先進国は、60年代にこの二つの柱によって急激な経済発展をとげた。科学・技術の進歩とそれを産業に応用した製造業の成長によって人々の生活はかつてない水準にまで達した。

それをそのまま延長するとどうなるか。冷戦を動機づけているイデオロギー対立などいずれ終わるだろう。イデオロギーや大きな思想(「大きな物語」)の時代は終わり、理論的知識の活用が、自然科学の技術的応用のみならず、社会工学へまで拡張されるだろう。様々な種類の専門家が動員され、専門的知識が政府の政策決定にまで活用されるだろう。しかも、工業化と大量消費が一定の水準まで達すれば、時代は、情報や知識を中心に動くようになる。

このベルの見通しは、ある意味では至極分かりやすいものである。近代化のメルクマールである「合理的科学」と「経済発展」をかけ合わせてみれば、ベルのいうような「脱工業社会の到

来」という解がでてきても何の不思議もない。

ここで、もう少し踏み込んでみよう。ベルは何を主張したのだろうか。ベルの闊達な主張のうち、次の三つの点に絞って論じておこう。

（1）市場経済中心の「経済化様式」から公共性をもった「社会学化様式」へ。

（2）テクノクラート（知的な専門家）による「公共的計画」へ。

（3）「稀少性」の意味変化。

第三点は第四章にまわすとして、最初の二点についてみておこう。

まずベルは述べる。「近代工業社会は二種の『新しい人間』、技術者と経済学者（エコノミスト）の所産であり、この二種のものを結びつける概念――効率――の概念の所産である」

確かに、近代の工業社会は、巨大な大量生産技術と、そのたえざる革新によって展開した。石油資源を使用して自動車や鉄道、電器や機械の大量生産を可能とし、消費者に大量生産品を届けることによって「豊かさ」を実現した。技術者は新たな技術を開発し、経済学者は、工業生産社会を効率的なものとするための市場競争理論を定式化した。

ここに、われわれの思考様式と生活様式の双方を支配するひとつの観念ができあがる。それは競合する目的の間で、限られた資源を有効に使用して最大の成果をあげる、という思考方法である。つまり「効率性」こそが最大の評価基準となる。幸福は個々人の消費によって測られ、消費の最大化をもたらす基準は生産の費用・便益分析に基づくということになる。「効率性」こそが人々を幸福にするカギとなり、それが工業社会における決定的な価値となる。ベルはこのような

思考上および生活上の価値基準を「経済化様式」と呼んだ。

「問題の核心は、経済化様式は、次の命題、すなわち《個々人の》満足が費用と便益を計算するときの単位になっているという命題、に基礎を置いていることである。」(『脱工業社会の到来』ダイヤモンド社)

しかし、すでに工業化は高度な段階に達していた。人々は物的な消費財の拡張にのみ幸福を求める段階ではなくなりつつあった。技術革新の分野でも、消費財の大量生産技術よりも、コンピューター等の情報・通信技術がいっそうの重要性をもつようになり、人々は知識や情報の活用に関心を向ける。かくて、人々の関心は、個人的な消費ではなく、生活の質や公共的なサーヴィスへと向かうであろう。ところが、これらは「市場的価値」では計測できないのだ。これは新たな価値体系と新たな社会構造を要請するであろう。

この場合、大事なことは、それはただ「社会構造」の変化を意味するというだけのことではない、ということだ。それはなによりもまず、ひとつの自明の価値観から別の新たな価値観への転換でなければならないのである。

ここに価値観の上での大きな転換が要請されることになる。工業社会とは、言い換えれば、財貨を可能な限り大量に生産するための人間の機械に対する働きかけであり、だからこそ、効率性がその中心的概念なのであった。

ところが、脱工業社会では、社会生活の質を高めるための社会管理や技術革新を生み出す知識が動員され、そこでは知識の組織化や社会による管理が問題となる。つまり、人による自然や資源への働きかけではなく、人と人との関係のありようこそが重要になるだろう。したがって、この社会の中心的な価値は、社会的公正や理論的知識になるであろう。「効率性」はもはや決定的な価値ではなくなる。

確かに、工業社会の基軸となる価値は、「効率性」、「私的消費（物的な富）」、そして「経済成長」であった。これらは、単なる事実というだけではなく、人々が自らの社会の自画像を描くさいにもっとも頼りになる文化的な価値なのである。なぜなら「究極的に経済の方向を指し示すのは〈文化の価値体系〉である」からだ。

ところが人々が「生活の質」に関心を移すにつれて、工業社会的な価値観は限界を露呈するようになる。

第一に、市場における競争や効率性は、あくまで「私的財・サーヴィス」に適合的なものである。だが、「生活の質」といった時には、清浄な空気、美しい風景、こころをなごませる自然環境、友人とのくつろぎの時間、仕事上の満足などを考える。そして、これらは経済的価値としては計測されないし、効率性のターミノロジーには登場しないのである。

第二に、市場競争や経済成長は時にはマイナスのスピルオーバー（遺漏）を生み出す。いわゆる「外部不経済」である。公害問題はその最たる例示であるが、一般的に経済成長は、汚染や自然破壊という環境問題を生み出すだろう。さらに、これはベルが述べているわけではないが、私

にはもっと重要だと思われることがある。それは、過度におよぶ市場競争は、人々の心理的ストレスを極限まで高めることもしばしば起こるということだ。これらは明らかに「生活の質」を低下させるのだが、経済的価値としては決して計測されない。

第三に、近代社会（ベルの考えでは特にアメリカ社会）の価値観は過度に私的な消費や私的な自由に傾斜しているために、「公共財」と「私的財」の間に著しい不均衡が生じる。たとえば、私的財を買うのに対価を支払うのは当然だと誰もが考えている。しかし税金は、公共サーヴィスをえるための必要な費用とはみなされず、私的財産からの強制的な徴収とみなされる。こうして、公共的サーヴィスは過少化する傾向がある。それを適切に測定する価格体系は存在しない。

70年代になると、すでに工業社会は相当な「豊かさ」を達成していた。日常的な生活はかつてなく潤っていた。しかし、その「豊かさ」はあくまで私的な消費財のレベルにとどまっており、それ以上に人々が「生活の質」を問題にしても、工業社会の市場競争システムでは実現できない。「脱工業社会」においては、「生活の質の向上」は、私的消費財のさらなる増大ではなく、公共サーヴィスの充実にかかっているのである。しかも、健康、医療、保険、教育、人々のつながり、環境などは、市場の効率性という価値によっては測定不能なのである。

少し考えてみよう。われわれは普通、医療の価値を、医者の診察費や、薬の代金などを集計して測定する。しかし、病気によって失われた時間や病院での待ち時間、心理的苦痛、治療や看護の質などは決して測定できない。こういうことは「医療の価値」にとってかなり大事なことである。だから医療にかかる市場的・金銭的価値として計上されているものは、本来の医療のほんの

わずかな部分に過ぎず、医療の本質的な部分（質的な満足や患者の苦痛など）は、そもそも市場の論理とは無縁なのである。

教育についても同じようなことがいえよう。普通、教育の価値は、教師の給料や学校に投下された費用、すなわち教育にかけられた金銭によって評価されるが、それが、教育の本質を表示しているなどとはとても考えられない。教師と生徒の信頼関係や学校における生徒の満足やまた不平、学力や集団的生活能力の向上などという教育の本質にかかわる事柄は、教育の金銭的価値とは無関係である。

あるいは、ベルはこういうことを書いている。近代工業社会は、人々の移動手段としての自動車をきわめて重要なものとした。実際、近代工業社会を支えたひとつは自動車である。それは、人々の空間的な自由を拡大し、移動の時間を短縮した。人々は、「個人の選択の自由」において自動車を購入する。しかし、その結果どうなるか。路上には自動車があふれ、かえって移動は困難になり、排ガスは環境を悪化させ、「抽象的には、自動車が美しさを台なしにする」。しかし、個人としては移動手段を確保するため自動車を買うほかない。

どうしてこうなるのか。ここには、輸送手段についての社会的な意思決定メカニズムがかけているために、個人的な自由選択の結果として誰もが望まない事態が発生しかねないのだ。ところが、統計的には、自動車が何十万台売れたためにGDPがどれだけ増加したかだけが計測される。「だいなしにされた美しさ」や、「本当は望まなかったはずの混雑した道路網」などは、いっさい計測されない。かくて「われわれは無力になり、押し流され、それ故にその結果を加速させる」

であろう。

実際、次のことを考えてみよう。自動車の購入を、ただただ、個人の自由選択の問題だけでかたづけるわけにはいかない。それは、一定の道路交通のシステムを必要とし、高速道路網の建設を伴い、交通安全のシステムとその遵守を要請し、他の輸送手段、移動手段を排除することを意味する。それは、ただ一つのモノの購入どころではない。個々人がもはや自力では責任も持てない集合的なシステムを選択していることになる。

これは自動車を持たないものにとってはいい迷惑にほかならないであろう。控えめに言っても、そもそも誰も、道路交通網が張り巡らされ、高速道路網が建設され、複雑な交通ルールにしたがって移動し、環境にダメージを与え、混雑によって神経をすり減らすような「自動車社会」を意図的に選択したわけではないのである。ただただ、市場競争の中で消費者の自由選択によってこういう事態になったに過ぎない。

とはいえ、この結果はただ「過ぎない」というにはあまりに重大なものである。市場競争がもたらす社会のありようについてわれわれは投票したわけでもなく、集合的な意思決定をしたわけでもない。もしも集合的な意思決定をしておれば、別の社会的な価値観を生み出したかもしれないのである。ということは、ベルも述べるように、「他の社会的価値の犠牲の上に、より多くの私的財貨が創造されているのではないか」ということになろう。実際これは「自由市場」が持つ最も大きな欺瞞といってよいだろう。市場主義者のフリードマンは『選択の自由　自立社会への挑戦』という書物で、個人の自由選択にこそ市場の優位性があるという。しかしアンドリュー・

バード・シュムークラーが『選択という幻想　市場経済の呪縛』の中で述べているように市場での「選択の自由」は、あくまで市場に並んだ私的財に関するだけで、市場経済のあり方を選択することはできない。社会の様々なシステムも選択できるわけではない。

高度な工業社会の果てにわれわれは以上のような事態に直面することになる。そして、それは、市場競争のもとでは決して解決できない。「経済化様式」は、事態をますます混沌ならしめ悲惨なものへと導いてゆくであろう。

それならば、それに代わる方向を模索するほかない。それは「公益」という概念を明確に基礎にすえて、「公益」にかかわる活動やシステムを、社会的な必要性という観点から意識的に判断することである。それをベルは「社会学化様式」という。

それは「経済化様式」のように、個人主義的で個々の選択の自由に基礎をもつ社会ではなく、「すべての人を社会《の中に》含めることによって、社会正義を意識的に確立すること」なのである。しかもそれは先進国の歴史的傾向だ、とさえベルはいう。

「今日の社会は、個人主義と市場合理性という約束の上に立ってきた社会であり、そこでは、個人が求めるいろいろな目標が自由な交換によって最大限まで達せられるとされてきた。われわれは今や、それなくしては共同体がまだ全的には定義されないというようなひとつの共同体的倫理に向かって動いている。政治経済学による支配から離れ政治哲学の支配へ動くこと——これが移行の意味である——は、ある意味では、社会思想の非資本主義的様式への回帰である。

そしてこれは西ヨーロッパ社会における長い歴史的傾向なのである。」（同前）

では〈共同体的倫理〉を前提とした公益を実現する社会とはどのようなものなのか。

ここに近代社会の軸というべき合理的知識が登場する。ベルは、情報・知識社会のカギを握るのは、専門的な科学であり、その科学的知識に基づいて、問題を技術的な観点から扱う「技術的知識人（テクニカル・インテリゲンチュア）」である、という。

脱工業社会では、権力の基盤が、物的な私的財産や政治的地位から、知識へと移行するが、その場合の知識とは、たとえば従来の実業家や経営者、政治家が持っていたような、経験から得られる実際的な種類のものではなく、専門的な理論的知識なのである。

各種の科学者、経済学者、数学者、知的テクノロジーの技術者といった人々が社会に対する影響力を行使する。おそらくは、ここに今日、法律家や情報学者、原子物理学者、再生医療研究者や生理学者、さらに、脳科学者や心理カウンセラーを付け加えてもよいであろう。

彼らは新しい支配的階層を形作るようになる。しかし、意思決定はあくまで政府の手にある。そして、彼ら専門的科学者の影響は、政府の価値基準を動かすことによって行使されるであろう。ベルはそれを次のように述べている。

「経済成長やその均衡に関する重大な意思決定は、政府によってなされるであろう。しかし、政府は、それらを研究開発とか、費用効果、費用便益分析などを使いながら行うであろう。複

雑にからみ合った状況であるために、意思決定はますます技術的性格を強めていくことになろう。したがって、才能の涵養とか、教育・研究機関の拡充がその社会の最大の関心事となるわけである。ついには、社会的威信と地位の全構造が知的科学的共同体に基盤を置くことになるであろう。」（同前）

これはきわめて今日的なテクノクラートの登場である。テクノクラートとは「自己の技術的有用性に基づいて権威を行使する人物」であるが、それは、ただ現代のエリート人物像を指し示すだけではなく、ひとつの世界観を持つということなのだ。「テクノクラート的思考」とは何か。それは、対象に対して、論理的で実際的で問題解決型で専門的なアプローチを強調する。それはまた、数値的な計量、測定の精密さを要求し、システム的な概念を好む。つまり、計量可能で実証主義的な手段的合理性を旨とする。それは、伝統的、宗教的、美的、直観的方法とはまったく正反対なのである。

このテクノクラート的世界観を誰が作り出したのか、と問うてもあまり意味はない。それは近代社会が高度な産業化・工業化を進展させる歴史プロセスの中でほとんど不可避的に生み出されたものであろう。ただ現実にそれを推進したものは何かといえば、それは政治であった。

まずは、政治がテクノクラート的思想を要請したのである。理由は簡単だ。高度な工業社会は様々な問題を生み出すと同時に、それに対する問題解決型の知識を必要とするからである。そこに「技術的能力を基礎とする新しいエリート層」が形成される。

経済成長は政府の経済計画を必要とし、軍事力は軍事計画を必要とするだろう。社会福祉にせよ、公害問題にせよ、何らかの社会計画を必要とする。様々な「公共的計画」が必要とされる。現代の政治は、漫然と決定したり、利害調整だけで動くわけではない。政策決定には「専門家」が関与する。政策決定は「専門家」による正当性を必要とするのだ。経済政策も外交政策も、また福祉や年金政策も医療政策も、あるいは軍事的事項も、「公共計画」（もしくは公共政策）として一括できる。こうしてあまたの専門的知識層が政治的意思決定の場に参与してくるのである。

## 脱工業社会の意思決定

同時にまた、ここに、新しい種類の財産観念がでてくるであろう。ベルがいうように、今日の財産は、土地や様々な所有物や有価証券などの目に見えるものだけではなく、様々な請求権や契約そのものからも成っているが、その場合に重要なのは、政府との関係や社会的な権利関係によって財産的なるものが生み出されることなのである。

大学に対する政府の補助金や、特定の研究に対する助成、企業の研究開発に対する援助、農業に対する補助や農家への補償、特定の研究に対する特許や知的所有権の確定、さらには、社会保障や医療保険など。こうしたものが新たな財産を形成し、そこにも、新たな契約関係ができてくる。政府や社会的な組織と結び付くことで金銭が得られるとすれば、政府との縁故を作ることそのことが準財産となる。かくて政治はまた、このような新たな財産をめぐる競争の場にもなってゆくであろう。

すなわち、脱工業社会においては、財産は、自然や資源を有効に使い、モノを生産することによって生み出されるのではなく、政府や社会を舞台にした「人と人との競争と結合」の結果でもある。財産を生むものは、人と自然（もしくは機械のような人為に変換された自然エネルギー）とのゲームではなく、人と人との駆け引きやら結びつきなのだ。その駆け引きの中心になるのが、多様な専門的知識なのである。ベルの言い方をすれば「人と（人為化された）自然とのゲーム」から「人と人とのゲーム」へと移り変わるのだ。

まず一応はそのようにいうことができよう。しかし、それにもかかわらず、もうひとつ重要なことに、社会をどちらの方向に向けるかの最終的な決定権はあくまで政府が握っているのである。最終的に政府の存在意義はそこにある。だから「結局において、テクノクラート的思考は、どうしても、政治の前に屈服する」ことになる。

「公共計画」は必要である。そこに手段的合理主義も持ち込まれる。政府はテクノクラート的思考を活用するであろう。しかし、専門的知識はあくまで何かを達成するための手段にすぎない。手段的合理主義は、決して手段が奉仕すべき目的を生み出すことはできない。しかも自由と民主主義の社会においては、社会が課題とすべき問題は、個々人の自由に任されているのである。あらかじめ決まった目的も課題もどこにもない。

そしてまさにそこに深刻な問題が発生するのだ。すべての個人を満足させる課題の設定などできないからである。

とすれば、政治とはいったい何なのか。改めてこういう問いが発せられるであろう。民主主義

のもとで、政治は常に人と人との関係を調停してゆかなければならない。それはテクノクラート的合理主義とはまったく正反対の課題といわねばならない。きわめて非合理的で人間的で時には情緒的でさえある。だから、政治は、一方で、きわめて技術的でテクノクラート的発想を必要とすると同時に、他方では、その根幹に、まったくそれとは対立する要素を宿しているのである。

かくて脱工業社会の意思決定は実はたいへんに困難なものを含んでいるというほかない。決して「専門的知識」が政策決定に関与して、社会が合理化されるなどというものではないのだ。それは、一方で、テクノクラート的で専門的な知識を動員するものの、それが奉仕すべき目的を作り出せないのである。社会の合理的組織化という課題は、実は依然として根本的に混乱したままなのである。

そのことを前提にして、なおかつ脱工業社会の政治に、共同社会をまとめ、方向づけるという政治のもっとも重要な作用を可能ならしめるものは果たしてあるのだろうか。現実をみれば、これは苦しいといわざるをえない。個人が自分の生き方や信条について自由な考え方が許されているような社会では、共同社会をひとつの方向にまとめて、万人が納得できる解などというものは容易には期待できないであろう。

しかし、それでも、緩やかな形であれ、共通の方向がなければ、社会という巨大船はどこに向かって航海しているのかも不明であろう。だから、政治というものが成立するためには、何か共同社会にとってよきものがある、と想定しなければならないことになる。少なくとも、それを求める努力を放棄するわけにはいかないだろう。そして、もしその努力が意味をもつとすれば、そ

れは、古典ギリシャ以来のきわめて伝統的な問題へと回帰することだ、とベルは述べるのである。少し長いが、引用しておこう。

「結局、〈省略あり〉われわれはすべての政治哲学の根本である問題に立ち返ることになる。すなわち、われわれがおくりたいと思うよい生活とはいったい何なのか。将来の政治とは、国民生産の分配のとり分をめぐる機能的な経済的利害集団間の争いではなく、共同社会の関心事であり、とくに、恵まれない集団をその中に包括することであろう。それは、われわれの指導者たちに、責任ある社会的エートスを注入する問題、より多くの快適さ、より偉大な美とよりよい質の生活、より変化ある知的な教育制度、われわれの文化の質の改善等々に関する要求をめぐって展開されるであろう。われわれはこれらの目的を達成する方法や、どのように費用を割り振るかについて分裂するかもしれない。しかし、公共の美徳という観念から発するこのような問題は、われわれを、古典的なポリス（都市）の問題に連れ戻す。そしてこれはそうなるのが当然のことなのである。」（同前）

ベルの『脱工業社会の到来』が日本で翻訳されたのは1975年であった。石油ショックの後遺症は依然として消えず、アメリカはベトナムで疲弊してもはや世界をまとめる力を失っていた。それどころか、アメリカはスタグフレーションに陥り、世界同時不況などといわれた時代なのである。戦後の「奇跡」の象徴である日本でも、田中角栄の失脚と共に国土開発も高度成長も終わ

ったとみなされていた。誰も資本主義が崩壊するなどとは思っていなかったし、社会主義が勝利するとも思っていなかった。としても、しかしまた、資本主義が市場競争のもとで従来のような経済成長を継続できるとも思っていなかった。

私は、きたるべき時代は、ベルの述べたような専門的知識を公共的に活用する「情報・知識社会」であろうと漠然と考えていた。ベルは、この「脱工業社会」つまり情報・知識の公共的活用の社会を必ずしも望ましいものと考えていたわけではない。それは、政治の分野で新たな闘争や問題を生み出すし、また、新たなエリート階層を作り出す。情報文化は過剰になると、人々の心理にも大きな負担を強いるであろう。また、専門的・科学的でかつ技術的な思考と、人文的・教養的な思考の間に大きな溝と対立が生まれるであろう、と予測していたのだ。そういうことも含めて、政治と経済と社会、それに文化が相互作用を及ぼしあい、その中心には知識があるような社会になるだろうと考えていた。

しかし、実際にやってきたものは何だったのか。徹底した市場競争中心の社会だったのである。80年代以来、今日に至るまで、先進国を、いや、今日では世界全体を支配しつつあるのは、市場原理主義なのである。ベルの公共計画はどこかへ吹き飛んだ。政府は重要どころか、余計者であり邪魔者となってしまった。大事なことは市場競争であり、効率性である、ということになった。ベルはいったい間違っていたのか。それとも、時代が間違っているのか。

これは結構な難問である。ベルの推察が間違っていたとすれば、どこで間違ったのか。時代が間違っているのだとすれば、どこで間違ったのか。そのことを改めて考えてみたい。

# 第三章　高度情報化は「衝動社会」を生み出す

## (一)　限界費用ゼロ社会？

### レーガンの新自由主義以降

1970年代半ばは、大きな社会転換の時代であった。ダニエル・ベルに限らず、製造業の大量生産・大量消費による経済成長をめざす「工業社会」はもはや限界まできている、という主張が、経済学者や社会学者、さらには政治家などからも唱えられていた。ベルの「脱工業社会論」はそのもっとも良質の典型である。工業社会の次にくる社会は、各種の専門的な知識が公共的に応用され、経済効率よりも、社会的な公正が実現されるような社会である、というのがベルの見立てであった。

実際、80年代になると、後に「シンボリック・アナリスト」（ロバート・ライシュ、『ザ・ワーク・オブ・ネーションズ　21世紀資本主義のイメージ』）と呼ばれる多様な専門的知的職業が高い社会的地位を占めるようになってくる。医師やコンピューター・プログラマー、デザイナー、法律家

や特別の才能をもった研究者、その他、各種の特殊な知的技能をもった専門家こそが次の社会の主役となってゆく。しかし、多くの「シンボリック・アナリスト」たちは、一国の公共部門で働くというよりも、知的資源を有効に利用して個人的な利益や名声を得ていった。しかも彼らには、華やかな国際的な舞台が用意されていた。彼らは国境を超えたグローバリストであった。

これはベルの想定とは全く異っている。ベルが脱工業社会を情報・知識の優位する社会として描き出したとき、彼が想定していたのは、あくまで専門的知識の公共的な活用である。国益や公益が想定されていた。だから、こうした人材を養成する大学や研究機関はかつてなく重要になる。そして、彼らが、政府や公的機関と結び付いて、「公共計画」に参与する、というのである。ついでにいえば、そこにまた人間のつながりも含め「新しい財産」も生み出されるのである。

では、ベルのいうような「脱工業社会」は到来したのだろうか。情報・知識の公共的活用という意味での「脱工業社会」は実現したのだろうか。

答えは、部分的にはイエスであり、大筋ではノーである。イエスの方から見てみよう。

確かに、今日、各種の専門的知識が政府部門と結び付き、きわめて重要な役割を果たす、というベルの予測は実現している。日本も含めて、今日ほど、多くの研究者や知識人が政府と結び付いている時代はないであろう。政府は、経済政策の立案にあたって、経済学者の意見を大きく取り上げる。2016年には安倍首相は、「国際金融経済分析会合」と称して、日本の経済政策を策定するためにアメリカから著名な経済学者を5名とフランスから1名を招致し、直接に意見を聞いたほどであった。しかも、その席には、金融の独立性を旨とするはずの日銀総裁まで同席し

ていた。もともと、2012年に安倍首相が提唱した「アベノミクス」も、リフレ派と呼ばれる経済学者の進言に基づくものであった。

経済政策にかかわらず、今日、内閣府には様々な分野の学者や研究者が参与しており、原子力行政においては、その分野の専門家が登場し、地震や防災についても同様である。福祉行政においては福祉の専門家が意見を具申し、先端医療や分子生物学の研究開発の支援については、その分野の専門家が政府にはたらきかける。

そもそも「先端分野」と認定されることがまずは決定的な意味をもち、それは政府からの補助金の確保という実利と結び付く。その点で専門家の影響力はきわめて大きい。今日の「先端研究」における有力な知的専門家の役割のひとつは、政府や経済界とのコネクションをもち、研究資金を獲得することでさえあるのだ。官・産・学の連携によって、新たなイノベーションが生み出される。かくて、「科学」と「技術」と「イノベーション」が結び付いて経済成長を可能にする、というのが今日の経済の姿である。

その結果、大学や研究機関の重要性はこの十数年で飛躍的に上昇した。そして、一部の「先端的研究」には巨額の予算が投入されるようになり、大学全体としての社会貢献を強く求められるようになった。しかしこのことを逆にいえば、実践的な理系重視が顕著となり、さして直接的かつ実践的な成果を期待できない人文系の学問はかつてなく冷遇されることとなる。「役に立つ研究」と「役に立たない研究」の間に大きな格差がつけられてしまったのである。

その意味では、確かに、ベルの述べた「知的専門家」の果たす社会的な役割はきわめて重要と

なった。ただし、それが大きな実践的・社会的意義を持つ限りにおいてである。

だが、それでは、これらの情報・知識の活用は、「社会的公正」や「生活の質的向上」や「環境の保全」といった「公共的な善」へ向けられたものなのであろうか。こう問うと、それほど簡単にはうなずけない。専門的知識が、人々の生活の質を高める「公共計画」に向けて動員されているかというと、否というほかない。

むしろ、専門的知識の多くは市場経済のなかに投入され、競争力の強化や成長戦略として位置づけられる。それは、再び、効率性の原理へと押し戻される。大学や研究機関への公的な資金援助も、経済の効率性や成長への寄与という単一の基準で評価され、社会的な有用性の観点からの成果を求められる。

これはベルの想定とは大きく異なっている。「市場競争」から「公共計画」へ、「効率性」から「公正性」へ、「物的な量的拡大」から「生活の質」へ、といったベルの希望的予測はまったくはずれてしまった。

いったい、どうしてであろうか。

端的にいえば、1980年代に入り、アメリカのレーガン大統領の登場とともに様相は一変したのである。レーガンのいわゆる新自由主義は徹底した市場競争政策を採用し、その結果、経済のグローバル化が生じ、金融部門が肥大化し、さらに、後のIT革命に結び付く情報技術の展開が生み出された。

レーガンの新自由主義によって方向を定められたこの路線は、90年代の冷戦終結にともない、

世界経済における再覇権をめざすアメリカの経済政策の基軸になってゆく。クリントン大統領によって、ワシントン・ウォール街・シリコンバレイを結んだ新たな戦略が打ち出される。「グローバル化」、「金融経済化」、そして「デジタル化（IT革命）」がその後の三本の支柱であり、それらを結び付けるものは自由な市場競争原理であった。ワシントンの経済政策、ウォール街の金融市場、シリコンバレイのIT産業のすべてが、市場競争を活性化するために動員される。

90年代には、この市場原理主義は、「ワシントン・コンセンサス」と呼ばれ、世界中の標準的な経済モデルとして「輸出」されていった。ウォール街の意思を受けたアメリカ政府は、IMFとも連携しながら、新自由主義の「世界化」を図ったのである。かくて、政府の役割は、第一に市場競争環境を整えること、第二にITなどの成長産業を育成することへと集約され、第三に、どの国の政府にもそのための「構造改革」が要請されることとなる。

かくて「グローバル市場」「金融」「IT」が大きな利潤を生み出す新たなプラットフォームを形成することとなる。このプラットフォームを支配したものが、大きな利益を手にすることができる。そこで、世界全体を舞台とする、「市場」「資本」「情報」をめぐる過激な競争が生じた。これはアメリカの意図的な政策の帰結であり、その目的は、アメリカの経済力の回復と競争力の強化であった。こうして、冷戦以降の世界にあっては、各国政府は、グローバル市場において、自国に有利な経済活動を積極的に支援するという「新重商主義」へと向かっていったのである。この点はまた第八章でも述べるが、ここでとんでもない逆説的な事態が生じたことを強調しておきたい。新自由主義や市場原理主義が、結果として強力な政府による介入を、つまりは新重商主

義を産み出したのだ。

80年代以降に生じたこうした動きを、70年代にあって予測することは不可能であったろう。冷戦終結や社会主義の崩壊を予想できなかったからといって誰も責めを負うことはあるまい。「グローバル化」や「金融中心経済」への移行、そして後の大規模な「ＩＴ革命」は、ベルの「脱工業社会」では想定外だったのも当然である。

しかし、後から振り返ってみれば、この三つの潮流は、すべて工業社会の「次（ポスト）」を目指す潮流であったということはできる。

確かに、製造業は、先進国の国内市場でほぼ飽和していた。国内では「脱工業化」が進む。それはベルの述べた通りである。しかしその分、製造業の大企業は、国内の産業空洞化を厭わずに、生産拠点を海外に移し、海外市場へと販路を向けてゆく。それが、80年代のアジア経済の興隆とともに、結果としてグローバル市場を生み出したのであった。

また同時に、アメリカ国内では、衰退する製造業に代わって、金融工学を駆使した証券取引によって利益を生む金融主導の新たな経済モデルが作り出されていった。製造業が大きな利益を生まなくなったとき、それを代替したのは、金融市場で資本を動かすことであった。製造業の大量生産・大量消費による工業経済の循環モデルではなく、金融市場で資産が生み出す利益を実物経済に還元するという、新たな金融中心的循環モデルが作り出されていった。

情報・知識社会の展開はベルの予想したところであるが、それでもＩＴ革命やデジタル化がこ

れほど大規模かつ急激に展開されるとは誰も予想できなかったであろう。ＩＴ革命は、知識の公共的使用どころか、それ自体が市場競争と密接に結びついていた。コンピューター技術の展開や情報化にまつわる革新的な技術そのものが市場競争の産物であると同時に、それは市場競争をいっそう激化した。そして、ＩＴの展開は、情報・知識を駆使したイノベーションこそが経済を成長させるという了解（幻想？）をもたらしたのである。それほどまでに市場の力、もしくは資本のエネルギーは激しい。89年から90年にかけて生じた社会主義の崩壊が資本の力に圧倒的なエネルギーを供給した。知識も技術も市場と資本に飲み込まれていった。

かくて、今日、われわれの眼前で展開されている光景は、政府が中心となって人々の生活の質を高める公共政策どころではない。ＩＴとその延長上に次々と新たなイノベーションを引き起こしてグローバルな市場競争で覇権をえるという「新重商主義」なのである。政府さえも資本に飲み込まれようとしているのだ。

それはベルのいう「経済化様式」から「社会学化様式」へ、どころではない。経済論理はいっそう高度に展開され、効率性はほとんど神のごとく至高の価値とみなされ、競争原理はグローバル・スタンダードとなっていった。脱工業社会は、確かに情報・知識をめぐるゲームの時代をもたらしたが、このゲームは、何が公正か、何が善であるか、といった価値をめぐるゲームではない。それは、グローバル市場経済を舞台としたさらなる富をめぐるゲームであり、効率と生産性をめぐるゲームである。脱工業社会とは、情報・知識が生み出す新技術こそが成長を可能にするという高度な資本主義への移行だったのである。

現実がこのように推移すれば、われわれはつい問いたくもなるだろう。ベルの述べたような社会イメージは当初から間違っていたのであろうか。正解は、今日あるようなグローバル競争による資本主義の高度な展開だったのであろうか。別の言い方をしよう。今日のＩＴ革命からＡＩ革命へと進展する高度な情報・知識資本主義の展開はわれわれを本当に「幸福」にするのだろうか。

もしも、70年代の後半に、脱工業社会のイメージがふたつの方向で提示されていたとすれば、いったい、われわれはどちらを選んだのであろうか。ひとつは、ベルにしたがった、情報・知識の公共的使用による公共計画で生活の質を高めるという選択であり、他方は、情報・知識を徹底して市場競争の手に委ね、それが生む新たな利潤機会を利用した富の拡張という選択である。

もちろん、今、この両者を比較検討することはできない。一方は消え去り、他方は、現実にそれなりの富を実現した、と一応はいえる。しかし、40年前、おおまかにいって二つの方向がありえた。そして、新自由主義者は、前者を排除し、後者についた。政治的なるもの、計画的なるものが経済にかかわることを徹底して嫌ったのである。政治的なるものは、公共計画であれ、経済政策であれ、政治的利害を経済のなかに持ち込むことになる。それは、自由な経済活動を恣意的な政治的利害に引き渡し、経済の公正さも効率性も損なう、と彼らはいう。

80年代の経済思想をリードしたのはフリードリヒ・ハイエクであるが、ハイエクは、いかなる意味でも、知的専門家や官僚的行政官が経済の全体像を描くことには反対であった。ケインズを変形したような社会民主主義や福祉主義さえ「隷属への道」として拒否したのである。

知識とは、あくまで、自分の関心と活動にかかわる、きわめて部分的でローカルなものに過ぎない。一企業にわかるのは自社のこと、自製品のことだけである。消費者は自分の好みしかわからない。知識とはその程度のものである。経済の、ましてや社会の全体にわたる知識を持てるなどというのは知的な思い上がりに過ぎない、と、彼はいう。市場経済の利点は、全体にかかわる知識など必要とせずとも秩序を実現する点にあるのだ。ベルの公共計画など、ハイエクからすれば、市場経済の破壊以外の何ものでもないであろう。

かくて、「個人の自由」と「効率」と「成長」を唱える新自由主義が80年代の経済イデオロギーとなった。情報・知識が分権化された市場を擁護するハイエクと、創造的破壊によるイノベーションをとくヨーゼフ・シュムペーターが80年代の旗手となった。脱工業化を象徴する情報・知識の活用は、公共政策ではなく、市場競争の救世主となったのである。そして「構造改革」をめぐるおよそ10年に及ぶ攻防のすえに、政府は市場に屈した。政府は公共性よりも資本の側に立ったのである。

だが、それは何をもたらしたのだろうか。それでよかったのだろうか。情報・知識の公共的使用ではなく、情報・知識の市場競争・資本主義的使用は正解だったのであろうか。

確かに、この三十数年、先進国はそれなりに成長し、新興国は相当な富を産出した。「低迷の20年」を経験している日本でさえも、この三十数年でＧＤＰは約2倍となった。しかし、「グローバル市場」「金融中心経済」「ＩＴ」という三点セットのプラットフォームからなる脱工業化時代の資本主義は、果たしてうまくいったといえるのだろうか。

## コストのかからない社会

ここでは、「ＩＴ」とその延長上にある情報イノベーションが何を生み出しつつあるのかをざっと見ておきたい。

まずは、どうしてベルが、知識の公共的使用を想定したのかを、改めて考えてみよう。もちろん、情報・知識にも様々な種類があって、一概にはいえないものの、ここで、情報・知識を、そのハードではなく、ソフトにおいて記号化された、人々の意思の伝達とその蓄積にかかわるもの、としておこう。すると、情報・知識は、きわめて高度な公共的性格をもっていることがわかる。とりわけベルの重視した学術的・専門的知識や、世界についての情報などはそうである。

確かに、情報も知識も排他的に独占することはできるし、今日のように知的所有権を確定して商品化することはできる。しかし、それは市場化するために人為的に所有権を確定しているのであって、情報も知識もひとたび生産され、供給されれば、原則的にいえば誰もがそれを利用することができる。社会的な意味をもった情報・知識や、ベルが重視した専門的知識は、誰かが利用したからといって他人が排除されるものではない。この非排除性のゆえに、情報・知識は公共的性格が強い。だからこそ、ベルは、情報・知識の公共的利用を主張したのであった。

にもかかわらず、この種の「公共的性格」の強いものを市場化し、利潤原則のもとにおくとどうなるのであろうか。

それを考えるためには、通常のモノと情報・知識の違いを理解しておかねばならない。モノと

情報・知識は何が違うのか。モノは通常、形も質量ももった実体であり、消費すれば消耗したり消失したりする。また、それを生産するには、工場や施設や機械などが使われる。しかし、情報・知識には絵に描ける形も重さも硬さもない。それを生産するのは、頭脳と多少の手足の作業だけである。ひとたび生産されれば、原則的に消滅することはない。

これは当たり前のことだが、実は重要なことで、通常の財、すなわち自動車や衣服や住宅や石鹼などは実体をもち、消費者の手にわたってある使用価値をもつが、情報・知識は基本的に記号からなるシンボルであって実体をもたない。歯ブラシは歯を磨くための実体であるが、歯ブラシのパンフレットによって歯を磨くことはできない。

しかも情報・知識だけではなく、金融も実体なきシンボルなのである。貨幣は、もちろん実体としていえば硬貨や紙幣であって形も重さもあるものの、そこに貨幣の意味があるのではない。貨幣も株も保険も預金もすべてシンボルである。それは、それが表示する金銭的な価値のシンボルなのである。

だから、工業社会から脱工業社会への転換とは、「モノの経済」から「シンボルの経済」への転換を意味していた。モノの経済が大きな付加価値を生むのではなく、シンボルの操作が大きな付加価値を生み出す社会なのである。

そして、それは何を意味するのだろうか。

次のことを考えてもらいたい。自動車を生産するには、巨大な機械装置と長い工程が必要とされる。生産量をわずかに増加させるとしよう。そのためには、新たな追加的なコストがかかる。

当初は、既存のラインと人員を使ってほぼ追加的なコストなしに生産を拡張できるであろう。当面は生産量を増やすにつれて単位当たりのコストは低下するだろう。しかし、それもそのうちに限界に達する。限界まで接近すれば、労働時間を延長し、資源を投入し、装置の稼働時間を長くするので、コストは増加するであろう。やがて、ひとつの工場でフル操業になれば、生産拡大のためには新たな工場をたてなければならなくなる。つまり、生産量を増やすための追加的なコストは急激に高くなるであろう。かくて、生産量のわずかな増大に伴って追加的な費用も増加するのだが、その増加の割合は徐々に大きくなる。経済学でいう「限界費用逓増の法則」である。

すると、生産量をわずかに増加することで得られる追加的な収入の増分と、追加的な費用の増分がどこかで一致するであろう。それ以上に生産を増やせば、追加的な収入（これを限界収入という）よりも、追加的な費用（限界費用）の方が高くなってしまう。これでは割があわない。したがって、限界収入（通常は市場価格）と限界費用が等しい点で生産はストップする。それが企業にとってはもっとも都合がよいからである。

ところが、シンボル経済ではこの原則が成り立たない。情報や知識の供給を増やすからといって特別の追加的コストはかからないからである。ひとたびパソコンが普及し、ありとあらゆる情報がインターネット上で交換でき蓄積できるようになれば、新たな情報をこのネットワークに付け加え、未知の人に伝達するのに、特に追加的コストはかからない。つまり、限界費用がゼロなのである。ゼロという言い方が極端だとしても、限界費用はわずかしかかからず、逓増はしない。

今日、ひとたび、パソコンを据え付けたり、スマホを手に入れれば、ＳＮＳを使って情報を伝

達するのにも、また蓄積するのにもほとんどコストはかからない。ほんの十数年前であれば、図書館を何軒かまわり、足を棒にして、かなりの時間を費やして調べた学術的な知識を、いまやわれわれは一分もたたずに、椅子にすわったままで手にすることができる。これでは、コストはゼロどころか、事実上マイナスになっている。かつて探索に使った労力や時間は省けているのだから、機会費用がマイナスなのである。

ここに、情報・知識の基本的な特性がある。情報・知識は、その伝達や蓄積についてどれだけ量を増やしても、また速度をあげても追加的な費用はほぼゼロなのである。ということは、情報・知識に関する使用料は極端にいえば、ゼロになる。あるいは、わずかな価格で、無限に収益をあげうるということになる。しかも、これは無限に拡張する。なぜなら生産の限界点に達するには、限界費用は逓増しなければならないのだが、もし限界費用がほぼゼロであれば、生産（供給）は無限に拡張するからだ。今日のように、コンピューターの容量がほとんど無限に向かって拡張し、その計算速度が無限に向けて高度化すれば、情報・知識の伝達や蓄積は、われわれ人間の情報・知識の処理能力をはるかに超えてとどまるところをしらないであろう。しかも、われわれはそれを対価の支払いなく利用できる。

こうしたことをいわば論理的な空想として可能な限り延長してみよう。するとどうなるだろうか。

おそらく、このきわめて高度なデジタル技術の展開の上にＡＩが出現し、ロボットが出現し、３Ｄプリンターが出現し、遺伝子工学が可能となる未来図を想像することは決して難しくない。

さらに、デジタル化された情報・知識をモノの生産や消費やわれわれの生活空間と結合することで、IoT（モノのインターネット）が出現する。さらには、まったく新しい原理による量子コンピューターも開発されよう。いわゆる第四次産業革命がそれである。

さらにこのイメージを延長しよう。すると、モノの生産は集中的に情報管理されたシステムのもとでロボットが遂行するであろう。労働者は基本的に不要になる。しかも、AIやロボットをひとたび導入すれば、その運転費用も情報管理費用もさしてかからない。こうして、デジタル情報とロボット、さらにはAIを組み合わせれば、モノの生産の限界費用も低下してゆく。少なくとも、限界費用逓増法則は作用しないであろう。すると、生産は無限に拡張する。モノはきわめて安価にいくらでも作り出される。もはや、稀少性などといった課題はどこかへ吹きとんでしまうだろう。究極の「豊かな社会」（ジョン・K・ガルブレイス）、文字通り、モノが「あふれ出る（アフルエント）社会」なのである。

これは何とも奇妙な未来イメージであり、空想に過ぎない。しかし、コンピューターの進化とIT革命を極限まで延長した論理的空想である。それをジェレミー・リフキンは「限界費用ゼロ社会」とよんだ。そして、この「限界費用ゼロ社会」とは、まことに逆説的なことに、資本主義の終焉だと彼はいうのである。

なぜなら、限界費用がほぼゼロの状態で、無限に生産を拡張できる社会にあっては、モノの価格もほとんどゼロに近づく。したがって、人々は、このテクノロジーの最先端で作り出されるモノをほぼただで手に入れることができる。ところが、価格がゼロになってしまえば、企業はもは

や利益をあげることはできない。つまり、新たな投資を行って新規の事業を創出することができなくなる。新たな研究開発を行い、新たな設備を導入することができない。したがって、経済はそこで発展をやめてしまう。資本主義はそこで終焉する。まさにユートピアの実現とともに、資本主義はその役割を終えるわけである。資本主義は自らが生み出したイノベーションによって自らの命を失うのである。リフキンは、それを「資本主義のパラドックス」という。

実はこれはケインズが想定した、資本主義の展開の極限に出現する豊かな社会であった。ケインズは1930年代の大不況はあくまで一時的なもので解決可能だと考えていた。むしろ、きわめて低い利子率のもとで新規の投資が次々と行われれば、最終的に、もうそれ以上の投資を行っても利益を上げることのできない「完全投資」の状態に達すると考えていた。モノが「あふれ出る社会」では価格はどんどん低下し、やがては投資収益を回収できないような社会が出現するだろうからである。このきわめて豊かな状態で資本主義の発展はストップする。しかもそれはこの25年以内に出現するかもしれない、とさえ述べた。ケインズがこう書いたのは1936年の『雇用・利子および貨幣の一般理論』であったから、彼の予言はさすがにはずれたのであるが。

ユートピアが「どこにもない場所」という意味だとしても、リフキンが描くユートピアはおそるべきユートピアといわねばなるまい。なぜなら、価格がゼロで企業の収益もほぼゼロだから、人々の収入もゼロである。もっとも、工場という工場はすべてAIとロボットによって管理されているのだから、誰も働く必要はない。これを労働からの解放というのか、それとも大量失業というのかは微妙なところである。人は労働から解放されたというのか、それとも技術に支配され

たというのか微妙なところである。かなりのモノがただ同然だから、所得はゼロでもかまわない。ただ、すべてがただになるはずはないから、最低必要な所得は保障する必要があろう。そのためには「ベイシック・インカム」だけを保障する必要はあるだろう。

これ以上、このような空想を続ける必要はない。バカげているというほかない。しかしいったい、何がバカげているのであろうか。

もちろん現実的にいえば、このような極端な事態にはいたらない。なぜなら、いくらAIが進化し、ロボットが精緻化し、AI付きのロボットが人間の代用になるとしても、AI付きロボットがすべてのモノを作り出すわけではないし、それでわれわれ「人間」が消えうせるわけではないからである。

では何が残るのか。こう問うた時、われわれは実は「人間とは何か」と問うているのである。他人に対するこまやかな気づかいや配慮、日常生活の単純な行動から始まり、人は、自らで何かをしようとするのである。逆説的なことに、家事や育児や調理や飾りつけといったもっとも平凡な、しかし必要不可欠な日常生活ほど自動化は困難であろう。もしかりにAI付きロボットが掃除をし、食事を作り、ネットで買い物をし、自動運転自動車がそれを送り届けてくれる、というような生活が到来しても、人はそれに耐えられないだろう。人は本質的に「活動」する存在なのである。このユートピアは同時にまた究極のディストピアでもあるのだ。「脱工業化」や「脱資本主義」どころか、「脱人間化」といわねばならない。

## (二)「衝動社会」の見えないコスト

### 何でも手に入る「恐ろしい社会」

わざわざ、このような空疎な未来図を描き出したのは、情報・知識を市場競争の舞台に引き上げ、そのイノベーションに資本主義の成長の命綱を預けることが、いかに問題をはらんでいるかを述べたかったからである。デジタル化の極限においてわれわれが目撃するのは、このディストピアにほかならない。脱工業化段階において資本主義が自らをいっそう高度化するためにおこなったイノベーションの帰結は、資本主義の自己崩壊なのである。科学・技術の最先端で生じるイノベーションをともなった資本主義の無限の展開こそが、資本主義を崩壊に導く。資本主義の笛に導かれてわれわれは恐るべきユートピアへ突き落とされる。

ところが、あろうことか、今日、世界中で、ITの延長上に、AI付きロボットを作りだし、IoTでそれらすべてをつなぐ、という第四次産業革命へ向けた号令がかかっている。資本主義を救うものは第四次産業革命しかない、というのである。ドイツのメルケル首相は2011年に「インダストリー4・0」を打ち出した。日本ではアベノミクスの成長戦略にもこれは組み込まれている。アメリカでは1956年からすでにAIの計画は始まっていたのだが、半世紀かけてそれを現実化させようとしている。恐るべきことに、先進国の先端的企業と国家がまさにこの方向を国策としようとしている。ユートピアという名の地獄へと突き進んでいる。笛の音がドイツ

から聞こえてくるのか、アメリカからなのか、どこからともなく聞こえる笛に導かれて、何と世界中の指導者たちが、世界を滅亡の川に誘い込もうとしている。

この目的も何も見失い、イノベーションそのものが自己目的と化し、ひたすら先へと突き進んでゆくほかない今日の経済こそ、「究極の資本主義」というべきものであろう。なぜなら、限界費用がゼロ、もしくは逓減する状態では、企業は無限に生産を拡張し、他者に先駆けたものはすべての市場を獲得できる。ここには生産の限界点というものがない。これはきわめて激しい競争をもたらす。すべてが時間との勝負になる。しかも、グローバリズムがそれに決定的な拍車をかける。グローバル市場では、市場を拡張すればするほど、限界費用の逓増は先延ばしすることができるために、恐るべき市場拡張競争が生じる。

またこれは、金融市場においても同様であろう。そもそも金融利益の獲得は限界費用がゼロなので、ここでもきわめて激しい競争が生じる。つまり、「グローバル市場」「金融」「IT（デジタル化）」ほど「競争」と「拡張」という資本主義の本質を体現したものはないということになる。

しかも、デジタル化の場合、「拡張」の論理は、人間の肉体労働をロボットに置き換え、頭脳労働をAIに置き換えるという近代の合理的な科学主義によってもたらされたものであった。要するに、「科学」と「イノベーション」と「競争」と「成長」をひとつに結び付け、「進歩」の実現とみなしたのであった。そしてこれこそが「近代主義」にほかならないのだ。

今日、量子コンピューターは、まったく異次元の情報処理能力を獲得し、AIはやがて、いわゆる「ディープ・ラーニング」によって自ら学習して自らを改良するという自己生成的な進化を

可能とし、2045年には人間を追い越す技術的特異点（シンギュラリティ）に達するといわれている。それ以降は何が起きるのかは想像もつかない。なぜなら、人間の想像力も創造力も超えたAIが何をもたらすかなど、人間に予測できるはずはないからである。

しかし、それこそが、近代科学が生み出したものであった。シェリー夫人が創造したフランケンシュタインが作ったモンスターはいずれにせよ、ロマン的怪奇趣味の想像の産物であり、それ自体、きわめて人間的であったが、現代のモンスターは、もはやロマン的でも怪奇でさえもない。科学主義と資本主義の和合が、つまり人間の理性と欲望の奇妙な結合が自動的にこの怪物を作りだすわけである。壮大な、そしてSF的終末論を体現したブラック・ジョークというほかない。

この極限的な「豊かな社会」、奇妙なユートピア、すなわち、多くの財貨やサーヴィスが限界費用ゼロに近い状態で提供され、その結果として、ありあまるモノに取り囲まれ、ほとんどの労働が不必要となる奇妙な「ユートピア＝ディストピア」は、ある意味でケインズが評論「わが孫たちの経済的可能性」（1930年）においても示唆したものであった。経済の指数関数的成長はやがてとてつもない豊かな社会をもたらす、というケインズの、あけっぴろげで、しかもシニカルな予言は、コンピューターの指数関数的な計算能力の向上によって現実化する、というわけである。

かくて、脱工業社会が、経済学の伝統的問題であった稀少性をほぼ解決する、という楽観論の根拠はきわめて単純なものである。工業社会においては、化石燃料のような自然資源と労働力が稀少資源であり、それが、無限の生産に対する制約となっていた。なぜなら、有限な資源を使用

する生産体系ではいずれ「限界費用逓増の法則」が成り立つからである。しかも、そのもとで大量生産されたモノはおおよそいきわたっており、企業の利益機会は縮小する。

では、新たな利益を生み出す機会はないのか。ある。人の頭脳である。それが情報・知識であった。人の頭脳の産物は自然的制約をもたない。情報・知識を新たな資源とすれば、生産活動はさらに活発化し、そこに新たな利益機会が発生し、新たな財やサーヴィスが生み出される。

しかも情報・知識は、自然資源のような制約をもたない。そのために供給は無限に可能となる。人間の頭脳が疲れ果てればAIに代替すればよい。そのうち、AIが自分で自分の能力を発展させる。これが続く限り、情報・知識の産出においては限界費用ゼロが続くだろう。かくて「稀少性の問題」はほぼ解決されるであろう。これが、第四次産業革命の描く未来図である。

しかし、ベルは、このような楽観はとらなかった。情報・知識社会においても、本当は限界費用はゼロではないのである。いや、それどころか、この社会は膨大なコストを要するのであって、本当は、「稀少性の問題」などまったく解決できないのだ。ただ、そのためには、情報・知識の公共的な管理が不可欠なのだ。こうベルは述べたのであった。これは重要なことである。

そこで、ベルの述べている論点を敷衍《ふえん》しながらいくつかの点を指摘しておこう。

情報社会は、確かに多種多様な情報を提供することで、われわれの関心や活動の場を多様化し拡張するだろう。情報の供給や情報伝達に関して限界費用がほぼゼロであれば、情報は無限に膨らんでゆく。しかも今日のコンピューターは事実上ほとんど無限の情報処理を可能としつつある。

その結果どうなるか。われわれはただただ、われわれの処理能力を超えた過剰な情報に振り回されるであろう。そして、過剰な情報はかならずしも正確な情報ではないし、完全な情報でもない。むしろ、情報の過剰こそが不確実性と不完全性を増幅するのではなかろうか。ある事柄についてその真偽はその情報体系のなかだけでは判別がつかないからである。

かくて、氾濫する情報のなかにあって、われわれは何が正しい情報か判別不可能になるだろう。その結果、不完全で不確かな情報に取り囲まれて、われわれは適切な意思決定がむずかしくなるだろう。人は、次々と「あふれ出る」（アフルエントな）情報の量と多様性に翻弄されて、「不満足」と「欲求不満」をつのらせてゆくであろう。こうしたことは決して目に見えるものでなく、何かの尺度で計量できるものではない。しかし、それは、明らかにコストというべきではなかろうか。

しかも、（これはベルが述べているわけではないが）情報にも、高尚なものもあれば、劣情を刺激するものもある。生活を安定させるものもあれば、過度な刺激で精神を不安定化するものもある。そのどちらもが、等しくわれわれの手に届く。こうなれば、情報化社会は人々の「満足」を増大させるだとか、多様で自由な選択を可能にするなどと簡単にいうわけにはいかなくなる。場合によれば、自由で幸福な状態からはますます隔たってゆくだろう。

ポール・ロバーツは『「衝動」に支配される世界』という書物のなかで、シアトルの郊外にあるインターネット依存症リハビリ施設について書いている。ネット・ゲームにのめりこんだ挙句、正常な社会生活が不能になってしまった人たちの更生施設である。

電子的な記号はわれわれの地道な思考ではなく、脳神経に直接的な刺激を与える。それは、思考を経た反省的な回路を通して情報の意味内容を判断するのではなく、直接的な脳の刺激によって快不快を与える。

かくて、インターネットは「ゲーム好き」には「ゲーム」を与え、彼の脳に直接的な快楽刺激を植え付ける。人は、ここではほとんど快楽へ向けた刺激反応の中毒者と化し、もはやそのことを反省的にとらえる思考は機能しない。こうして「ゲーム依存症」ができあがる。端的にいえば、今日のインターネット的情報社会は、人の脳神経の直接刺激によって人を動かすという「衝動社会（インパルス・ソサエティ）」なのである。

また、今日、インターネットを通せばたいていのモノは手に入る。歯ブラシや風邪薬からペットまで手に入る。そこには、探し回るという手間もいらず、商品を前にして、あれこれと悩みまくるというあのささやかな葛藤もなく、またいささか人前では購入しにくいものも、心理的抵抗なく手に入る。代金はともかく、購入に要する移動や時間的コストはほぼゼロになった。おまけに、コンピューターの方が、顧客の購入履歴によって、顧客の好みを把握し、私が何を買ったらよいかを知らせてくれる。実に、迷惑なありがたさ、というほかない。こうして、インターネットは、消費者の欲望を作り出し、また管理する。

そして注意しなければならないが、このとき、インターネットは個人の「ほしいもの」をきわめて容易に提供するものの、社会が「必要としているもの」を提供するわけではないのだ。個人の刹那の「欲望」は満たすかもしれないが、教育、医療、学術、公園、道路、防災、といった

「社会の必要」への配慮はまったくない。インターネットという「コミュニケーション」の道具は主として個人的な欲望にかかわるので、人々は他者と直接に対面したり社会的な場へ押し出されることもない。その結果、それは実は、かなりの確率で「ディス・コミュニケーション」の道具になりかねないだろう。

こうして、社会のなかで一定の役割を果たし、生を充実させるためには、人としての義務もあれば、社会に対する責務もある、という感覚が失われてゆくだろう。あたかも社会参加をしているかのようにツイッターで自己表現しても、そこには、本当の社会性はない。本当の人間関係は存在しない。

そして、現実の社会性を欠落した個人は、たえまない自己不安にさらされるであろう。ゲームにのめりこんだものは、それで満足を得ているのではない。おそろしく不安にかられているのだ。インターネットは、たえまなく神経を刺激し、たえざる不満と不安を与える。この不満と不安が増幅させる「欲望」を満たすために、人はますます仮想的世界へとのめりこんでゆくであろう。

こうしたことは十分に考えられることである。ロバーツはそのことを次のように書いている。「インパルス・ソサエティが皮肉なのは、それが喜びや満足をひたすら強調していながら、実際には『不安』を主なアウトプットにしていることだ」と。そう、それは、個人に「自分のほしいもの」をいつでも与える、といいながら、実際には、目に見えない「不安」を与えているのである。

そして、こうしたことは決してコストには計上されないのである。「依存症」や「不安」はコ

ストには計上されない。ましてや、人々が理性的な判断力を弱体化し、社会性を欠落してゆくなどということはまったくコストのカテゴリーには属さない。にもかかわらず、それらは、確実に、個人の自立心や社会性をむしばみ、社会そのものを不安定化する。恐るべきことである。しかしそれは、あくまで「目には見えないコスト」なのであって、決して報告書にあがってくるようなものではない。もしこの目には見えないコストを計測できれば、果たして情報社会の限界費用はゼロですむのであろうか。いや、ある閾値までくると、一気にそれは逓増するであろう。「限界費用ゼロ社会」などというリフキンの言い方は、過度なまでの情報化が引き起こすこの種の「社会的コスト」にはいっさい目をつむっていることになる。

今日のわれわれが享受している消費文化は、情報装置と不可分になっているといってよい。消費者と生産者を直接に、しかも高速度で結び付けるネットワークと、蓄積されたビッグデータが、われわれを絶え間なく消費へと駆り立てる。われわれは、商品を手に入れるために、従来なら支払ってきた手間も無駄も忍耐も投げ捨てて、きわめて容易にほしいモノを手にすることができる。そこで消費活動が活性化され、モノが売れ、企業活動も多少は活性化したとしよう。GDPの計算上でいえば、情報装置は明らかに生産性を引き上げ、経済成長に寄与したということになる。

しかし、その結果として、われわれの社会から、忍耐すること、無駄や手間をいとわないこと、こういう感覚が見失われる。何かを得るにはそれなりの犠牲を払わなければならない。ほしいものを獲得するには努力を惜しまない。これは、社会的な公正さを保つための基本的な価値であり、社会性とかかわる基本的な倫理感である。にもかかわらず、こうした基本的価値が失われてゆく

とすれば、この文化はいずれ間違いなく社会の混乱と衰退を生み出すであろう。対価や犠牲なしに「何でも手に入る社会」、極限的な「豊かな社会」ほど恐るべきものはなかろう。

だがもっとも恐ろしいことは、目に見えて計測できる経済的ベネフィットとコストの背後に、実際には、目に見えない、計測可能な巨大なコストとリスクが隠されている、ということなのである。社会にとって何か破壊的なものが、背後から忍び寄ってくるのである。

それに気づくのは統計数字ではない。GDPや成長率の増減ではない。われわれがもっている感覚である。日常生活のなかで獲得され、発揮され維持されてゆく常識〈コモンセンス〉をもった感覚（センス）である。一種の倫理的感覚である。それは、決してIT的情報社会にあって身につくものではない。それどころか、この種の情報からあえて身を引き離し、距離を置かなければ見失ってしまうものなのである。

## 情報過剰社会の居心地悪さ

さらに次のようなこともあるだろう。

いうまでもなく、われわれが処理できる情報量はたかが知れている。多くの場合、われわれは、自分自身にかかわること、生きていく上で必要とされること、特別に関心をもっていることなど、かなり限定された情報を活用しながら生活している。

ところが、今日の社会では、人々は、日常の生に直接かかわりのない多様な事柄まで関心を持たざるを得なくなる。今日、世界の出来事に少しでも関心をもとうとすれば、イスラムとは何か、

ＩＳ（イスラム国）とは何か、ＥＵとは何か、といったことを知らなければならない。日本の景気が気になれば、アベノミクスから始まって、アメリカの経済状態やさらには中国の経済動向にまで関心をもたねばならない。そして、それにまつわる情報は山ほどでてくるし、日々更新される。情報が情報を呼び、この連鎖はとどまるところをしらない。

こうした情報のほとんどは、われわれの日常の生にとって直接にはまず関係のないものだろう。実際、これまではそう思われてきた。専門家に任せればよかったのだ。しかし、こうした事柄の専門的知識がネット情報としていくらでも手に入るとなれば、われわれの生が、これらの情報とは無関係ではなくなってくるのである。

その結果、われわれの生は、常にアクセス可能な情報へとつながるよう強制される。世界情勢から経済状況、政治家の経歴、老後の年金、旅の見どころ、近所のグルメ、芸能人のスキャンダルにいたるあらゆるジャンルにわれわれは関心を持たざるを得なくなってゆく。必要があるから情報を得るというよりも、情報がいつでも入手できるから情報の必要性を感じるのだ。関心があるから知りたくなるのではなく、情報があるから関心をもたざるをえないのだ。株価の動きが簡単に知られるから株に関心をもつ。芸能情報があまりに容易に手に入るから芸能人に関心をもつのである。情報の可能性が、われわれの関心の多様性を引き出すのである。それほど、われわれの生は情報的環境に依存している。

ありていにいえば、われわれは、「世間の人」が知っていることは知らなければ時代から取り残されているように感じるであろう。かくて知りたくもないことまで知らなければならないので

ある。ところが、情報はほとんど指数関数的に増加してゆくので、情報が増えれば増えるほど、われわれの知らないことはますます増大する。「知らない」というのは負の意識であり、ここには「知りたい」もしくは「知らなければならない」という意識が前提となっている。にもかかわらず、「知らない」事柄がほとんど指数関数的に増加するであろう。

しかも、情報的に「知る」こととは、常に「新しいことを知る」ことである。できれば「人より早く知る」ことである。情報の伝達性の速度をできるだけ高速化する典型的な試みは何といっても「ニュース」すなわち「新奇なこと」なのである。だから、情報へのアクセスの本領は、すでに知っていることの繰り返しの確認ではなく、常に「新奇なこと」の追跡へと向かう。

これはこれで習慣化すればひとつの態度であり、ひとつの生の態様ではあろう。しかし、人間の生の本質が、そして人間の人間たるゆえんが（これは本論考が繰り返したち帰ってくる点であるが）、「自らが何者であるかという問いを自らに差し出す存在」である点に存するとすれば、「新奇なこと」の追跡に埋没すること自体が「非人間的」である、といわざるをえなくなるだろう。

われわれは常に自己という存在に不安を感じている。その不安をかろうじて収めるものは、自己の存在する場所にやすらげることだ。これはまた、自己の存在する場所を、様々な形での他者との安定した関係のうちに見出すことでもある。そのためには、繰り返し確認できる他者との関係や事物との関係、そして「世界」とのつながりがなければならない。われわれは、「世界」のなかに、それなりの自己の居場所をも確保しなければならない。それは、人であれ、モノであれ、事項であれ、一定の安定した習慣的なつながりをもつことにほかならない。ある程度安定した

「世界内的連関」を確保することである。そのうえで「新奇なこと」に五感の刺激をゆだねることには意味があろう。

しかし、「新奇な情報の追跡」は、この安定した習慣的なものをむしろ打ち壊してゆくだろう。なぜなら、「新奇なこと」は、常に過去を破壊するか、忘却させるものだからである。情報技術が常に未来志向的であり、価値破壊的であり、秩序に対してゆらぎをもたらすのはそのためである。それは、ほんのわずかずつではあるが、日々、世界に対して亀裂を入れてゆく。ささやかな世界破壊を日々継続していることになる。

繰り返すが、そのこと自体は悪いことではない。しかし、それが常態化すれば、人々は、確かな価値の基準を失い、ものごとの善悪を判断する標準を失ってゆく。新奇な情報が次から次へと流れでてくる世界（これもまたアフルエント社会である）では、今日の価値は明日にはもう古びてしまうからだ。それは、人々をたえまない不安に陥れるだろう。人は、世界に安定した足場をもたねばその生を意味づけることはできないからである。世界に足場をまったくもたずに生を楽しくまっとうできるほど、人間の精神は図太くできてはいない。別の言葉でいうと、人間の精神はもっとこまやかで繊細で傷つきやすいものだからである。

だから、あまりに「知らなければならないこと」が膨らみ、あまりに「知らないこと」があり、しかも、それが次々と「新奇なこと」として立ち現われてくる情報過剰社会は、たえず不安を増幅させ、精神的なストレスを生み出すであろう。「世間」に遅れまいとハツカネズミのように動きまわるほかない。あらゆる情報がネットに氾濫する社会では「知らないこと」がますます増え

るからである。

さらに、ベルも述べたように、脱工業社会とは、各種の知的専門家が重要な社会的役割を果たす時代であった。近代化とは、合理的・科学的精神が社会の中枢を占めることであり、それは、人が可能な限り「知的」であろうとする時代である。

そこで、世界情勢を知りたければ、国際関係の専門家の意見を聞けばよい。経済については経済の専門家の意見を聞けばよい。福祉や年金についてはその筋の専門家の見解を知ればよい。地震については地震の、原発については原発の、犯罪については犯罪心理学の専門家の見解を聞けばよい。それはネットやテレビやマスメディアをみればいくらでも知ることができる。専門家だけではなく、その「専門」をかみくだいて説明する多種多様な「解説者」もでてくる。

ところが、ほとんどの問題において、この専門家の間で意見が対立するのである。確かな答えなどというものは存在しない。しかも、ある特定分野の専門家の見解はあくまでその分野限定の条件付き見解であって、「社会の全体」についてのイメージを与えてくれるわけではない。専門家とは、「社会」というひとつのまとまりを、あえていくつかの部分集合へと分割し、閉じられた領域を作り、その領域に座り込んで、その作法にしたがって論じているだけである。しかも、その閉じられた領域のなかでさえ、多くの場合、見解は対立するのだ。

こうなると、専門的な情報・知識は問題を解決するどころか、むしろ問題を生み出してしまいかねない。専門といってもたいていの場合、専門家同士で見解がわかれるのであって、何を信用

すればよいかわからないのだ。問題のもつ複雑さを縮減して、解決への糸口を与えるはずの情報・知識がますます問題を複雑化し、ここでもまた、われわれにストレスを与えることになる。われわれは、判断を求めて情報へアクセスするのだが、そのことがますますわれわれを判断不能に陥れてゆく。それだけではなく、脱工業社会のスターであるはずの専門家への不信感まで高めてゆくであろう。

これもまた情報化のコストというべきではなかろうか。もちろん、それは計測不能である。したがって、情報化の限界費用はゼロのままであろう。しかし、少し極端にいえば、情報が一単位増加するにつれて、われわれの混乱は確実に増加している。「限界混乱の逓増」である。われわれの個人的な心理においても、またそれらを合わせた社会においても、目に見えない混乱が生み出されている。とすれば、この見えないコストを考慮すれば、限界費用は逓増していることになるであろう。

こうした「目に見えないコスト」を計測する方法はない。もしかりに、不可視のコストを可視化し、計量化できる方法があるなら、間違いなく、デジタル革命がもたらした高度情報社会は、膨大な社会的・人間的な損害やダメージを発生していることになるだろう。経済学者がいう「外部不経済」である。もしも、それをあらかじめコストとして計上すれば、無限の高度情報化にもどこかで歯止めがかかるだろう。高度情報社会は、決して収支がつりあうとはいえないであろう。

このコストを、企業も、情報に関わる事業者も、専門家も、情報の発信者も、利用者も負担はしない。ただそれは、社会の安定性や、人々の道徳感覚、公正性の精神などをほりくずし、人間

の精神に少しずつストレスを与え続けるであろう。社会はそれを目には見えない形で負担せざるを得ないのである。

ベルは、もちろん、こうしたすべてのことを見越して述べたわけではないであろうが、高度情報化社会がもたらすこの種の「目に見えないコスト」に気付いていたことは間違いない。だから、脱工業社会においては、「質のよい生活」「ゆったりとした時間」「静かな環境」「友人との楽しい時間（社交）」、それに公共心を植え付ける教育、生活の質を向上させる医療や福祉といったものこそが、「新しい稀少性」だと考えたのだ。人々が真に欲するものは、生活の質や社交にかかわるものなのであり、それこそが人のこころを穏やかにし生活を落ち着きあるものにするだろう。それは確かに「稀少」なのである。

そして、それを実現するものは、「効率性」に基づく市場競争ではなく、「公正性」や「善」という観念を前提とした「公共計画」だと述べたのであった。各種の専門的な知識がいずれ「公共的」なものであれば、それらを市場競争に奪い取られる前に、公共的に使用すべきだということである。

もちろん、多くの手直しや修正が必要であろうが、私には、ベルの考えの基本的な方向が間違っていたとは思われない。ただ、この「公共計画」を実現するものは一体誰なのか、という疑問がでてくる。その前で、確かにわれわれは立ちすくんでしまう。政府なのか、知的専門家なのか、官僚なのか、こう問われれば、答えに窮する。確かにそのどれもが、本当に信頼に値するのであろうか。

しかし、次のことはいえよう。この問題は、本当は、政府や専門家や官僚に預ける課題ではなく、われわれひとりひとりが自ら思考し、責任をもてるささやかな範囲で実践してゆく以外にやりようのないものであろう。ロバーツは、この問題を自らに問いかけることから始めるほかない、という。少し長くなるが、ロバーツの書物から引用しておきたい。

「インパルス・ソサエティに対する解決策は、次の問いかけから始まる。私たちは自国の経済をどこに向かわせたいのか。どのような富を生み出したいのか。どのように富を再定義して、社会を維持する価値観を包含し、教育やエネルギーや科学の研究などの長期的な視点と、短期的な視点をバランスさせるのか。また、私たちは経済が社会的な影響をより『意識する』ような方法を見出せるだろうか。市民が即時の満足や自分のための利益ばかりを追い求める精神状態から離れ、長期的な責任感や永続的で安定的な自己を取り戻す方法を見つけられるのか——。」（『「衝動」に支配される世界』ダイヤモンド社）

ロバーツは、こう問いつつも、現下の政治文化のもとでは、これらの目標をバランスさせることはまったく不可能に見える、といっている。確かにそれもそうであろう。しかし、たえずこの問いを自らに問うことはできる。そして、繰り返すが、人間とは、自分は何者であり、何者であろうとしたいのか、と問う存在だとすれば、この問いを問うことだけが、われわれをかろうじて「人間」にしている、ということにもなるのではなかろうか。

# 第四章　「稀少性の経済」と「過剰性の経済」

## (一)　「あふれ出る社会」へ

### 個人主義、合理主義、自由主義、能力主義

経済学は「稀少性の科学」だといわれている。その意味は、「与えられた目的を達成するために、稀少な手段をどのように有効に使うか」という合理的研究だということである。

もともと経済学をこのように定義したのはイギリスの経済学者ライオネル・ロビンズであった。彼は『経済学の本質と意義』（１９３２年）と題する書物で、人間の行動を「諸目的を実現するために、限られた手段を合理的に使用する」という観点から研究できると考えた。さしあたりは人間行動のかなり一般的な定義である。

そこで、領域をもう少し限定して、アルフレッド・マーシャルが述べたように、経済行為とは、人間の物的な福利の増大にかかわる行為だとしてみよう。すると、経済行為の諸目的とは、人々の物的な満足である。そしてそのための手段とは様々な生産資源を組み合わせることである。

したがって、経済学とは何かといえばこうなる。「限られた資源を有効に配分して最大の生産をあげ、人々の物的福利の最大化をはかる学問」である。つまり「生産量を最大化するために稀少資源の最適な配分を分析する科学」ということだ。

もしこういうふうに経済現象を定義してしまえば、「効率性」こそが決定的な価値基準になるのも当然であろう。「生産を最大化するための稀少資源の最適配分」とは、いいかえれば、いかに効率的に生産を最大化するか、ということだからだ。

今日、われわれは、経済現象をこうみるようにならされてしまった。そしてその結果、すっかり「効率性」の檻に閉じ込められてしまった。「効率性を高める」ことこそが今日の競争社会の合言葉になってしまった。価値であるということは、そこに道徳的なニュアンスが付与されるということである。だから、今日では、「効率を損なう」とか「能率が悪い」ということは、ほとんど道徳的な怠惰であるかのようにみなされてしまう。「お前は能率の悪い奴だ」といわれれば、何か、全人格的な否定を含んだ道徳的非難のように聞こえてしまうのである。

それもこれも、例の「稀少性の科学」に由来している。確かに、「人間の行動の大半は、限られた手段を使って、最大限に有効に目的を達成することだ」などといわれれば、反論しにくい。この稀少性をめぐる合理的行動を前提にすれば、経済学は実にりっぱな「科学」となる。ここには特別な価値判断はない。価値中立的である。ましてや道徳的ニュアンスなどどこにもない。人間が物的な生産を拡大することは単なる事実であって、そうであれば「稀少な資源の配分」をめぐる経済学は、価値中立的な科学である、というのだ。

今日の経済学は、基本的にこのような立場で成立している。「稀少性をめぐる科学」という了解ができあがってしまった。

しかし、これほど欺瞞的なことはないであろう。まず端的に、この「科学」の結果として、われわれは、ひとつの「価値」にしっかりと取り込まれ、組み込まれてしまう。効率性至上主義である。どうしてこういうことになるのか。

もう一度、経済学という「稀少性の科学」の定義を思い出そう。それは「物的な生産量の増大を目的とする、稀少資源の配分」であった。そして、そのためには、完全競争的な市場がもっともすぐれた成果を達成する、と経済学は答える。そこで、次のような命題が成り立つだろう。

「諸個人が自己の利益を追求して合理的に行動し、自由な競争によって最大の能力を発揮すれば、完全な市場経済は最大の効率性を達成する」

これは市場経済理論の基本命題というべき、もっとも重要な命題であり、今日の経済学の心臓部にあたるものである。自由な市場競争こそが、稀少資源の配分をめぐる上でもっとも効果的なやり方だ、というのだ。

さて、さしあたりはこれは「科学的命題」であるようにみえるかもしれない。「……の条件のもとでは、……をすれば……が得られる」という条件付きの論理的陳述だからだ。

しかし、考えてみれば、この命題は実際上、「効率性の達成こそが重要」という前提をおかな

ければ意味をなさない。「効率性」に何の実践的な重要性もなければ、いくら立派に論証されていようとも、誰も振り向きもしないであろう。そしてそのことをもう一歩踏み込んでいえば、この前提なくしては、そもそも「稀少性の科学」としての経済学は成り立たないということになる。ということは、経済学とは、「効率性の達成こそが重要である」という隠れた前提によって初めて成立することになる。つまり、「効率性」という価値を前提にしていることになる。価値中立どころではなく、「効率性の達成こそが望ましい」という価値観をしっかりと内包している。
いや、実はそれどころではない。この市場競争の重要性を説く、市場経済学の中心的な命題をもう一度みてみよう。これは次のように分解できるだろう。

「行動の単位は諸個人である（個人主義）」＋「彼らは合理的に行動する（合理主義）」＋「自由な市場競争によって（自由主義）、彼らは最大の能力を発揮する（能力主義）」＋「その結果、経済全体の効率性が最大になる（効率主義）」

こうしてみれば、ここには「個人主義」「合理主義」「自由主義」「能力主義」「効率主義」などがうまく組み込まれていることがわかる。そしてこれらはりっぱな価値観にほかならない。そのことは、右の市場経済の基本命題をひっくりかえせばすぐにわかることであろう。
次のように言ってみよう。「市場経済が最大の成果をあげるようにするにはどうすればよいか」と。すると、その答えは当然こうなるであろう。

「市場経済が最大のパフォーマンスを達成するには、第一に、諸個人が集団ではなく個人の単位で最大の利益を追求すべきであり、彼らが自由に競争できる市場条件を作り出し、一人一人の能力に見合った報酬を与えればよい」と。

ここまでくれば、「個人主義」「合理主義」「自由主義」「能力主義」はもはや理論的な抽象的仮説というわけにはいかない。それは、現実の価値規範としてわれわれをしっかりと縛るようになる。われわれは、個人主義者でなければならず、合理主義者でなければならず、自由競争主義者でなければならず、能力主義者でなければならなくなる。家族的経営が大事だとか、他人への貢献の重要さとか、あるいは、自分が力を発揮できたのは他人に助けてもらったからだ、などといっても意味はなくなる。個人主義者や合理主義者や競争主義者でないことは、いわば道徳的怠慢となる。こうしてわれわれはある種の価値観のなかにしっかりと閉じ込められてゆく。

ついでにいえば、1990年代に生じたいわゆる「構造改革」なるものは、まさにこのトリックに従ったものであった。実際、それは巧妙な詐術といってもよい。それは、日本経済の効率性を高め、成長軌道へ戻すにはどうすればよいか、といういかにももっともな問いから始まった。そして、答えはまさしく、この実に「科学的」な市場経済の基本命題に基づくものであった。

そしてその結果どうなったのであろうか。日本では、いわゆる日本的経営が破壊され、あらゆる局面で規制緩和を唱える自由競争が促進された。多くの企業が能力給を導入し、労働市場の流

動化も進展した。ベンチャー・ビジネスの機会も飛躍的に増大した。つまり、個人主義、合理主義、自由競争主義、能力主義などの価値観が強く押し出された。これらは「そうすべきもの」「そうあらねばならないもの」というのである。しかし、それから20年たち、今日に至るまで、われわれは、依然としてこれらの価値観に縛り付けられている。しかもそれだけではない。肝心の経済の方も決して浮上はしなかったのである。

改めて問おう。問題はどこにあるのだろうか。今日、われわれは「効率性」や「成長主義」という「価値」に捕捉され、それから抜け出せないでいる。われわれの誰もが意図的に選択したわけでもなく、吟味に付したわけでもなく、議会やメディアで議論されたわけでもなく、気が付けば、「効率性」「競争」「成長」などを至上のものとしてしまった。そのおかげで、われわれは、過度の個人主義や合理主義や競争主義から抜け出すことができず、逆にそれがわれわれの上に重くのしかかってきている。こういう状態なのである。

とすれば、問題は「稀少性」の概念にある、ということになろう。目標を達成する上で手段は稀少である、というあのいかにももっともな命題である。そこから「稀少性の科学」としての経済学的な思考が開始された。人々の欲望に対して資源は稀少であるから、そこに効率性という課題がでてくる。しかもこれは特定の「価値」というよりあらゆる社会に共通の普遍的課題だ、というのである。

だが、それは本当に正しいのだろうか。「稀少性の原理」とは異なった「経済」の見方は不可能なのだろうか。そのことを考えてみたいのである。

そのために、しばらく、舞台を再び1970年代に戻して、第二章でも取り上げたダニエル・ベルの『脱工業社会の到来』へ戻りたい。

## 脱工業社会とはなにか

1973年にアメリカでダニエル・ベルの『脱工業社会の到来』が出版された。大量生産・大量消費に基づく工業社会は限界まできているというのである。「脱工業社会」は今後、30年から50年の間に、アメリカ、ヨーロッパ、日本、ソ連などにおいて到来するであろう、という。だがこの場合、「工業社会の限界」とは何を意味しているのであろうか。

実は、ベルはそれを明確に論じているわけではない。ただそれはほとんど歴史的な趨勢であるかのようにみなしている。明瞭な統計的事実からすれば、コーリン・クラークの法則として知られたものがある。経済発展とともに、労働人口は、農林業などの第一次部門から製造業の第二次部門へ、さらにはサーヴィス業を中心とする第三次部門へと移行する、という。この場合のサーヴィス業は、金融、保険、教育や研究所、政府部門、病院や医療関係、各種の専門職、そして対人サーヴィス業などであり、今日、決定的な重要性をもつのは、理系・文系あわせた各種の専門的な「知的技術者」なのである。

このことは二つのことを意味するであろう。ひとつは、今後の製造業においても、高度な専門的で知的な技術者がなければ新たな技術革新が生み出せない、ということ。つまりあらゆる分野で情報・知識が決定的な重要性をもつということ。もうひとつは、戦後の工業社会をけん引して

きた大量生産・大量消費型の製造業の成果はおおよそ出尽くしてしまった。すなわち、少なくとも、経済的先進国では製造業の市場の大きな拡張は望めない、ということである。

そして、アメリカでは60年代の初頭から工業社会の終焉、脱工業社会の到来といった事項はすでに論議の対象になっていた。驚くべきことといわねばならない。ベル自身はすでに1959年に初めて「脱工業社会」の言葉を使っているのである。62年のセミナーでは、「脱工業社会：1985年以降のアメリカの展望」を論じている。社会学者のデイヴィッド・リースマンはすでに1958年に「脱工業的（ポスト・インダストリアル）」なる言葉を使っている。日本では1956年に「もはや戦後ではない」と述べた『経済白書』が大きな話題を呼んだ少し後のことだ。戦後復興をとげ、ようやく工業社会としての成長軌道に乗ったころにアメリカではその出口が論議されていたのであった。

しかもそれはただの漠然たる未来予測というだけではなく、そのこと自体が、知的技術層の育成へ向けた政府援助や、コンピューター科学への支援、当時、サイバネティックスと呼ばれた新分野への社会的関心の喚起といった政策と結びついていたのである。つまりここにはひとつの「意思」があった。

その「意思」とは、合理的な科学と技術の社会的応用によって社会進歩を可能とし、そのことが人間の幸福に直結するとする西洋近代主義の表出である。人間の理性やその結晶たる合理的科学を、ただ産業に応用するだけではなく、それを生み出した人間自身の頭脳の代用とし、さらには社会管理や経済システムの合理化にまで及ぼすこと。こうしたことは、西洋啓蒙主義が切り開

いた近代性のごく自然な延長上に出現するものなのである。

とすれば、合理的科学やコンピューター・サイエンスを駆使した技術の革新、さらには社会を工学的にみるサイバネティックな発想を軸にすえた脱工業社会の図式を描き出すこともまた、西洋近代主義の「意思」の現れといってもよいだろう。脱工業社会は決して近代主義の修正やその転換ではなく、近代主義のいっそうの高度化といってよい。

そうであればこそ、西洋近代主義の歴史的な付託者であるアメリカが、人間の生み出した合理的科学によって社会改造の先頭を切るのは当然であった。いやそれ以上にそれはアメリカの歴史的使命でさえあっただろう。

そして実際に、80年代に入ると本当に「情報・知識社会」がやってくる。後のＩＴ革命や金融工学による金融イノベーションなどはアメリカにおいてはただ出番を待っていただけである。１９６０年前後の予測が実現するのに20年もかかったのである。日本ではそのころ、まさに猫も杓子も「知識社会の到来」と騒ぎ出した。それはゴジラの来襲のように、いきなり姿を現した真新しい現実であるかのように受け止められたのである。

考えてみれば、１９６０年前後、戦後15年もたったアメリカはすでに誰しもが実感する「豊かな社会」だったのである。ガルブレイスが、その「豊かな社会のもつ弊害」を描いた『ゆたかな社会（原題は「あふれ出る社会」（*The Affluent Society*）』が出版されたのが１９５８年であった。そして、「脱工業化」という新奇なタームもこうした時代状況を反映していたとしても不思議ではない。だからそれは、「ポスト稀少性社会（post-scarcity society）」とほとんど同義語に使われてい

たのである。高度な工業社会の果てにやってくる脱工業社会は、もはや稀少性の社会ではない、というのである。

この頃（１９６７年）、未来学者のハーマン・カーンらは、次のような予想を立てていた。もしも経済が年率３－４％で成長したとすると２０００年の世界経済はどのように変化するのか。カーンの予測では、世界経済のもっとも「豊かな社会」である、アメリカ、日本、それに西ドイツ、フランスなどヨーロッパのいくつかの国は「脱工業社会」へと移行し、それらの国では、一人当たりの所得は、４０００ドル（当時のレートで約１４０万円）から2万ドル（約７２０万円）になる、という。だが２０００年のアメリカの一人当たりの平均所得は約３万７０００ドルであり、日本では3万５０００ドルであった。

いずれにせよ、これはすでに「豊かな工業社会」であった１９６５年のアメリカを基準にしても、とてつもない「超・豊かな社会」というほかない。「稀少性社会」に対比していえば「過剰性社会」というべきものである。もしも、年率3％で経済成長を続ければＧＤＰは24年で2倍になる。４％なら18年で2倍になる。60年代初頭、西ドイツは4％以上、日本は7％以上で成長していた。その後も年率４％で成長したとしても、これらの「過剰性社会」は、80年代半ばには65年の2倍の物的な富を手にしていたことになる。そして、もしもその後の成長率が3％に下がったとしても、２０１０年前後には、80年代のさらに2倍になっているはずなのである。驚くべき富の拡張というほかない。まさしくケインズが強調した「複利の力」であった。

経済成長を可能とする動力はイノベーションである。各種の専門的知識が技術に応用される。

かくて「イノベーション」と「複利の力」をもってすれば、「稀少性の問題」などという経済学の課題はいずれ問題ではなくなる、という考えがでてきても不思議ではない。もともとその種の経済学経済的ユートピアを強く主張したのはケインズその人であった。

彼はすでに、1930年に書かれた評論「わが孫たちの経済的可能性」において、稀少性をめぐる経済学の問題などいずれどこかへ吹き飛んでしまう、と述べた。しかもそれを主張したのは、大量の失業者が巷で食料を求めてさまよっている最中であった。ケインズには皮肉屋特有の、意図的に逆説を弄するようなところがあり、大不況のただ中にあって、あえてバラ色の未来を提示したということもできる。しかし、これは単純ではあるが、きわめて論理的であり、さらに、決してバラ色というわけでもない。ケインズはいう。イノベーションと複利の力をもってすれば、100年後には、先進国はおそるべき豊かさを実現し、人類の大半の争いを生み出した稀少な資源や食料をめぐる争いは解消されるであろう。だがその時、余暇の使い方や文化的な営みに慣れていない人々は、戸惑い、退屈するであろう。確かに先進国は稀少性という経済問題から解放されるだろう。とはいえ、それがそのままで新たな幸福につながるとは思えない、というのである。

ただ、次のことを付け加えることもケインズは忘れなかった。この「ポスト稀少性社会」の到来はまだしばらく先である。そして、それが実現するまでは、われわれは、利己心や虚栄心といった「悪徳」に身をゆだね、マンデヴィルやアダム・スミスが述べたような、利己心を最大限に活用した競争に身をさらさなければならない、と。

1930年にケインズは「100年後には」といった。そしていま2030年は目の前に迫っ

ている。もしも、この間の平均成長率が仮に2％だとしても100年でGDPは7倍になっている。この数値はどう低く見積もってもたいへんな物的な富の創出を意味している。ガルブレイスではないが、富は「あふれ出て」いる。「過剰性社会」なのである。にもかかわらず、われわれは、まだまだ「豊かさ」を求めて果てしなく競争しイノベーションを生み出そうとしている。「過剰性」に取り巻かれながら、われわれは依然として無駄を省き、効率性を追求し、貪欲に成長を追求している。いったい、どうしたことであろうか。

### 無限の欲望と資源の制約

ケインズの「ポスト稀少性社会」のイメージには強い反論がありうるであろう。とりわけ、ほとんどの経済学者はこの楽観論には決して納得できないであろう。

それは先に述べたように、経済学者にとっては、経済問題とは、まさしく「稀少性」をめぐる問題だからである。経済問題とは「稀少性」をめぐる問題である以上、稀少性が解消する社会など想像もできないのは当然であろう。

話は単純である。資源は有限だ。一方、人間の欲望は無限である。とすれば、物的な財貨の消費によってより高い効用を求めようとする人間の行動は永遠に続くだろう。「稀少性（scarcity）」とは別の言い方をすれば「欠乏」である。有限な資源と無限の欲望に挟まれた人間が「欠乏」から逃れることなどありえない。したがって、稀少性をめぐる問題は普遍的課題であり、「稀少性の科学」たる経済学は永遠に普遍的な学問である。

これが経済学者の言い分であろう。そして稀少な資源の配分が普遍的問題である限り、「効率性」は依然として決定的な価値であり続ける。いくら経済が成長しても、稀少性の課題は決して消えさるものではない。人が無限に物的な富を求めるかぎり稀少性＝欠乏が充足されることは決してありえない。

経済成長を引き起こすものは、人間の無限の欲望だ。むろんそこには資源の制約がある。しかしそれを克服するものは、これまた人間の合理的な科学的精神であり、その福音というべきイノベーションである。稀少な資源という自然的な制約からの解放、欲望の充足、それこそが近代社会の夢であり、自由の源泉であった。それを可能とするものは、人間の合理的理性なのである。経済成長はその目に見える成果にほかならない。経済学こそはその正当性を保証してくれる。

もし経済学が正しければ、われわれは永遠に「効率性」や「競争」や「成長主義」から逃れ出ることはできない。稀少資源の有効な配分の実現を通していっそう高い成長を実現するのは、市場競争だけだからである。そして「稀少性」の概念を前提とする限り、「効率性」の観念から逃れることはできない。

とすれば、自然の制約を取り払い、無限の欲望を実現するという人類の普遍的願望を実現するために、われわれは永遠に効率性の奴隷となり、競争のなかで消耗し、成長という強迫観念に付きまとわれなければならないのであろうか。何か別の考え方はないのであろうか。70年代の初頭に、ベルや脱工業社会論者たちがもはや大量生産・大量消費による工業社会は限界まできている、といったとき、彼らは、効率性、競争、成長、といった工業社会の価値観とは異なった価値によ

る社会像を描き出そうとしたのではなかっただろうか？

　これは難しい問題である。まずそれは、「稀少性の科学」としての経済学への挑戦を意味する。成長を続けた末に出現した「過剰性社会」と「稀少性」はどのような関係にあるのか。モノがあふれ出る（アフルエント）ような社会において「稀少性」という概念は意味をもつのか。一方、「稀少性（欠乏）」こそが永遠の課題だとすれば、そもそも「豊かな社会」などという概念が意味をもつのであろうか。

　ベルの『脱工業社会の到来』を読んだとき、私には、こうしたことが随分と気になった。ベルはそれに対して十分な説明を与えてはいなかった。この書物の最後の部分で、ベルは、稀少性の捉え方について論じ、情報・知識社会における稀少性の意義について論じてはいるものの、それが、本質的にこれまでの稀少性の延長上にあるのか、それとも「ポスト稀少性」なのか、よくわからないのである。ベル自身が明確には描いていないように見える。

　この問題は、資本主義社会は脱成長主義へと向かうほかない、と考える私にとっても重要な問いである。また、経済というものを考える上でも、決定的な論点であるように思う。

　注意しておきたいのだが、この点では、実は、「成長の限界」論者も基本的にはオーソドックスな経済学と同じ前提から始めているのである。70年代の初頭は、一方で、戦後の経済成長がかつてない「豊かな段階」にまで上り詰めると同時に、他方ではさまざまな形で「成長の限界」が話題となった時代であった。ローマクラブがその代表だが、「成長の限界論」の立場は明快で、化石燃料のような自然資源にせよ、澄んだ空気のような環境資源にせよ、それらは有限である。

したがって、無限の成長はありえない。いずれ自然資源の限界や環境破壊にいたることは必定である。とすれば、今から経済成長を緩和し、持続的な経済循環への移行をはかるべきである。

これは基本的に成長主義を支持するオーソドックスな経済学とはまったく対立するものの、その基本的な一点においては同じ立場にたっていた。それは、経済問題とは、稀少資源の最適な配分にかかわる問題だ、という点である。オーソドックスな経済学が、いまここで与えられた市場状況のもとで、稀少資源の最適な配分を問題とするのに対して、「成長の限界論」は、時間を通じた将来へ向けての資源の稀少性を問題としたのであった。

前者は稀少資源をできるだけ効率的に使用することによって経済成長を実現しようとするのに対して、後者は、できるだけ経済成長を抑えることで資源を保持しようというのであった。

この両者を対比させれば明らかに後者の方に言い分があるだろう。いやそれどころか、「成長の限界論」は、競争と成長をとく経済学者の隠しもっている矛盾を暴きだしたともいえる。もしも本当に資源の稀少性というならば、現在だけではなく、将来も見通さねばならない。時間を通じた資源の配分を想定せざるを得ない。それこそが本当の「稀少性の科学」である。それは、資源と環境の状況に応じて、成長率を管理することであろう。

これは決して市場中心主義にたつ経済学者が述べない点であった。なぜなら、もし、長期的に成長率を管理するとすれば、それはもはや市場競争では不可能だからである。確かに成長率をコントロールすることは実施困難な課題である。しかし、将来にわたる長期的な資源の稀少性を前提にすれば、少なくとももはや自由競争による経済成長論は破綻せざるをえない。

ここでむしろ問題にしたいのは、経済学において唱えられる稀少性や効率性の概念が、実は長期的な、将来へ向けた経済の展望を最初から考慮していない、という点なのである。つまり、稀少性の問題は長期的な経済成長の概念とは区別されるべきではないのか、ということなのである。

## (二) 「稀少性」から「過剰性」へ

### 稀少性とは何か

そこで、今、私は暫定的に次のように考えたいと思う。

まず、「市場経済」と「資本主義」の概念を区別しておきたい。これは、ブローデルら一部の経済史家によってその重要性を論じられているが、経済学のなかではまったく無視されてきた論点である。

「市場経済」とは、与えられた資源や環境条件のもとで、モノやサーヴィスの需要と供給によって価格メカニズムが作用し、そのもとで個々の経済主体の生産量や消費量が決定されるシステムである。また「資本主義」とは、「資本」をもとにして生産活動を行い、それによって「資本」を拡大してゆく運動である。「資本」の拡大は、当然、一定の経済の拡張をもたらす。つまり経済成長が生み出される。したがって、「資本主義」とは資本の拡大を通じて経済成長を可能とする運動である。

このように両者を区別しておきたい。とすれば、たちまちわかるように、与えられた稀少資源

の配分問題という「稀少性の問題」とは、もっぱら「市場経済」にかかわるものなのである。一方「経済成長」はもっぱら「資本主義」にかかわる。かくて両者は異なっている。この違いは重要である。両者を区別しておくことはきわめて大事なのだ。

このことを念頭に留め置いていただいて、改めて「稀少性」とはどういうことかを考えてみたい。「稀少性」が問題なのか「過剰性」が問題なのか、という点である。

「稀少性の科学」がよってたつ議論は次のようなものだった。

人々の欲望は無限であり、資源は有限である。したがって、いくら生産を拡張しても、欲望が全面的に満たされることはありえず、それゆえに「稀少な資源の最適配分」の問題は永遠であり、「効率性」の概念は普遍的である。こういうのだ。

人間の欲望とはあまりに漠然とした概念であり、経済学では、欲望は、実際上「効用」として捉えられる。人々は様々なモノやサーヴィスを購入する。そのモノやサーヴィスを購入し享受することでえられる満足が「効用」である。その上で、人々は「効用」を最大化するべく行動するという。しかも、「効用」が飽和するなどということはありえない。

これが経済学のまずは基本的な前提である。確かに、「効用」が飽和するとは考えにくい。しかしこうもいえる。同じものを続けて消費すれば「効用」は増加するが、その増加分（限界分）は減少するであろう。重要なのは、効用が増加する、ということではなく、その増加率が減少することなのである。この増加分を「限界効用」という。そこで重要なのは、「効用の増加」ではなく「限界効用の逓減」といわれる現象なのである。これはすでに序論でも述べたところである。

そこで次のようなことを考えてみよう（以下の説明は「経済理論」的には必ずしも厳密なものではなく、大雑把なイメージをつかんでいただきたい）。

かりに、いまある市場で消費した商品のバスケットに関して、その「効用」というものを考えることができるとすれば、この市場の状態で消費を続けると、「効用」は増加するが、「限界効用」は逓減するであろう。ある人がいまある商品を購入しようとしている。それを手に入れることでえられる新たな効用は、効用の増加部分、つまり限界効用である。一方、彼が支払うコストはこの商品の価格である。だから、限界効用がこの価格より大きければ、彼はその商品を手に入れようとする。価格の方が高ければ、購入をやめる。

これが経済学者のいう「消費者の合理的行動」だ。もしもこの「限界効用の逓減」理論を前提にすれば、人々が次々と商品を購入して満足を増大させようとするなら、価格が下がらなければならない。さもなければ人々は商品の購入をやめてしまう。しかし、価格は需給で決まってきてどこまでも下がるわけではない。ある段階で効用満足の増加は止まってしまうだろう。

しかし、ここでもしも次々と新しい製品が市場に現れればどうか。人々は新しいモノに飛びつく。再び効用は増加する。ここで市場は変化しており、この変化によって、新たな商品の限界効用は高くなるので、全体の限界効用の逓減は先延ばしされるであろう。新たな商品の登場によって、効用は増大し、経済も拡張する。したがって、イノベーションによって次々と新製品が生み出されれば、効用が飽和に近づくなどということはありえず、常に「効用」に対して「資源」は不足している。つまり「稀少性」は永遠に消えない。そうであれば、限られた資源のもとで消費

者の効用（満足）を最大化するという「稀少性の科学」は健在である。そこでは、効率性の追求こそが依然として最大の価値になるであろう。

このように考えることはできるだろう。この議論はその限りでは正しいように見える。しかし、実はここにはきわめて重要なことが暗黙裡に述べられていることに注意してもらいたい。

確かに、次々とイノベーションを起こし、新たな製品を市場化し、消費者の関心を引き付け、人々の「欲望」をかきたてれば、絶えず新たな効用の源泉が生み出され、限界効用の逓減は先延ばしできるであろう。

しかしそのことを逆に述べてみよう。するとこうなるであろう。常に市場に新たな製品をつぎ込み、市場の状況を変化させることでそれを活発化し、人々の関心を引き付け、好奇心をかきたてていかなければ、経済は停滞へと陥りかねない、ということになる。もしも、同じような商品の山に囲まれて同じような生活をしておれば、当然ながら、消費意欲は低下するであろう。消費バスケット全体に対して定義された限界効用は逓減する。以前と同様の満足を与えるには、いっそう消費量を増加させなければならず、そのためには、所得に対して、諸財貨の価格が低下しなければならない。

つまり、「効用」とは、市場の状況に依存するのである。イノベーションが生じ、消費市場にまったく新しい製品が流れ込み、また、われわれの生活のスタイルが変化すれば「効用」のあり方もまた変化する。

これは当たり前のことであろう。まったく変化しない「静止状態（stationary state）」の社会が

あったとして、このような社会にあっては、消費のパターンは決まってしまう。資源も決まっているから、市場での需給は均衡に達し、同じことが繰り返される。

実は、経済学が想定している「市場均衡」とはそういうものなのである。ここで初めて「稀少資源の配分」という経済学の課題も厳密に定義できる。一方に稀少な資源がある。他方に、人々の「欲望」がある。その両者に挟まれて消費者の「効用」がある。無限に効用を満足させることはできない。そこで市場競争が、価格メカニズムを通じて、資源の最適な配分と、適切な効用の満足水準を決定するのである。ここに競争市場の均衡状態が出現する。これが「稀少性の科学」であった。

もしも、こうした均衡状態が続くと、実際には経済は、同じことの繰り返しという静止状態に陥る。そして注意してもらいたいのだが、ひとたびこの均衡状態に達すると、特に稀少性という問題は発生しないであろう。同じことの繰り返しの中では、欲望が充足されないという特別な不満は生じないからである。人々は、この市場状態において満足しているのである。だから、実は「欠乏（scarcity）」＝「稀少性」という関心さえも生じようがないのだ。

しかし、どうしてそれではダメなのであろうか。同じことの繰り返しではどうしてダメなのであろうか。縄文時代は1万年以上にわたってほぼ同じ生活を維持してきた。人類学者のマーシャル・サーリンズは『石器時代の経済学』という書物のなかで、ほぼ同じ状態を維持し続ける原始的な経済のあり方について書いている。

そこまで言わずとも、江戸時代の日本はおおよそ３５０年にわたって大きな変化もなく経過し

た。だが「文明化」されたわれわれには、こうしたことは耐えがたく感じられる。同じことの繰り返しである「静止状態」をわれわれはほとんど犯罪的なものであるかのようにみなしているが、どうしてそれではダメなのであろうか。同じことを繰り返す静止状態といえば聞こえは悪いが、長期的安定の維持、もしくは定常的均衡の確保、といえばイメージも多少は変わるであろう。

さてここにひとつの重要な論点がある。繰り返すが、どうしてわれわれはひとつの均衡状態にとどまることができないのであろうか。ある状態で市場が均衡すれば、そこでひとまず「稀少な資源の配分問題」は片付くのである。経済学の役割はひとまず終わるのである。「効用」に対する資源の「稀少性」はひとまず片付く。

にもかかわらず、われわれはどうしてそれで満足できないのか。ひとつの均衡状態に達するや否や、その均衡を崩してまた新たな「稀少性」を作り出す。新たな商品を作り出して、人々の欲望を喚起し、そこに新たな稀少性の問題を生み出すのである。いや、ひとつの均衡に達するや否や新たな稀少性の課題を生み出すというよりも、すでに、ひとつの均衡に達する前に絶え間なくイノベーションを引き起こし、新たな稀少性を生み出し続けるのである。大事なことは常に、いわば同じ稀少性の原理が支配しているのではなく、「状態A」における経済の「稀少性A」はあるが、それが打ちこわされ「状態B」の経済になれば、そこでまた新たに「稀少性B」が定義されるのである。なぜなら「稀少性」とはあくまで、与えられた資源や技術の状態に対して定義されるからである。

かくて、いくら経済学が稀少性の問題解決として完全競争による市場均衡を説こうとも、じっ

さいにはそんなことはありえない。ただただ市場は不均衡のまま推移する。不均衡がまた次の不均衡を生む。かくて、「稀少性という課題」がずっと普遍的に存在するかのようにみえてしまうのである。

そして不均衡が続く限り、市場は常に競争に追い込まれる。なぜなら、不均衡状態にあっては、適切な行動をとれば常に他者よりも大きな利潤機会を手にすることができるからだ。大きな利潤機会がある、ということは市場が不均衡だということである。そこで、企業は消費者の新たな欲望を開拓し、そこに利潤機会を見出そうとする激しい競争が生じる。消費者の側もまた、新たな商品を手にするという競争に取りこまれる。競争がまた消費者の欲望を突き動かすのである。こうして、次の「稀少性」が生み出される。

ここで大事なことは次のことである。あらかじめ「稀少性」があるから「市場競争」が生じるのではない。「市場競争」があるから「稀少性」が生み出されるのだ。永遠に人間の巨大な欲望があって、それが無限の「効用」を可能にしているのではない。この無限の効用に向けて、永遠に稀少性の課題があるのではない。そうではなく、たえざるイノベーションによって市場が常に不均衡へと陥《おとしい》れられ、そこに新たな利潤機会をめぐる競争が生じ、そのことがそのつどの「稀少性」を生み出すのである。「稀少性」とはあらかじめ与えられているのではなく、たえまなく作り出されるのだ。

繰り返すが、本来、「稀少性の問題」とは、そのつどの市場状態が与えられなければ定義できないのである。これは大事な点である。改めてその定義を思い出してほしい。それは「人々の効

用を最大化するために、限られた資源を適切に配分する問題」なのであった。これは、一定の資源の状態が与えられ、商品のバスケットが与えられ、経済の状態（技術や市場の状態）が与えられて初めて定義できることなのだ。経済学の用語では、それは「静態分析（static analysis）」なのである。一方、成長する経済の分析は「動態分析（dynamic analysis）」である。

実は、この「静態分析」と「動態分析」の間の厳然とした区別を主張したのは『経済発展の理論』を書いたシュムペーターであった。また第六章でも述べるが、シュムペーターは、資源や技術が一定の状態での「市場の均衡」と、その均衡が崩れてゆく経済成長（発展）は全く異った原理によって成り立っていることを強調したのだった。

## 「過剰性」とどう付き合うべきか

ではいったいどうして、市場は均衡へ向かう前に新たな不均衡を生み出すのか。つまり、新たなイノベーションを引き起こし、新たな製品を作り出し、新たな市場を形成しようとするのか。どうしてそれが可能になるのであろうか。

そこに、決定的に新たなファクターが登場する。イノベーションを起こすためには「資本」がなければならないのである。では資本はどこからくるのか。通常は、その社会の貯蓄からである。では貯蓄とは何か。それは、ひとつの社会が生産活動によって生み出した総所得から消費に当てられる部分を引き去ったものである。言い換えれば、人々が消費には充当しなかった、つまりは、モノを買う必要のなかった部分である。

もちろん、その動機はといえば多様であろう。近い将来にほしいものがある人もいるだろうし、貯蓄をして住宅の購入計画をもっているものもいるだろうし、銀行預金をすれば利子収入がはいる（昨今は不可能だが）という人もいる。あるいは、投機によってあぶく銭を手に入れたいというものもいるだろう。しかし、それでも確かなことは、いまこの状態においては必要とされない資金が存在するということなのである。だからそれは過剰な資金である。

確かに生活の必要物資と不必要なものを区別することはできない。最低水準の必需品という概念にもさしたる意味はない。かつてマルクスが述べたように、労働者の最低生活の必要水準などという概念は定義不可能である。しかしそれでも、現実に、今この状態において、消費に回す必要のない資金があるとすれば、それは、今この時点での「過剰性」というほかない。貯蓄とは、与えられた状況のもとで、所得に対して過剰な部分を意味している。一国の総所得をおおよそ一国の総生産（ＧＤＰ）とみなせるとすれば、総所得の一部が消費にはまわらないということは、生産されたものがすべて消費にまわるのではなく、その一部は次の期の生産に充てられるということだ。それは資本（実物資本や技術開発）となるのである。

こうして経済は維持される。生産物の一部は将来のために取り置かれなければならない。この過剰な資金が、経済を持続させるための資本となって初めて経済活動は継続できる。こうして取り置かれた資本が生み出す新たな機械や設備や工場などは次の期に現実に使われなければならない。繰り返すが、それが使われるには、社会のなかにそれに見合った資金（投資資金）がなければならない。そしてその資金は、基本的には貯蓄からくる。そのためには、生産活動によって発

生する所得をすべて消費に使ってしまってはならないのである。もしそうすれば、経済は持続的には存続できない。その一部は取り置かれなければならないのである。

この現実を可能としているものこそ「過剰性」にほかならない。われわれの生産活動は、その都度のわれわれの必要（消費）を超えて「過剰」なものを生み出すという事実がここにある。貯蓄とは言い換えれば「過剰性」であり、その「過剰性」が投資を可能とする。イノベーションもそのような「過剰性」によって可能となる。かくて経済は成長するのである。

これは経済成長を可能ならしめる単純なメカニズムだ。しかし、もしも人々が生産活動のほとんどを必要物資として使いきってしまえば、そもそも経済は持続しない。毎年同じことを繰り返す農業社会ならともかく、工業社会ではそれはありえない。とすれば、この「過剰性」こそが、持続的な経済を可能としているといわねばならないのである。

この「過剰性」によって、新たなイノベーションが実現され、新製品が市場化される。それが人々を引き付けることで、そこにようやく「稀少性」が登場する。新たな市場をめぐる競争が生じる。競争のなかで、限られた資源を使ってできるだけ多くの消費者の心をつかむ競争が生じる。それがまた、新たなイノベーションを生むであろう。人々がこの新製品を欲すれば、ここに再び新たな「稀少性」が出現する。

こうして、一見したところ、経済成長は無限の「稀少性」によって引き起こされているかのように見えるであろう。あたかも消費者の欲望は無限であり、その貪欲さこそが稀少性をもたらし、この稀少性が企業の競争を生むことで経済成長が可能となる、というのである。

しかし、これはあくまで「見かけ」であり、一種の仮象である。その根底に存在するのは、あくまで「過剰性」であり、「過剰性」が本質にあるがゆえに「稀少性」が出現するといわねばならない。「過剰性」という土台があって初めて「稀少性」が出現するのだ。

いわば、常に変化している社会をスライスにして断面で切り取れば、その静止画は常に「稀少性」の原理で描かれているのだが、この変化を生み出しているものは「過剰性」なのである。人々の「効用」に対して資源が限界をもつ、それゆえにこの「効用」をより満足させるために成長するという「稀少性（欠乏）の原理」は、実は、生産されたもののすべてが消費されない、という「過剰性」に基づいているのだ。成長を引き起こすものは、「稀少性（欠乏）」ではなく、生産活動の「過剰性」というべきなのである。

もう少しわかりやすいイメージを提出してみよう。

例えばバブルが崩壊した25年ほど前を思い出してみたい。ちょうど冷戦が終わり市場経済のグローバル化が輝かしく開始されるころである。この時代にはまだＩＴ革命も生じていない。小型パソコンも普及しておらず、ケイタイも一般化していない。電気自動車もない。液晶テレビもいきわたっていない。こういう世界であった。ではこの時代に、人々は薄型の液晶テレビやケイタイ電話や今日のスマホのようなものを欲していたのだろうか。もちろんそうではない。当たり前のことである。人は、存在しないものを欲することはできない。それらが市場に陳列されてようやく欲望の対象となったのである。もしも、経済成長が１９９０年でストップして、その時点にわれわれが釘付けにされるとすれば、その後の消費アイテムは日の目をみない。ではわれわれは

何かを「欠乏」していたのだろうか。

もちろん、こんな問いは無意味なのである。スマホがない時代に、名刺を少し大きくしたような四角形の物体によってあらゆる情報を即座に入手できる、というような「欲望」をもつことは不可能である。それは「欠乏」ではない。そして、「欠乏感」がなければ「欲望」もありえない。「欲望」も「欠乏」もなければ、「スマホなし」に何の痛痒をも覚えないであろう。ということは、この1990年という時点を基準にすれば、その後に出現したアイテムはすべて「過剰」なものということになろう。

このことは、われわれの経済が本質的に「過剰性」の連続線上で展開されていることを端的に物語っている。少し極端化すれば、今年のわれわれの経済生活は、昨年のわれわれの経済生活よりも「過剰」なものによって成り立っている。昨年の1年間で国民全体の貯蓄率が10%だったとし、その一部が投資されて新たな資本形成がなされ、成長率が3%であったとしよう。昨年の生活水準を基準とすれば、われわれは3%ばかり豊かになっている。もしも、昨年の消費水準を、その時点での「必要標準」とみなせば、われわれは3%「過剰」なものを作り出したことになる。

かくて、経済成長とは、年々にわたる過剰なものの積み重ねということになろう。すなわち、経済が成長するということは、昨日に比して今日は過剰となるということを意味している。経済成長とは、それ自体が過剰性の表現なのだ。それを可能とするものは、生産されたもののすべてをわれわれは消費しないという事実であって、ここに過剰性が生まれることで、今日は昨日よりも成長し豊かになるのである。

もしもこのように考えることができるとしよう。すると、われわれはもはやあの「効率主義」「競争主義」「成長主義」にとらわれる必要はない。永遠に「稀少性（欠如）」を克服するために効率や成長を追求し続ける必要はない。それどころか、われわれは常に「過剰性」を抱え込んでおり、「過剰なもの」の処理として成長へと追いやられている、というべきではなかろうか。

年率5％もの成長が30年も続き「複利の力」によって、戦後の先進国は「あふれ出る」モノに包まれるようになった。大量生産・大量消費を可能とした製造業は十分な工業製品を生み出した。しかし、それでもまだわれわれは年々「過剰性」を抱きかかえるのである。年に10％の貯蓄率であるとしても、この10％の「過剰性」をどう処理するかは大きな問題なのである。もしも民間企業の投資意欲がきわめて旺盛で、いくらでも資金需要が発生し、未来へ向けた投資からの大きな利潤を期待できれば、この「過剰性」という資本はそのまま経済成長へと向けられるであろう。

しかし、70年代とはすでにそのような経済の段階ではなかった。企業の投資が活発だということは、将来の市場の活気や拡張をまだまだ期待できる、ということである。しかし、すでにそういう状態ではなかった。工業化は市場の限界まで接近していた。

とすれば、この過剰な資本をどう使えばよいのか。もちろん、自由な市場に任せることも可能であろう。それは、企業の将来へ向けた大規模な投資に使われるかもしれないし、あるいは自由な利潤追求によって、金融市場での投機に回るかもしれない。海外の金融市場へ移動するかもしれない。すべてを決めるのは、不確実性の評価と利潤原理である。

しかし、工業化が相当程度にまで進展し、人々が、モノの大量消費にはそれほど魅力を感じな

くなった時代には、必ずしも、資本を利潤原理の手に渡す必要もないだろう。それは価値選択の問題なのである。「過剰性」をどの方向に使用するかは、われわれの選択にかかっている。もし選択が可能だとすれば、本来は社会的に望ましい方向で使うのがよいであろう。かくてベルは、専門的知識人による公共計画に従ってこの過剰性を処理すべきだといったのである。ここにまた稀少性の原理を持ち込んで、市場の効率主義や競争主義にゆだねるのではなく、公正や公平を軸にした「善き社会」へ向けた公共計画に期待したということである。それは、人々の欲望は、私的な財貨のさらなる増大へ向くというより、生活の質を高め、教育や医療の充実をはかり、家族や友人との語らいの時間などに向けられるだろう、ということである。

ベルの見通しはその後、実現しなかった。しかし、その構想が間違っていたとは思えない。今日われわれは、改めて「過剰性の処理」（つまりカネあまり）に直面しているのである。

# 第五章　経済成長はなぜゆきづまるか

## (一)　経済成長とは何なのか

### 成長主義という強迫観念

本当にわれわれがそれを信じ、また、求めているのかどうかはよくわからないが、今日、われわれの社会を支配している観念の最たるものは疑いもなく「経済成長」であろう。「民主主義」「平和主義」と並んで「経済成長」は戦後の日本を支える三本の支柱であった。そして戦後70年もたって、平和主義はどうやらバケの皮がはがれ、民主政治の方も、かなりメッキがはがれ、残ったのは経済成長ということになった。

冷戦が終わり、グローバル化の時代である90年代になると、日本は「失われた20年」と呼ばれる経済停滞にはいる。96年あたりからはいわゆる「デフレ経済」に陥る。そして今日、安倍首相は、あらゆる手段を講じて、日本経済を再び成長軌道に戻すと宣言した。

2013年に、TPPや観光立国を主内容とする最初の「成長戦略」がまとめられ、それ以降、

毎年「成長戦略」が付加されてゆく。2016年の産業競争力会議では、AI等を使った第四次産業革命、環境・エネルギー投資、健康立国、スポーツの成長産業化などの推進が掲げられた。健康やスポーツまで成長産業にするのだから、本当に「何でもあり」である。2016年末には「カジノ法」が成立し「成長戦略」に組み込まれた。本来であれば、最初に放った二本の矢によって、すでに2014年には2％程度のインフレになり、成長率も2－3％になっているはずだった。

だが現状をみればどうか。アベノミクスが始まった2012年から2016年にかけて、株価は2倍近くの大幅な上昇である。失業率は4・3％から3・0％へとかなり低くなった。観光立国政策のおかげで、訪日観光客は840万人から2400万人ほどへと3倍近くに増加した。おかげで京都など、ホテルが外国人観光客におさえられて、日本のビジネスマンが出張で泊まる場所を探すのに苦労するありさまである。まずはそれなりの成果をあげたといわざるをえない。

しかし、肝心のGDPはといえば、約520兆円から約530兆円へとわずかに増加しただけであり、この間の成長率も、安倍政権の目指す2％にはとてもとどかない。個人消費は、309兆円から306兆円（2015年）へと減少しており、企業の設備投資も、おおよそ70兆円前後で推移している。

「何でもあり」の結果がこの状態であれば、先行き不安になるのも致し方ない。長短金利をマイナスにする金利政策まで導入した異次元の金融緩和や、100兆円まで膨れ上がる機動的財政出動の結果がこれだというのである。こうなるとアベノミクスは失敗だと断じたくなるのももっと

もであろう。しかし、それでは他にいかなる代替案があるのかというと、何もでてはこない。アベノミクスは「やれることは何でもやっている」からである。

一体、どういうことであろうか。アベノミクスを主導してきたいわゆるリフレ派のエコノミストは、まだ金融緩和が足りないし財政出動もさらにすべきだ、という。つまり、財政・金融政策がまだ不十分だという。構造改革派のエコノミストは、まだ規制緩和をはじめとする構造改革が不十分だという。まるで、アベノミクスよ永遠なれ、といったところである。一方、野党の側は、アベノミクスによる所得格差の拡大が成長を妨げている、という。所得格差を是正すべきだ、という。いずれも成長ができないのは、政策が不十分だからだ、と主張している。いいかえれば、適切な政策さえとれば成長は可能だというわけだ。

だが本当にそうなのだろうか。アベノミクスは不十分だとか、あるいはアベノミクスは失政だというよりも、われわれは、今日、そもそも成長できる社会に生きているのだろうか。私にはこの問いの方がはるかに重要であると思われる。

もう少し長い目で見てみよう。いわゆる高度経済成長の1956年から1973年までの日本の平均経済成長率は9・1%、74年から90年までが4・2%、91年からリーマンショックの2008年までが0・9%である。それ以降はほぼゼロ成長といった状態にある。低成長化は長い趨勢というべきであり、短期的には経済政策と景気動向によってある程度の成長は達成できるとしても、低成長経済への移行は不可避とみなければならないだろう。

しかもそれは日本だけのことではない。80年代以降の先進国（39カ国）の平均をみても、80年

代は3・1%、90年代から2007年のリーマンショック直前までは2・7%、そして、リーマンショック後の2011年から現在までが1・8%である。リーマンショックを除いてもこの状態なのだ。明らかに先進国は低成長経済へと向かっている。

『21世紀の資本』で突然、世界の著名経済学者の仲間入りをはたしたトマ・ピケティによると、ヨーロッパの一人当たりGDP成長率は、1950-1970年で3・8%、1970-1990年で1・9%、1990-2012年で1・9%である。アメリカ大陸では、それぞれ、1・9%、1・6%、1・5%へと低落している。戦後の二十数年をピークとして、成長率は確実に低下傾向にある。しかもピケティによると、そもそも、先進国で、長期的に一人当たり成長率が1・5%を超えた国はひとつもない、歴史的にみれば、一人当たりの成長率を1%で維持するのは大変な急成長というべきだ、という。

ただ少し修正しておく必要はあろう。アメリカの一人当たりGDP成長率は、70年代に2・6%、80年代に2・2%、90年代前半に1・6%まで落ち込んだ後、90年代後半から2000年にかけて4%を超えるまで急激に回復している。そしてその後、とりわけリーマンショック後はまた急激に低落している。いわゆる「ニュー・エコノミー」の時代には確かに高い成長率を実現しているのである。しかし、それは長続きしなかった。この現象をどう理解するのかはひとつの論点になろう。「ニュー・エコノミー」の一時期が例外的期間なのか、それともそれこそがITを中心とする「新しい経済」(ニュー・エコノミー)への移行の兆候なのか。この点はまた後に触れようと思う。

いずれにせよ、先進国全体でみれば、成長率は傾向的に低下している。そして、今日の成長率の鈍化について、エコノミストは様々な理由を持ち出すであろう。特に日本の場合、原油価格の低落や、中国経済の失速、さらにはアメリカ経済の景気回復の遅れ、アメリカの利上げ延期による円高、といった「外的要因」を持ち出すこともできるし、また、2014年の消費税率の引き上げを失策と断ずることもできる。しかしそれでは世界の先進国全体におよぶ低成長化は説明できない。

そこで、アメリカの有力な経済学者のローレンス・サマーズのように、慢性的な需要不足を指摘する「長期停滞論」や、あるいは、『大停滞』（2011年）のタイラー・コーエンのように、そもそも、経済成長を可能とする「容易に収穫できる果実」（人口増加や資源、それに技術革新）の成果を食い尽くしてしまった、というエコノミストもでてくる。いわばフロンティアの消滅である。そして、彼らはいう。財政政策を中心とした強力な政策を採用しないと（サマーズ）、あるいは、新たな技術革新を推進しないと（コーエン）、このままでは経済は成長できない、と。（注）

（注）サマーズなどの今日の長期停滞論のもとになっているのは、ケインズの考えである。ケインズは、将来への見通しが暗くなり、投資から得られる期待収益が不確実性にさらされると、投資の低下をもたらし、それが総需要の低迷を生み、結果として長期的停滞に陥ると考えていた。さらに、ケインズは、1937年に「人口減少の経済的帰結」と題する講演記録を発表している。このなかで次のような指摘を行っている。投資（資本財への需要）をもたらすものは、人口増加、生活水準の向上、技術水準の変

化（技術革新）である。このうち、イギリスの経済発展をもたらした重要な要素は人口増加であった。したがって、人口減少社会は、長期的な停滞に陥る可能性が高い。そして、ケインズは、ある程度、豊かな社会では、人々はサービスを需要するようになるので、巨大な資本財への需要は低下し、さらに今後の技術革新は労働を節約して、必ずしも資本需要を高める方向には作用しない、とみていた。こうした社会では、貯蓄を吸収できるだけの投資が生まれないために、長期停滞へ陥る、という。それを解消するには、所得配分の平等化によって消費を高め、利子率を限界まで下げる必要がある。これは、「資本主義的」な政策の大きな転換である、という。このケインズの主張は、今日においても示唆的である。しかし、ほぼ同時期に発表された『一般理論』と合わせて考えれば、人口減少社会は、いくら利子率を低くしても、投資不足（過剰貯蓄）を解消することは難しく、そこで、もし民間の消費需要が低調であれば、政府による公共投資によって経済を支える必要がある、というケインズの持論へつながるものと思われる。

私は、今日の経済は、常識を超えた経済政策を打とうが、とてつもない技術革新が生じようが、もはや、十分に成長できるような経済ではない、と思うが（その理由はまた後で述べる）、それよりも問題にしたいのは、経済成長という観念がこれほどまでにわれわれを縛り付けていることなのである。「成長主義」とでもいう強迫観念にわれわれは深く囚われている。果たして経済成長だけがわれわれの将来へ向けた希望なのだろうか。戦後の貧しさをようやく脱して、新たな技術のもとで新たな製品が次々とわれわれの手元へ送り届けられた60年代ならまだしも、いつまで「成長主義」にわれわれは囚われているのであろうか。

ここで「成長主義」というのは、「GDPのような指標で計測された市場化されるモノ・サーヴィスを年々増大することこそが、様々な問題を解決し、われわれを幸せにする」という観念である。いや、端的にイデオロギーといっておこう。

もしも、「成長主義」のイデオロギーにわれわれが囚われていても、それに見合っただけの成長が現実に達成できればよいだろう。しかし、もしも達成できなければ、われわれのフラストレーションはいやがうえにも高まるであろう。そこで、ますます多様な政策手段に訴えて、ともかくも成長せよ、という要請が叫ばれるだろう。しかし、それにもかかわらず成長率はさしてあがらない。ますますわれわれの不満は水位を高め、政府に対する批判は噴出するだろう。

それならば、「成長主義」というイデオロギーを捨て去ればどうなのか。もはや成長できる時代ではない、と高をくくればどうなのか。もしも、一定の成長が実現したとしても誰も不満には思わない。それはそれでよい。一方で成長が達成できなくとも、大きな不満の悪循環に陥ることもないであろう。それならば、われわれの社会を成長主義という強迫観念から解放した方がより健全であろう。

ただ、それにもかかわらず「脱・成長主義」への転換は決して容易なことではないのである。私は、成長をやめろ、といっているわけではない。何がなんでも成長経済をやめて定常経済へ移行しなければならない、といっているわけではないし、ゼロ成長にしなければならない、といっているのでもない。成長しなければ問題が解決できず、成長こそがわれわれに幸福をもたらす、という「成長主義の思考」から脱すべきだ、といっているのだ。「脱成長・主義」ではなく

「脱・成長主義」を主張しているのである。

そして、そのように主張する理由は二つある。ひとつは、相当な「豊かさ」の段階に達したわれわれは、実際にもはや成長できる社会にはいない、ということであり、もうひとつは、今日、成長主義政策をとることは、きわめて非人間的な活動へとわれわれを強いるであろう、ということである。一方は、事実からの帰納、もしくは推論であり、他方は、倫理的で規範的な要請である。いずれにせよ、「脱・成長主義」へわれわれの思考を切りかえてゆくほかに、われわれがかろうじて「人間的である」方法はないであろう。この章では、前者について述べよう。

## 成長が鈍化する三つの理由

今日の先進国、特に日本が低成長へ移行せざるをえない大きな理由はさしあたり三つあげられるだろう。第一は、人口減少・高齢化社会化。第二は、世界的な経済のグローバル化。そして、第三に、われわれの生活に直結し経済を成長させるようなフロンティアの消滅である。

第一についてはいうまでもなかろう。日本の人口は2010年の約1億2800万人をピークに徐々に減少にはいり、2060年には9000万人を割りこみ、高齢化率は40％になると予測されている。合計特殊出生率はほぼ1・35で推移するとみられ、これが急速に改善するとは思われない。

人口減少社会は、一般論としていえば市場の縮小をまねき、消費需要の減退をもたらす。それを補うだけの一人当たりの所得の増加があればよいが、そのためにはすでに相当な成長が確保さ

れなければならない。しかも、所得の増加がそれに応じた消費増加をもたらさなければならない。ところが、そもそも少子高齢化社会とは、消費が増加するような社会ではないのである。「90歳になったおばあさんが、わたしゃ、老後が心配でといっていて、いったいいつまで生きるつもりなのか」と麻生財務大臣が発言して問題になったことがあったが、確かに、いくつになっても「老後」が心配なのである。ということは、高齢者が増えるほど、消費ではなく貯蓄が増える。ましてや年金給付額も不透明で将来の不確実性が高まり、おまけに高額医療が導入される時代になれば、人々は老後や病気に備える。かくて、所得が増加しても貯蓄が増えるだけ、という事態になることは十分に予想される。その貯蓄が企業の投資に振り向けられればよいがそうはいかない。企業も将来の不確実性を勘案すれば投資を控えるだろう。一方、過剰な貯蓄はグローバルな金融市場で投機的な利得を目指して動き回るだろう。

第二に、経済のグローバル化は、先進国にとっては、コスト削減の圧力を強める。とりわけ、製造業の部品の大量生産やそれを組み立てる装置産業などは、たちまち新興国との競争にさらされる。これは、先進国の労働コストの削減を強いる。つまり、賃金は抑えられ、正規労働が派遣などの非正規労働へ切り替えられるであろう。これもまた、消費需要の低迷につながる。かくて、グローバル化は、先進国において、一握りの国際競争力をもった企業やビジネスマンにとってはきわめて大きな利益をあたえるものの、国民経済のマクロ・レベルでみればデフレ圧力となる。

戦後の先進国の経済成長を支えてきたものは、分厚い中間層の旺盛な消費であった。ところが、新興国にも中間層が育ってきて、彼らが機械的な労働や企業での一般的な事務作業に従事するよ

うになると、この「普通の」労働者や従業員が世界的に過剰になる。過剰な労働は当然、強い競争圧力にさらされ、デフレ圧力がかかる。こうして「年々、生活水準がよくなる」という希望をもった中間層は崩壊してゆく。これはグローバル化の当然の結果といわねばならない。

第三は次のようなことだ。資本主義とは、常に新奇な利潤機会をもとめて資本を投下し、それを増加させてゆく無限の運動といってよい。つまり、フロンティアを常に開拓し続ける運動であった。歴史的にいえば、15世紀あたりに地理上の発見とともに始まったヨーロッパの資本主義は、文字通り、地球上のあらゆる場所にフロンティアを求め、アジアやアフリカの新奇な物産を持ち帰り、金銀を略奪し、資本の増大をもたらした。この「空間的拡張」は19世紀の帝国主義をもたらし、さらには今日のグローバル経済をもたらした。現在、「新しい土地」を求めるグローバリズムは、そのフロンティアをアフリカにまで求めようとする、いわば新帝国主義というべき激しい競争状態へ突入しつつあるが、いずれ、その空間的フロンティアも消滅する。

フロンティアの限界を画するものは必ずしも地理的・空間的な限界ではなく、その場所の政治情勢や風土的な条件、国民性などでもある。つまり、開発のコストとメリットの損得勘定がフロンティアを決するのである。その意味での、「空間的フロンティアの拡張」はいずれ遠くない将来に限界に達するであろう。

戦後の先進国の経済成長をもたらしたフロンティアは、「外へ向けた拡張」というよりも、国内における豊かな中間層の創出であった。「内向きの拡張」である。製造業の大量生産・大量消費によって生産効率を高め、賃金を上昇させ、それによって消費を拡大し、それがいっそうの大

量生産をもたらす、というメカニズムである。これは、フォード自動車会社の生産理念を典型とするものであったために、「フォーディズム」と呼ばれる新たな経済循環の様式であった。

フォーディズムは、自動車であれ、電気製品であれ、住宅であれ、日用品であれ、大量生産・大量消費なので、ここで人々はひとつの共通の生活様式のもとへと統合される。ひとつの共通の消費文化へと投げ込まれ、画一化へ向かう強い力のもとにおかれる。この圧力のもとで、われわれは、まずは人並みの暮らしを望み、次には人よりも少しはよい生活を望み、さらに今年は昨年よりはよりよい生活を欲する、という相対的欲望を絶え間なく刺激されるであろう。分厚い中間層の相対的欲望が積み重なることによって経済は成長をとげたのであった。

後でもまた述べるが、この意味での欲望のフロンティアが今日では消滅とはいわぬまでも、きわめて見えにくくなっている。所得の両極分化によって分厚い中間層が解体しつつあり、電気製品や自動車、その他の生活に役立つ耐久消費財の大量生産・大量消費による経済成長は、ダニエル・ベルなども述べたように、70年代初頭には限界まできていた。フォーディズムによる工業社会は、先進国の「内向きの拡張」という意味ではフロンティアの限界へと駆け上がっていたのである。

コーエンによると、1973年前後にいちおうのフロンティアの消滅が見られる、という。これはベルがいう工業社会から脱工業社会への転換期であった。ちょうど、このあたりから、アメリカの世帯所得の中央値の成長率が減少し始める。つまり、中間層の「ふつうの」世帯が、年々、着実に豊かになる、という構造が崩れてしまう。その原因は戦後作り出されてきた工業社会のも

とでの「容易に収穫できる果実」を収穫しつくしたからだ、とコーエンはいう。

「容易に収穫できる果実」とは、第一に、安価に手に入れることのできる土地、第二に、19世紀末から20世紀の半ばまで続くイノベーション、そして第三に、まだ十分に使いつくされていない優秀な人材や労働力。この三つである。比較的安価に入手できた化石燃料や、まだその汚染がさほど深刻にはならない環境をそこに付け加えてもよいだろう。

これらは、いわゆる生産要素と呼ばれるものである。戦後しばらくはこれらの生産要素が比較的安価で容易に手に入れることができた。つまり、フロンティアは少し先にあったのである。アメリカには土地はいくらでもあり、様々な分野でのイノベーションは、莫大な研究開発費を投入しなくとも、比較的容易に可能であり、それが次々と実用化された。また、労働力という点でいえば、大学への進学率はまだ高くはなく、能力のある人材をいくらでも発掘し、調達することができた。つまり労働の質を高めることが可能であった。

しかも、第二次大戦によって、アメリカを除く先進国では資本が破壊され、教育は混乱し、人材は各地の見えない場所に散らばっていた。人々は貧しく、ほしいものはいくらでもあった。日本やドイツはいわばゼロから出発したのである。使われていない、もしくは潜在的な能力や資源はいくらでも存在し、この秘められた能力を引き出すことで十分に成長が可能であった。技術革新も様々な分野で細かい改良の積み上げの結果であり、今日のような巨額の研究開発を要するものは決して多くはなかった。そして、人々は、日ごとに物的な「豊かさ」の階段を上ることでごく自然に欲望を膨らませることができた。つまりフロンティアはさしたる困難もなく拡張できた

のである。

コーエンのいう「容易に収穫できる果実」は、むしろ戦後日本にこそよく当てはまったのかもしれない。確かに土地は日本では稀少財ではあるが、戦後の混乱の時期に、農地解放が行なわれ、また所有権もはっきりとしない破壊された都市や住宅の再建のなかで、土地は急激に流動化した。特に東京のような大都市はみるみるうちに郊外へと広がっていった。産業技術は、戦前の製造業の高度な技術を継承することができ、またアメリカからの技術導入も可能であった。人材についていえば、戦争で若者層が犠牲になったとはいえ、いわゆる団塊の世代が育ち、しかも、高等教育への進学率は低く、労働の質にはまだ十分に伸びしろがあったのである。映画『ＡＬＷＡＹＳ三丁目の夕日』ではないが、何よりも人々は将来への期待を持つことができたのであった。

60年代の日本の高度成長の理論的なバックボーンを提供したエコノミストの下村治は、すでに50年代半ばにはそのことに気付いていた。戦後復興をとげ、ようやく「戦後は終わった」といわれる時代である。下村は、以後、10年にわたって10％の高度な成長を持続できることを確信していたのであった。端的にいえば、日本には「容易に収穫できる果実」がまだ豊富に存在する、ということである。この果実を使えば民間の設備投資を継続的に増大することができる。そして、新たな技術によって生み出された製品は人々の欲望を刺激し、その旺盛な消費意欲はまだまだ衰えはしない、というのである。この下村の予測は見事に実現した。いや、下村の予測以上に実現したのであった。

ところが、その下村が１９７３年の石油ショックのころには、高度成長はもう終わった、とい

いだすのだ。日本はもはや成長できる時代ではなくなった、という。「容易に収穫できる果実」をほぼ食い尽くした、ということであろう。分厚い中間層に支えられた旺盛な消費需要によって発展した工業社会はもはや限界だ、ということであろう。さしあたりのフロンティアは限界まで近づいていた、ということである。

日本経済はその後、80年代に、もう一度、バブル景気を経験する。しかし、それはあくまでバブル経済であった。60年代の高度成長とはまったく異なったものであった。工業社会のフロンティアは消滅しつつあった。逆にいえば、少なくとも70年代までは「容易に収穫できる果実」が戦後の経済成長を可能とした要因である、ということは十分に可能であろう。

いや、もっと強く、70年代までの成長を可能としたものは「容易に収穫できる果実」の存在に過ぎなかった、というべきなのである。それはピケティの所見とも一致する。彼によると、戦後、先進国がそれなりの成長率を達成できたのは、第二次大戦によって資本の多くが破壊されたからだ、という。ゼロからの出発だったからである。

確かに「例外的な時期か、キャッチ・アップが行われているとき以外には、経済成長というのは常に低かったのだ」というピケティの観察はかなり当たっている。戦後30年のヨーロッパや日本の成長は、戦争で破壊された焼け跡からの復興であり、アメリカへのキャッチ・アップだったという。高い成長率も当然であった。しかしそれは例外的な時期である。それを決して常態だとみなしてはならない。「私が強調したい論点は、21世紀には低成長時代が復活するかもしれない」というピケティの見込みにはそれなりの説得力がある。

ところで経済学には「生産可能性フロンティア」という概念がある。一定の労働人口、資源、資本、それに技術の状態において、最大限の効率性を実現した場合に、生産できる生産物のフロンティアである。ある状態で、一国が手持ちの資源や技術をフル回転したときに生産可能なモノの組み合わせの集合だ。もしも、この生産可能性フロンティアの上ではなく、その「内部」から出発すれば、比較的容易に成長できる。しかし、それはいずれ生産可能性フロンティアに達するであろう。すると、資源上の制約のために、たとえばA財を増産するためには、B財を減産しなければならなくなる。このフロンティア上の状態を経済学では「パレート最適」という。この状態では、ある方向でより改善しようとすれば、別の方向で悪くなってしまう。ということは、両方を市場価値で足し合わせたGDPでいえば、さして成長できないということになる。

もちろん、このフロンティアは固定したものではなく、とりわけ技術の状態や産業構造によって変化するであろう。さしあたりは、フロンティアの内部をフロンティア上に向けて動く速度が成長率である。遊休資源や使い切っていない労働力が十分にあって、現状がフロンティアの内部にあれば、フロンティアめがけて動く速度はかなり早い。つまり成長率は高い。「まだ収穫していない果実」がかなりあれば一気に成長するだろう。しかし、いずれフロンティアへ接近すれば成長率は落ちるであろう。ここでいう「フロンティアの消失」とはそういうことである。

## イノベーション信仰は正しいのか?

かくて、(1)人口減少・高齢化社会への移行、(2)グローバル経済の成立、(3)「フロンテ

ィアの消失」(「容易に収穫できる果実」の消失)、の三つの条件が、経済成長を困難なものとしてゆくだろう。いいかえれば、この三つの条件を緩和する事態があれば、それだけ経済成長は可能だということになる。しかし、それはありえるのだろうか。

人口減少・高齢化は先進国に共通の傾向であり、それを大きく逆転することは考えにくい。移民を導入せよという議論もあるが、それ自体が困難であるだけではなく、それはまた多くの社会問題を生み出すだろう。

また今日のグローバル化は、企業間だけではなく国家間においても過剰な競争をもたらしかねない。国際金融市場を流動する資本の動きはあまりに不安定である。明らかに、今日、利益を生むのは、実体経済ではなく、金融経済になっている。ところが、実体経済での成長率が下がっているために、各国政府はさらに極端な金融緩和を続けて貨幣を市場へ供給している。ますます資本は過剰となる。その結果、金融市場での利子率は極端に低くなっており、過剰資本は、株や為替や商品取引市場に流れ込んできわめて不安定な動きをみせることになる。

こうした金融グローバル化がもたらす証券市場や為替市場の不安定性は、実体経済に対してかなりの悪影響を及ぼさざるをえない。しかも金融市場のボラティリティ(変動性)をますます助長する各国の超金融緩和政策が、実体経済に対して十分な効果をもつどころか、経済成長を実現させないのも、当然というべきであろう。じっさい、リーマンショック以降、先進国はこぞって大規模な金融緩和を行なったが、結局のところさして成長率はのびないのである。

これが現状である。にもかかわらず、残念なことに、当面、われわれは、金融グローバリズム

からも、また、新興国やアジア、アフリカの市場と資源をめぐるグローバル競争からも抜け出す目途はまったくたたない。いやそれどころか、「グローバル化こそが経済成長をもたらす」などという根拠もなく威勢のよい言説がいまだに幅をきかせているのである。

改めて確認しておこう。グローバル化は、確かに、一部の世界的な競争力をもった企業や特殊な能力をもったスペシャリストや高い能力をもつ企業家やマネージャーにとっては有利な舞台になるであろう。彼らは大きな利益機会をつかむことができる。時には法外な報酬を与えられる。しかしそして一般論としていえば、誰もがその気になればこのチャンスをつかむことはできる。しかし現実はそうではない。ロバート・ライシュは、グローバル市場で活躍できるひとにぎりの知的なスペシャリストを「シンボリック・アナリスト」と呼んだが、彼らはグローバル市場での経済エリートであり、大きな富をかせぎだす。ただしほんのひとにぎりに過ぎないのだ。

これに対し、国内の中間層を形成してきた「ふつうの」企業、「ふつうの」労働者や従業員、サーヴィス業者にとっては、グローバル化は決して有利なものではない。むしろ、いっそうの激しい競争を強いられ、それにもかかわらずさして報われない、という状態に陥るだろう。決して「がんばれば誰でも報われる」などという気楽な話ではない。それどころか、「働けど、働けど、なおわが暮らし楽にならざり」の21世紀版なのである。

所得格差や雇用の不安定、将来に対する不確定性は、国内経済に対してたえずデフレ圧力になる。だから「グローバル化こそが経済成長を可能にする」などという理屈はどこにもない。それどころか「過度なグローバル化は、先進国にとっては経済成長を阻害する」というべきなのであ

る。少なくとも、グローバル化は、経済成長に対して、プラス、マイナス、両方の作用をもたらす。どちらがより強く作用するかは容易には断定はできないが、推論としていえば、マイナス効果が強いことは十二分に予想されるであろう（この点はまた第八章で述べる）。

事実、先にもあげたように、先進国の平均成長率は、80年代が3・1％、90年代から2000年代が2・7％、2010年代になって1・8％と、グローバル化が進展するにつれて確実に下がっているのだ。戦後を大きくみても、ブレトン・ウッズ体制下にあった1951年から1973年までの世界の平均成長率は4・8％なのに対し、グローバル化へ移行した「ワシントン・コンセンサス」体制下にあった1980年から2008年には3・2％となっている。先進国だけとなれば、この差はいっそう拡大しているはずだ。「グローバル化こそが経済を成長させる」というわけではない。しかも上位1％の富裕層の所得が国民所得全体に占める割合をみると、アメリカでは、1980年に8％なのが2015年には18・4％にまではね上がっている。イギリスでは、6・7％が12・7％になっている。日本では、7・2％が9・5％（2010年）への変化である。英米に比すれば格差の増大は顕著ではないが、それでも「平等社会日本」は崩れつつあるのだ。

新自由主義者は、経済の活力を奪った主犯は福祉政策等の「大きい政府」であり、自由競争こそが経済的活力を生み出す、と主張した。しかし、少なくとも現実の成長率をみれば、むしろ「大きな政府」の戦後30年の間の方が成長率は高いのである。自由競争路線に転換して以降、成長率は下がり、格差は拡大しているのだ。

そこで問題は、第三の「フロンティアの消失」になる。第一の人口減少と高齢化社会への移行は不可避である。第二のグローバル化も歴史的趨勢である。とすれば、「フロンティアの消失」だけは避けなければならない。いや、フロンティアを再び拡張することで、デフレ圧力を相殺しなければならない。こういうことになる。

コーエンは1973年あたりに「容易に収穫できる果実」をおおよそ使いつくした、という。ベルや多くの人が、この頃に戦後の工業社会は限界まできた、という。ピケティも、戦後の成長を支えたキャッチ・アップがほぼ終わった、という。スティグリッツの経済学の教科書をみても、1973年を境にアメリカの生産性は下がり成長は減退した、と書かれている。

つまり、工業社会の基本的な構造を前提にすれば、70年代には、今日の先進国は「生産可能性フロンティア」の限界まできた、ということなのである。その結果、70年代以降、先進国の成長率はおおよそ低落傾向になるのである。

80年代は脱工業化への模索の時代であった。そこで、フロンティアの消滅と成長率の鈍化に陥ったアメリカは、二つの実験にのりだす。ひとつは先進国の市場でもはや大きな利益を出せなくなった製造業を海外に移すことで、新たな利潤を確保しようとする。グローバリズムというフロンティアの「空間的拡張」がそれであった。しかしそれにもかかわらず、成長率は改善しない。事実、アメリカ経済の成長率は、60年代が4・4%、70年代が3・7%、80年代が3・1%、90年代前半が3・4%である。先にも述べたように、それが一挙に改善するのは95年以降の数年であった。

もうひとつは別の形でのフロンティアの拡張である。イノベーションがそれである。「生産可能性フロンティア」もイノベーションによって上方へ移動する。『大停滞』で、70年代に成長の源泉が食い尽くされたと論じたコーエンも、『大格差』(2013年)では、IT革命から始まるAI革命への技術革新を評価し、新たなイノベーションの展開に一定の期待を表明している。イノベーションがフロンティアを押し上げるからである。

だが、イノベーションは実のところ何をもたらすのだろうか。それは確実に経済成長を実現するのであろうか。

ここで少し原則的なことを考えてみたい。

経済成長を決定するものは何か。まずは労働や資源の投入量の増大である。と同時に、労働生産性が向上すれば、同じ労働投入量によっても生産を増やすことができる。したがって、資源の量をほぼ一定だとしておくと、成長率を決定するものは、労働人口の増加率と労働生産性の上昇率ということになる。そして、労働生産性の増加をもたらすものは、労働の質の向上や、設備投資などで可能となる資本の増大、そして広い意味でのイノベーションである。とりわけイノベーションの役割は大きい。

ここで、広い意味でのイノベーションというのは、ただ技術革新によって新技術がつくられ、それによって新たな製品が市場に提供される、といういわゆる「プロダクト・イノベーション」を意味するだけではなく、新たな生産方式や生産メカニズムが導入されたり、そのことによって

生産構造が変化したりする「プロセス・イノベーション」も含まれる。

この場合には、特に新たな製品が市場化されるわけではないが、新たな生産方式によって生産が効率化するであろう。フォードが自動車の大量生産に使ったライン生産方式や近年のトヨタのジャスト・イン・タイム方式などもそうだ。さらにまた、企業組織の変革や経営方式のやり方の変革、といった組織や経営のイノベーションもある。組織の再編成や意思決定のやり方を変えるなどということはよくある。また、自社製品を「ブランド」に仕立てる独自の手法もある。これらはすべてフロンティアを先へと伸ばしてゆき、一般的に労働生産性を上昇させる。「構造改革」も、効率の悪い産業から効率の高い産業へ資源を移転する方策という意味では広い意味でイノベーションということができよう。

こうして、イノベーションこそが経済成長をもたらす、というのが大方の経済学者の見解となっている。スティグリッツによると、95年以降のアメリカの労働生産性の急上昇をもたらした大きな要因はイノベーションだったという。したがって、イノベーションこそが経済を成長させる決定的要因だとみなされる（経済学の用語でいえば、労働生産性を規定する上で「全要素生産性」の割合が大きい）。つまりたとえ人口減少社会にはいったとしても、イノベーションが労働生産性を上げれば、まだまだ経済成長は可能だ、というのである。

アベノミクスの第三の矢である「成長戦略」も全面的にこの考えに依拠していることはいうまでもなかろう。とりわけ、ＡＩ・ロボット、ＩｏＴ、自動運転自動車、ドローン、３Ｄプリンター、生命科学、脳科学などにおけるイノベーションには多大の予算が投入され、これらの第四次

産業革命にこそ日本経済の浮沈がかかっているかのような様相になってきた。グローバリズムがほぼゆきつくところまでゆきつき、従来の製造業が生産した大量生産型の商品は基本的に新興国に移転するとすれば、先進国の経済成長を可能とするものは、この先端分野のイノベーションしかない、というわけである。もっとあからさまにいえば「グローバル競争に勝つためには第四次産業革命を何がなんでも成功させる以外には道はない」というわけだ。

しかし、果たしてこれは正しいのであろうか。「成長を生み出すものはイノベーションである」という「イノベーション信仰（イノベーショニズム）」は正しいのであろうか。

「イノベーションが経済成長を生み出す」という主張には、実はひとつ重要な欠陥がある。多くの経済学者は、あたかもイノベーションが起きれば自動的に経済が成長するかのような議論をたてるが、それは間違っている。この命題は次のように書かれなければならないのだ。「イノベーションが新たな消費需要を喚起し、それが総需要を増大させれば経済成長が起きる」と。そして、イノベーションが消費需要をどの程度喚起するかは実際にはまったく不明なのだ。「イノベーションこそが成長をもたらす」という経済学者は、消費者の欲望や消費意欲についての考察を怠っているといわねばならない。

端的にいえば、イノベーションは必ずしも消費を増大させない、とみておいた方がよい。少なくともそのような側面をもつのである。

理由は簡単である。なぜなら、イノベーションとは、ヨーゼフ・シュムペーターが述べたように、「新機軸」であり「創造的破壊」であるから、それは、従来からの慣行や伝統や慣れ親しん

だやり方を破壊し、それを刷新するであろう。こうした態度や価値が社会的に共有されなければイノベーションは成功しないが、同時に、こうした風潮や態度の拡散は社会を不安定化する。習慣や慣れ親しんだものが壊され、そこにリスクを生み出し、そのリスクを利潤に結び付けるというイノベーショニズム（技術革新主義）は、将来をリスクに満ちたものにする。当然、人々は現在の消費を控えて将来にそなえようとするだろう。

しかも、イノベーションは、たえず、現状を古臭いものとして否定してゆく。少し待てばもっとよいものがでてくるのである。これでは、人々の消費も先延ばしされるだけであろう。しかも、イノベーションは、次から次へ新規の商品を市場へ送り出してくる。こうした新規の商品は多くの場合、若者にとっては好奇心を刺激するだろうが、今後、人口の3分の1近くを占めるといわれる高齢者を果たして刺激するのだろうか。「90歳のおばあさん」に老後の楽しみにスマホを使い、ツイッターをやり、ＡＩで遊べなどといっても無理である。70歳でも無理である。早ければ60歳でも無理だろう。つまり、「創造的破壊」によるイノベーションは、まだ人口が増加し、消費に関して社会が活性化した状態にある「若い社会」にあっては大きな効果をもつだろうが、高齢化が進んだ「成熟社会」のものではないだろう。(注)

（注）広井良典氏は、『ポスト資本主義』のなかで、社会が豊かになれば「過剰による貧困」が生じるといっている。かつては労働生産性が上がれば、余った労働は別の仕事についたり、また賃金が上昇したために需要が増加し、それが経済成長につながった。ところが今日のような「豊かな社会」になると、

労働生産性が上昇しても経済成長には結び付かない。なぜなら、（とりわけ労働節約的なイノベーションによる）労働生産性の上昇は、ただ失業をもたらす可能性が高く、そうなると需要が増加しないからである。これは高度に労働生産性が上昇した成熟した経済で生じるパラドクスである。

そこで、広井氏は「生産性の物差し」を変えるべきだ、という。経済の「拡大・成長」の時代には、労働力が稀少で資源はいくらでもある、と想定されてきた。こういう時には、資源はふんだんに使い、労働を節約すべく「労働生産性」という指標が意味をもった。しかし、「豊かな社会」では、労働力は余り、資源・環境が稀少になる。したがって、労働はふんだんに使い、資源・環境を節約すべく「環境効率性」という物差しに変えるべきだ、という。労働については、むしろ、生産性が低い、労働集約的な分野へ積極的に労働を投下すべきだ、ということになる。それは、たとえば福祉等の分野であり、雇用創出効果をもつ。この広井氏の主張はもっともだと私には思われる。

## (二) イノベーションは成長をもたらすか

### 誤った信仰にとらわれている

そのあたりのことをもう少し「経済学的」に述べてみよう。

たとえば、「イノベーションは労働生産性を増大させることで、経済成長を可能にする」といわれる。なぜなら、先にも述べたように、経済成長率とは労働力投入量（労働人口×労働時間）の増加率と労働生産性の増加率からなっているからである。

しかし、労働生産性とは何か。それは労働投入単位当たりのＧＤＰで測られる。これは事実上、

ＧＤＰを労働人口（労働時間で多少補正するとして）で割ったものだ。だから、労働生産性をあげようとすれば、もっとも簡単な方法は、労働人口（雇用人口）を減らせばよい。したがって、もしも、新たなイノベーションが労働節約的に作用すれば、ＧＤＰは同じでも労働生産性は上昇する。端的にいえば、イノベーションによって労働者が仕事を奪われれば、労働生産性は上昇することになる。しかも、ＧＤＰはさして増加しない。いいかえれば、イノベーションは生じているのに、経済は成長しないということになる。

また、ＧＤＰは総供給と総需要によって決まる。総供給を決定するものは、まさに、イノベーションや労働量や様々な資源である。しかし、イノベーションによって供給が増えれば自動的に需要が発生するわけではない。もしも、多くのイノベーションがそうであるように、労働節約的なものであって雇用が減れば、消費支出も減るだろう。すると、総需要も減少するであろう。結果として、イノベーションはさして経済成長には結びつかないだろう。

また、新たに生み出された新奇な製品に人々が欲望を募らせるかどうかは、イノベーションによって決まるわけではない。実際、これまでイノベーションによって新たに作り出された新たな商品でこの世から消えていったものは数限りなくあるだろう。成功したイノベーションは消費者の欲望を喚起し、現実の大きな需要をもたらしたものである。しかし、何が成功するかは実際に市場に登場しないとわからないのだ。

にもかかわらず多くの場合、イノベーションは労働節約的であり、生産を効率化する。だからこそ労働生産性を高めるということはできる。ということは、まったく新しい商品の創出は別と

して、一般論としていえば、イノベーションは商品価格を引き下げるであろう。値段が安くなるはずである。つまり、消費者が同じものに支払う支出額は少なくてすむ。とすれば、総需要が増加するためには、価格の低下によって多くの新規の消費者がそれを購入するか、あるいは、他の商品の購入額が増加しなければならない。しかし、そんなことが確実に生じるという理由はどこにもない。

かくて、イノベーションが起きれば、消費需要が活性化するという理由などない。むしろ一般論としていえば、イノベーションが労働者への分配率を低下させることで消費需要は落ち込むと考える方が自然である。総需要が増加しなければいくらイノベーションを行ってもGDPはさして増加しないだろう。GDPが増加しなければ、労働人口当たりのGDPも増加しない。この時、イノベーションは生じているのに労働生産性はさして上昇しない、という奇妙なことが生じる。イノベーションこそが生産性を上げる、という通念からすれば、これは一見奇妙な現象なのである。しかし、GDPを決定する事態の半分は需要側にある、という当然のことを想起すれば不思議でもなんでもない。

この点で、先のアメリカの95年以降の経済成長について一言述べておきたい。通常、95年以降のアメリカの成長率は、同時期の生産性の急上昇によって説明される。「ニュー・エコノミー」を唱えるエコノミストは、この時期の労働生産性の上昇をもたらしたものはIT革命だ、という。これこそイノベーションは経済成長をもたらす最大の証拠だという。ここで彼らは次のように考えている。IT分野でのイノベーションが労働生産性を高め、それが賃金を上昇させ所得の上昇

をもたらす。次に所得の上昇が消費を増加させる。そのことがGDPを押し上げる。おおよそこういう論理である。

しかし、これは必ずしも正しくない。そもそもアメリカの経済成長率は、確かに96年から2000年にかけて4%という高い数字を記録している（とはいえ、それでも73年以前に比べると低くなっているが）。しかしその後、2001年（9・11テロが起きた年）にはゼロ%近くに下がり、その後も2%台、3%台で推移する。そしてリーマンショックがやってくる。これ以降は1%から、せいぜい2%台の半ばなのだ。明らかに成長率は低下している。

そこで次のように考えることも可能であろう。95年あたりから、アメリカではIT革命と同時に金融革命が生じ、とりわけ2000年代になると金融市場と不動産市場でバブルが生じた。その結果、資産効果によって所得が増加し、消費が増えた。したがって企業の生産活動は刺激されGDPはそれなりに増大する。そこで、一人当たりのGDPと同一視できる労働生産性も増大する。こうしたメカニズムである。因果関係が逆なのだ。イノベーションが賃金を押し上げて消費を活性化するのではなく、金融バブルなどで生み出された所得が経済を活性化したために労働生産性が上昇したのである。

こういうことは十二分に考えうるであろう。その証拠に、2008年のリーマンショックによってバブルが崩壊してから後は、一向に消費も伸びず成長率も低下したままである。別にイノベーションが終わったわけではない。95年から2000年あたりまでの労働生産性の急上昇がイノベーションによって説明されるのならば、それ以降の成長率の低下はどのように説明すべきなの

だろうか。

また、1980―1995年までの生産性上昇率と1995―1998年までの生産性の上昇率の変化を先進7カ国で追ってみる（スティグリッツ『マクロ経済学』より）。つまり、グローバル化やIT革命が進行し始めた時期とそれがアメリカで成果を示した（とされる）、1995年からしばらくの時期を比較してみる。すると、興味深いことに、先進国で、95年以降に生産性が上昇しているのはアメリカだけなのである。フランス、ドイツ、イギリスなど軒並み低下している。イタリアなど2・5％から1％まで低下している。日本も3％から1・5％へと50％の低下である。アメリカだけが1・3％から2・3％へとかなり増加している。これは何を意味しているのだろうか。

グローバル化のなかで、先進国ではどこでもそれなりのIT革命が生じていた。アメリカだけがIT技術を導入したわけではない。どこの国でもイノベーションは少なくとも可能だったはずである。にもかかわらずアメリカだけが生産性を一挙にあげている。その理由は二つ考えられよう。ひとつは、日常生活のなかにコンピューターを持ち込み、客観的で統計的な情報処理に敏感で、しかも新規な商品に関心をもつ文化がアメリカにあった、ということであり、ヨーロッパ諸国や日本にはその種の文化が希薄だということである。つまり、かりに同じイノベーションによって同様の商品が市場に並んでも（そして、IT関連の商品は十分にグローバル商品であった）それに対する反応が異なるのである。つまり国による生産性上昇率の差は、消費需要が発生するかどうかの違いである。そして国の間の差をうむものは文化風土の相違であろう。

そしてふたつめは、アメリカに特殊な事情があった、ということだ。つまり、金融工学等による金融市場の発展、ドルという基軸通貨、大胆な金融緩和、それによるバブル化、といったことである。90年代後半の成長、２０００年代半ばのそれなりの成長は、ＩＴだけではなく金融経済とも無関係ではなかった。これは、「ニュー・エコノミー」型の仮説、すなわち、ＩＴイノベーションこそが経済成長を可能とした、という仮説をかなり疑わしいものとするであろう。

同じＩＴイノベーションを起こしても、労働生産性の伸びが国によって相当に異なるという事実はかなり興味深いのである。成長率を動かす背後には、消費者の欲望や新奇なものへの関心や消費意欲がどのようにしてかきたてられるか、という社会的・心理的要因がしっかりと横たわっていると考えられる。だから、新たなイノベーションが、人々の必要性にこたえるか、あるいは広範な期待を生み出し、一種の熱狂やブームを作り出すことができれば、それは経済を活性化するだろう。しかしそれとて、次々とイノベーションを継続的に仕掛けていかなければならないであろう。イノベーションが成長を生むということは成長するためにはイノベーションを継続させねばならないということだ。そしてそういう期待を消費者に植え付けていかなければならないだろう。今日のゲームやスマホのようなＩＴ製品などはまさにそのような状態になっている。

70年代までの戦後の成長期には、われわれの日常生活を便利にする必需品が次々と登場した。それは国民的な規模での需要を作りだしていった。そして、そのことが平均的な家計の所得を年々引き上げていったのである。便利な必需品が年々生産されること自体が、将来の安定した便利な生活という期待を生み出していった。イノベーションは将来へのリスクを高めるのではなく、

むしろリスクを取り去るものとして意識されたのである。こうした時代には、イノベーションは総需要の増加と所得の増加をもたらすことで経済成長を可能にできる。これが工業社会の循環のメカニズムであった。

しかし、今日のような脱工業社会、ＩＴや金融を中心とした高度情報社会・金融経済社会で、そのような循環メカニズムが働くとは考えにくい。今日では、情報にうまくアクセスでき、その分野での専門的知識をもち、また、金融市場で利得をえることのできるひとにぎりの者と、特別にそうした能力をもたない「ふつうの」者の間に大きな格差が生じかねない。しかも、近年のデジタル機器やゲームのように次々と新奇なものが出てくれば人々はやがて、その新奇さにあきてくるだろう。一時的には熱中してもすぐに熱はさめる。こういう時代には、もはや工業社会の循環メカニズムは働かない。この場合には、イノベーションは成長を可能にするとは限らない。いや、とてもではないが、そんな可能性に期待をかけることはできないのである。

それにもかかわらず、われわれは「イノベーションこそが成長を生み出す」という誤った信仰にいまだに囚われている。そしてこの命題は、「成長するためにはイノベーションをおこさなければならない」という強迫的な規範命題へと読みかえられ、政府は重点分野でのイノベーションに多額の資金を投下することとなる。効率性を実現できないことは反道徳的であるかのような風潮とともに、イノベーションの意識をもたないことも反道徳的であるかのような風潮が醸成されてゆく。

## 「ふつうの人」に便益が還元されない

私には常々、次のようなことが不思議でならなかった。

脱工業社会、すなわち知識・情報社会とは、まさにベルが述べたように、科学的・技術的な専門的知識や技術を身につけた者が、その専門的知識を研究開発に生かすことで、実践的な技術に転換し、そこに新たなイノベーションが生じる時代である。ITにせよ、AIにせよ、ロボットにせよ、生命科学にせよ、新しい薬品にせよ、宇宙開発にせよ、すべてそうである。つまり、高度な専門家と技術者に対して巨額の研究開発費が投入される。

実は、従来の経済統計においては、これらの研究開発や知的所有権にかかわる投資費用は計上されていなかった。２０１６年の民間企業の設備投資は約70兆円であったが、研究開発や著作権などの無形資産に対する投資は25兆円なのである。これはあくまで民間の投資であるから、実際には、政府部門の投資もある。つまり大学や政府系の研究機関（独立行政法人）などに投じられる公的な資金を加えることができる。相当な資金が投じられていることになろう。しかも、研究開発に携わる研究者への報酬の支払いがある（特にアメリカあたりでは、この報酬は、通常の研究者などよりはるかに高額なものであろう）。これが年々続いてゆくのだ。

だがこれだけの巨額の投資に見合ったモノやサーヴィスを、企業は将来われわれのもとに提供できると期待してよいのだろうか。いいかえると、将来、ＡＩやロボット、自動運転自動車や生命科学、遺伝子治療において、われわれは、その投入された資金をカバーするに足るだけの消費意欲を発揮し、それを購入したり使用したりして、十分な満足をえることができるのだろうか。

ロボットやＡＩや生命科学の成果は最終的にはメーカーや製薬会社といった私企業によって商品化され、市場へ出回る。彼らが市場で利益を生み出せば、そのイノベーションは成功したとみなされる。しかし、そうだろうか。もしも費用・便益という観点を徹底すれば、次のようになるのではなかろうか。

今日の高度な専門的な科学技術と結合したイノベーションは巨額の研究開発費を要し、今も述べたように、ほとんどの場合、それは政府による支援を得ている。大学との共同研究という形にせよ、研究所や独立行政法人や成長戦略の重点分野にかかわる民間企業にせよ、政府からの補助を得ている。

とすれば、これらは費用として計上すべきではないのだろうか。しかも、第四次産業革命の背後にはＩＴ革命がある。とりわけアメリカの場合、ＩＴ産業の発展において、戦後、コンピューター技術の開発、通信技術の開発においてペンタゴン（国防総省）やＮＡＳＡのような政府機関の果たした役割を無視するわけにはいかない。つまり、今日の第四次産業革命につながる巨額の公共投資がすでになされていたことになる。

さらにいえば、高度な専門的科学・技術者、つまりＳＴＥＭ（サイエンス、テクノロジー、エンジニアリング、マスマティックス＝数学）における高度な人材を育成するためには、政府の公的資金が教育関連費として投入されている。

もちろん、この分野を専攻すればグローバル・エリートになるというわけではない。しかし大学で地味な英文学などを専攻した怠け者の学生（これはコーエンの言い方である）などに投資をす

るよりも、ＳＴＥＭの学生に投資をした方が可能性は高いであろう。英文学や国文学なら本さえあれば勉強できるが、ＳＴＥＭの場合には、大型コンピューターから実験室、実験道具にいたるかなりの設備が必要なのである。これもまた、厳密にいえばグローバル・エリートを作りだすコストといってよい。

もう少し続ければ、今日の高度な科学・技術のもとにおかれたイノベーションが可能であるために、科学者間の相互の連携や共同研究やさらには国際会議や通信や雑誌の出版なども不可欠になる。また研究者はきわめて厳しい競争的な環境のもとにおかれて、いってみれば、研究室にこもって働き続けるといった状態になりかねないであろう。このような状況に堪え得る人材を投入していることになる。彼らの心理的な負担や家庭への負担まで考えれば、これも暗黙のコストとさえいえよう。

かりにこうしたことをすべてコストとみなせば、今日のイノベーションには巨額の「目にみえないコスト」がかかっていることになろう。しかもその多くは、きわめて長期にわたる公共投資といってよい。国民の税金である。ただそれはコストとして市場価値で評価されるものではない。だがもしもこの公共投資までもコストに含めれば、果たして、第四次産業革命は、本当に割が合うといえるのであろうか。多くのエコノミストは、公共投資は基本的に非効率であり、経済成長の足を引っ張る、という。とすれば、今日の第四次産業革命を代表とするイノベーションは、経済成長に対してマイナスの作用を同時にはらんでいることになる。にもかかわらず、このマイナス要因は隠されていて目にはみえないのだ。

もちろん、こんなことを述べても仕方がないともいえよう。そんなことをいえば、すべてのイノベーションが相互に関連しており、そこには、たとえば通信から交通、人材育成など先行する公共投資がすべて絡んでいるではないか。そんなものまでコストに計上してもきりがない、という反論がでるであろう。

その通りなのである。この「目にみえないコスト」を計上することなど実際にはできない。そしてそこに重要な論点がある。ここで述べたいことは、次のようなことなのだ。

今日の、専門的な科学・技術が複雑に絡み合い、巨額の資金を投入してなされ、さらにいえば、政府の戦略性をもってなされる重要なイノベーションは、それ自体が公共的な性格をもっているとみなければならない。事実、そこには国民の税金が投入され、戦略性を政府が決定する、という意味では公共性が前提となっている。

そして、もしそうならば、ＡＩにせよ、生命科学にせよ、経済生活全般のＩｏＴにせよ、この公共投資を前提にしたイノベーションの成果もまた高い公共性をもっている、とみなければならない。もしも、政府が、この戦略を成長に結び付けるのなら、そのイノベーションの成果は、国民全体に大きな便益を与えるはずだからである。そこで仮に、それによってわれわれの生活の全般的なスタイルが大きく変わるとすれば、このイノベーションの成果自体が公共的性格をもっていることになる。成果をどのように配分し、どのように使うかは公共的検討に委ねられるべきものであろう。

にもかかわらず、その成果は市場原理のもとにおかれ、開発に直接に参与し、商品化した一部

の専門的エリートや企業に、巨額の利益が帰着するのである。これは不合理ではないだろうか。

ベルが、脱工業社会、つまり知識・情報が大きな価値をもたらす社会では、知識や情報の活用は公共的になされるべきだと述べたのは、実はこのような事情からなのであった。現代の高度に科学や技術が発達した社会においてイノベーションを起こすには、巨額の資本と計画性とリスクを取る覚悟がなければならない。それをできるのは、政府であれ、なんであれ、公共的機関である。少なくとも、公共的な意思が背後からそれを支えなければならない。

とすれば、その成果も公共的性格をもつべきであり、それは、市場の効率性や労働生産性や、ましてや私企業の利潤原則で評価されるべきものではないのだ。それが、われわれ「ふつうの人々」の生活にどのような便益を与え、どのような意味をもつのか、という価値的観点から評価すべきものなのである。それを市場での効率性や労働生産性の統率のもとにおけば、少数の経済エリートや専門家、企業家、そして一部の企業体に過剰な利得が帰着するだろう。これは、公正なイノベーションのあり方ではない、とベルは述べたのであった。

にもかかわらず、高度な専門的技能労働者と「ふつうの」労働者の間の格差は広まりつつある。コーエン（『大格差』）によると、アメリカ、ヨーロッパでは今日、高技能労働者の所得がＧＤＰに占める割合は増加し、一方、技能レベルが中程度のホワイトカラー事務職と販売職の雇用が低下している。何らかの形で就業している「労働参加率」は、アメリカでは２０００年あたりをピークにして急激に下がっている。２０００年には67％ほどであったものが、２０１２年には63％強になった。平均的な家計の賃金収入（中央値）は、２００９年から２０１１年へのわずか２年

間で6・7%も低下したのである。雇用が増加しているのは、高賃金をえる高技能労働者やマネージャーと、逆に低賃金の低技能労働者である。中間層が両極分化した。というよりも、大半の中間層の生活水準が低下したのである。

これでは、いくらイノベーションを進めても、経済成長が達成されるとは期待しがたいであろう。経済成長が低下しているのは、決して新たなイノベーションが生み出されなかったからではなく、イノベーションが、かつてのフォーディズムのような生産と消費の好循環を生み出さなくなったからである。むしろ、大量生産・大量消費の循環メカニズムのなかで、モノがあふれ出る社会（アフルエント・ソサエティ）になってしまったからである。人並みになりたいとか、人よりちょっとよくなりたいとか、去年よりもよい暮らしをしたい、というささやかな欲望の集積が成長を可能にした社会ではないのである。

そして、そのことは決して嘆かわしいことではない。イノベーショニズムとは、過去を切り捨て、将来のみに焦点を合わせる、ということである。技術主義（テクノロジズム）によって、将来をユートピアへと作り変えるという思想である。経済成長主義とは、この種の技術主義と革新主義を全面的に信じるということにほかならない。

しかし、それがユートピアをもたらすなどという保証はどこにもない。過去をただ捨て去る対象としてしか認知せず、将来を根拠もなく信じることは、おそらくはどこか精神的な失調であろう。過去の上にしか将来はありえず、将来がリスキーな時代には、むしろ過去から蓄積された知恵に学ぶべきであろう。そして、われわれは、今そのことに気付きだしている。一部の熱狂を別

とすれば、第四次産業革命などというものに、われわれは本当に関心をもっているのだろうか、と問うてみるべきなのである。

# 第六章　「人間の条件」を破壊する「成長主義」

## (一)「人間の条件」とは

「生命」、「自然」、「世界」、「精神」

2011年3月11日の東日本大地震は、特にこの地に住む人たちから何もかも奪い取った。試算では被害額20兆円ともいわれるが、とても数字で「評価」できるようなものではない。では、彼らは（そしてわれわれは）何を失ったのだろうか。まず1万5000名以上の生命が失われた。この地の田畑や海岸、森や林や河川、おだやかな信頼できる海といった自然が失われた。建物、街、商店街、家屋、交通機関、道路といった日常生活の世界が失われた。

しかし、失われた世界はそれだけではない。人々が慣れ親しんだ風景、思い出とともにあった地域、そこにいれば心の平穏と安心をえることのできた場所も世界の一部であった。そして、多くのものは、この大地震によって心に決して癒えることのない傷を受けた。特に子供たちの受けた心理的トラウマは大きく、物事を前向きにとらえるよりも前に、不安や時には恐怖に捉われて

しまう。多くの人が精神のバランスを奪われた。大地震は一夜にして、これらのものをすべて奪いつくしたのであった。

このことはいいかえれば、われわれの「生」がいかに多くの、しかも一瞬で崩れかねない様々な条件の上に成り立っているかを示している。それを私はさしあたり、四つの次元で捉えておきたい。第一に「生命」、第二に「自然」、第三に「世界」、第四に「精神」である。

これらは、われわれの「生」に形を与える基本的な条件である。これらのものをわれわれは決して己のもとに「所有」しているわけではない。それを自由にできるわけでもない。それは一方で、われわれの「生」の一部ではあるものの、われわれがそれを思い通りに作り出し、意のままに操作できるものではない。それらは、あくまでわれわれの生にとっての「条件」であり、われわれにとって「与えられたもの」なのだ。

では「生命」「自然」「世界」「精神」といった言葉で私が何を意味しているか、少し説明しておこう。

「生命」とは「命」である。われわれはしばしば「自分の命」などというが、「命」なるものを自分が所有しているわけではないし、自分の意のままにできるものではない。生の発端も終結も、基本的には自分ではいかんともしようがない。いくら生きたくとも予測不能な事態によって命を奪われることはあるし、望みもしない病気によって生命力を奪い取られることもある。生命の誕生はまったく預かりしらぬことであり、生の終わりもまた基本的には与えられるほかない。

こうした生理的・動物的な意味での「生命」だけではない。「生命力」、「生命的エネルギー」、

「生の欲動」などというものもまた、自分で管理できるものではなく、また、その枯渇も同じだ。ベルグソンが「エラン・ヴィタール（生の跳躍）」と呼んだような生命のもつ創造的なエネルギーもそうである。青年期には自分でも「生命のエネルギー」をもてあまし、老年になると己の意思とは無関係にその衰えを経験する。「生命」にはそれ自体の盛衰と起伏がある。これも自己が管理できるものではない。

しかも、われわれは「生命はどこからきたのか」などというが、ありとあらゆる生きるものに共通する「生命」なるものは、すでに個体を超えてしまっている。見方によれば、われわれは巨大で永年の「生命」なるもののほんの一部を一時的に分有しているだけだともいえるであろう。「生命」なるものがわれわれのなかに入り込み、われわれを生かしている、ともいえるのだ。それをわれわれは受け取るほかない。

次に、「自然」が、まずは人間にとって「生」の与件であることはいうまでもなかろう。巨大災害をもたらす天変地異をわれわれは管理することはできない。せいぜい、予測する程度のことだ。森や林を切り取ったり宅地に造成したりすることはできるが、それはあくまで自然を作り替えているのであって、そのもとになる「自然」が人間にとって与えられたものであることにはかわりない。われわれは日本という大地と風土のなかに生まれ、北海道人と九州人はまた異なった自然風土のなかに生まれ、縄文人と弥生人は異なった自然と風土のなかから共同体を作り出してきた。山あいの生と海辺の生もまた異なった条件のなかから出発するだろう。

和辻哲郎の『風土』を持ち出すまでもなく、われわれの「生」の根底には自然と風土によって

規定された何ものかがあることは間違いない。自然には、季節のめぐり、日射の様相、太陽の周期的運動といったそのリズムや法則的動きまでも含まれるのであって、いわゆる砂漠型風土とモンスーン型風土の間に、大きな精神的な差異を生み出すのは当然なのである。こうしたことは、さしあたりは人間の意のままにできるものではない。

次に、「世界」は、これらに比べれば、「与えられたもの」というより、人間の作り出したものといった方がよさそうではある。しかし、それでもそれは、「私」にとっては与えられたものである。「私」が意のままに作り出せるわけではないし、人間の理性や意図で自由に生み出されるものではない。街はすでにできあがっており、すでにできあがった地域や家族や人間関係のなかにわれわれは生まれ出る。そして、田舎のあぜ道や古びた神社や鎮守の森、あるいは、逆に大都会のビルの乱立する光景のなかでわれわれは育つ。これらはわれわれにとっては「世界」であり、この「世界」が、われわれの感受性の方向を左右し、過去にみた街の光景は海馬に住み込んでわれわれの記憶を形づくるだろう。

それは、確かに人間が作り出したものであり、時代とともに変化してゆく。徳川時代の江戸と明治の東京と平成の東京は大きく異なってはいる。しかしそれでも、「東京」という「世界」は、変容しつつもなお「東京」であって、「大阪」にもならなければ「ロンドン」にもなりえない。スカイツリーができる前と後とで「東京」が断絶するわけではなく、「東京」はその歴史とともに独自の巨大都市というひとつの「世界」を作り出しているのである。そこには歴史的に作り出されたある形、イメージ、意味、機能が受け継がれているのだ。

「世界」とは、こうして、われわれが引き継ぎ、受け継いできた耐久性ある社会空間であり、人々が共存するための制度や習慣であり、人々が作り出し、育て上げた象徴の体系にほかならない。だから文化もまた「世界」に含めてよい。

それはいまここにおいて、過去から蓄積され、伝達され、この場へ伝え来たったものなのである。この伝え来たったものの全体が「世界」を作り出してゆく。それは、都市であり、建造物であり、点と点を結ぶ交通網であり、古い町並みであり、寺院であり、さらには、天才たちが作り上げた芸術作品であり、文豪たちが書いた文学であり、哲学や科学といった学術の集積であり、祭りであり、儀式であり、われわれを縛り、われわれが進んでそれを尊重する慣習や伝統でもある。

さらには、社会的な制度、たとえば家族や学校や社会構造も「世界」の一部であり、教育を通じて伝達される知識や道徳観もまた「世界」を構成する。いくら近代社会は個人主義だとか、進歩主義だといっても、われわれがいかに、個人の理性や意図ではどうにもならない「伝え来たったもの（トラディション）」のなかで生きているか、いや、それによって生かされているか、は少し考えてみれば歴然としているだろう。

それは巨大なストックとして、われわれの物質的な「生」の条件であるだけではなく、われわれの精神をも形づくる。われわれはこの「世界」によってはじめて、社会や歴史についてのある程度のまとまりをもった意識を有し、思想をめぐらすことができる。そしてそのなかでまた、われわれは文字通りの「世界」についてのイメージや観念を形成する。「世界」とは、このような

耐久性をもった物的および精神的な象徴の体系といってよいだろう。人は、常にこの「世界の内なる存在」であるほかないのである。

最後は「精神」である。「精神」とはたいへんに理解しがたい言葉だ。ここでは、さしあたり、日常的にいう「精神の働き」とか、「精神を鍛える」とか、あるいは「こころの動き」などといったことを想像してもらいたい。それさえも、われわれは決して自由自在に「使用」できるわけではない。「精神」という言葉は捉えにくいが、ここでいっているのは、肉体とは切り離された人間の精神の働き、霊的な作用の全般にかかわることであって、精神の中心にあるものを「理性」と呼ぶとしても、そもそも「理性能力」とは何なのか、「意思」とは何なのか、「才能」とは何なのか、と問えば、誰も簡単には答えられないであろう。精神のバランスを保ったり、崩したりするものは一体何なのか。また、われわれが他者に対して共感したり、反感をもったりするそのもとになっている働きとは何なのか。人に霊的な力を与えるものは何なのか。

こうなると、精神現象を、とてもではないが、「私」という「主体」に帰すわけにはいかない。理性にせよ、意思にせよ、美的なものへの強い感受性にせよ、他者への共感にせよ、「精神の働き」をわれわれは意のままに操るわけにはいかないのである。むしろ、われわれを超えたところから降りてくる「理性」や「意思」や「美意識」や「共感」などによって「私」が突き動かされるといった方がよいだろう。それを「たましい」といってもよいし、「こころ」といってもよいし、「霊性」といってもよいが、それらは、われわれには「与えられたもの」というほかない。

西洋の思想的伝統においては、「肉体」から切り離された、抽象的で高い次元にある「精神」

なる観念が発達した。ここには肉体よりも霊的なものを上位におくキリスト教の影響が明らかであり、たとえばヘーゲルの「精神現象学」でいう「精神」なども、単なる個体や個人の次元を超えた超越的で普遍的なものである。

一方、日本の思想的伝統においては、西洋的な「精神」に対応する観念はほとんど発達しなかった。それに代わったのが、「こころ」や「たましい」といった、具体的でかつ抽象的、情緒的でかつ透明な観念であった。しかし、「こころ」といっても「たましい」といっても、個人の意のままになるものではない。それは花鳥風月とつながり、また愛する他者と交わる。決して私が所有しているという種類のものではない。それは時には神秘的で神的な意識とともにあるようなものなのである。こうした多様な観念を含めてここでは「精神」と呼んでおきたい。

どうしてこういうことを述べるかというと、われわれの「生」が、いかに、われわれ自身ではいかんともしがたい条件によって囲繞《いじょう》され、規定され、しかもそれらによって支えられているかを改めて思い起こしたかったからである。そのことを私はことさら強調しておきたいのである。

## 「生の条件」になじまない経済成長

ここに取り上げた「生命」「自然」「世界」「精神」といったものをわれわれは日常意識することはないだろう。それはあくまで潜在的な領域におかれている。ということは、それらはわれわれにとっては、通常の場合、すっかり身の丈になじんだ衣服のように、それらを身に着けて活動しているということである。それがすっかりなじんでしまうのは、それらが、時間を通じてさし

て大きくは変化せずに、常にわれわれのまわりにあって、われわれがそれに無意識の親しみをもち、思考や発想の源泉になってしまっているからである。

われわれは、日常、自分自身の生命力の状態などというものを意識もしないし、精神や意識のありかに神経を集中しない。見慣れた風景やこの世界にわざわざ気を配ることもないし、なじんだ自然を気にすることもない。誰もいまこの瞬間に、私の生命は元気でいるのか、精神は正常なのか、世界は壊れかけてはいないか、などといちいち気にはしない。それは、当然、ずっとそこにあるものであって、われわれは何も意識することなく安んじてそれらに寄りかかっている。こうした、われわれの日常的な意識を越えた、もしくはその底にある「生命」「自然」「世界」「精神」によってわれわれの「生」は条件づけられており、それによって「生かされて」いる。同時に、それによってわれわれの「生」は限界づけられている。そのことを人は意識の俎上にのせることはない。

しかし、ある突発的な事態に直面したとき、「生の条件」が一挙に表面へ躍り出る。巨大地震が生じて「生」が突然の危機にさらされたとき、自然がむきだしの猛威をふるったとき、戦争で都市も住居も破壊されたとき、精神の平衡を失ったとき、われわれは、いかにわれわれを超えたところにある「生命」「自然」「世界」「精神」といったものに深くかかわり、支えられ、それによって「生」を可能としていたかに思い至る。

「生命」の尊さや脆さ、「自然」の破壊力や恩恵、「世界」の耐久性と崩壊、「精神」の強靱さと危機、といった両義性にここで直面する。いかに、それらを「与えられたもの」として受けとり、

そのなかで安らぎ、信頼のなかにあって「生」が組み立てられていたのかが暴露される。そしてこれらの喪失は、決して取り返すことはできない「生の失調」をもたらすのである。

この「生の失調」から回復しようという涙ぐましい努力は、通常、震災復興などと呼ばれ、端的にいえば、巨額の復興支援金や数多くのボランティアがつぎ込まれる。救援物資が次々と送られ、仮設住宅がつくられ、津波で消失した街を更地にし、復興計画なるものが裁可される。結果として、この被災地域一帯では空前の建築ラッシュが生じ、奇妙な復興バブルの風が吹いて、地方から建設業者が押し寄せたりもする。新しいホテルが続々と建築され、新しい道路が完成し、街が姿を現す。高級外車がもっとも売れるのは、震災近郊の小都市である、などという話がでてきたりもするのだ。

こうしたことは致し方ないことで、別にここで苦情を申したてようというのではない。ただ、「喪失」と「復興」のこのあまりの対照に目を向けたいのである。われわれの「生の条件」を与えていた「生命」「自然」「世界」「精神」が毀損され、その「喪失」の上に、「復興」なるものが姿を現し、そこから「災後」などというものが始まる。「災後」とは、「災難」が終わった「後」なのだ。「災難」そのものは過ぎ去ってしまった。だから、「後」にくるものは「復興」だ、というのである。大地震で失われた何兆円の損失に対して、何兆円の資金が投入され、それによってこの地域の経済が何兆円膨らみ、復興は順調である、などという復興評価へと「災難」は収斂してゆくのである。

だが、「災難」は決して終わりはしない。「災後」などというものはない。「災難」をただ、途

方もないエネルギーによって降りかかってきた一瞬の破壊だと捉えるから、それが終われば次は「復興」だということになるだけだ。だが、破壊されたものは、「生命」「自然」「世界」「精神」であって、これらには「災後」などというものはない。「復興」などできるものではないであろう。「喪失」は価値のマイナス方向への移動であり、「復興」はそれをとり戻すプラス方向への移動などというものではない。おかれた次元がちがうのである。

　だからといって、もちろん「復興」など無意味だといっているわけではない。復興資金もなければならない。ただこの原則的なことをしまっておく場所を、われわれはこころのどこかに確実に確保しておかなければならない。「世界」が崩壊したことを知るのは統計数字ではなく「こころ」なのである。それを放棄して、何兆円の予算が採択され、何兆円の支援金が集まったとしてカネという便宜にもたれた途端に、「復興」の費用対効果のロジックに取り込まれてしまうだろう。本当は「復興」などということを軽々しく口にすることは恥ずべきことなのである。

　そして、これは、実は、経済成長というものが、何から目を背け、そのかわりに何を持ち込むかを端的に示している。「生命」「自然」「世界」「精神」は、われわれの「生の条件」であり、「生」のみえない岩盤を作っている。そうしたものが安定してわれわれの無意識に収まり、この無意識の「伝え来たったもの（トラディション）」にわれわれが馴染み、安んじて身を任せることができる程度において、われわれの生は安定する。生が安定してはじめて人間の活動はいきいきとして創意を発揮する。そのためには、「与えられたもの」「伝え来たったもの」への配慮や気遣いこそがまずは必要なのである。

しかし、経済成長は、こうした基盤をまったく無視する。「与えられたもの」などには最初から無関心である。理由は簡単である。それは金銭で測れないからである。だから経済成長とは永遠に継続する復興のようなもので、金銭的尺度で評価された「新たに付け加えられたもの」だけを意味あるものとみなす。それは、「与えられたもの」ではなく、人間が意図をもって「作り出すもの」だけに関心を示すのである。

「与えられたもの」「伝え来たったもの」が人間の「生の条件」となるのに対して、人間がいまここで「作り出すもの」は、人間に奉仕するものであり、人間に仕えるものとして、人間が意のままにできる。ここでは人間がすべてのものの主人であり、尺度となるだろう。だから、「作り出すもの」については、われわれは「有用性」や「効率性」という尺度を適用することができる。経済成長によって生み出されたものは、すべからく人間の所産であり、人間に奉仕するものだから、経済成長においては人間こそがすべての尺度となるだろう。人間にとってどれだけ有用か、快楽を与えるか、満足を引き上げるか、それこそが尺度としての正当性を獲得する。ここに「最大多数の最大幸福」などという功利主義も成立するのだ。

それは、繰り返すが、「与えられたもの」を受け取る人間の生とは対照的なのである。「生命」「自然」「世界」「精神」を測定することはできない。そこでは人間は決して主人ではありえず、人間は、自らの生を安定させるためにも、それらに対する謙虚な奉仕者でなければならない。人は、できるだけ自分の「生命」をいきいきとしたものに保ち、自分なりの死を安んじて、あるいは宿命として受け入れる以外にない。「自然」をできるだけ豊かなものとして保全し、また、昔

の人々がそうしたように、人知を超えた自然の作用を畏怖しつつもそれとの調和のなかで生を営むほかない。「世界」をできるだけ善きものとして持続させ、「伝え来たった」ものを継承して次の世代へと引き渡す以外にない。「精神」をできるだけ清浄で曇りなき安定したものとして保たなければならない。これが、「与えられたもの」からの要請であろう。

こうした要請に対して人は責任を負う。それは、個々人の意思や利益や計算を超えたものであり、人を生かす条件だからである。人は「生命」「自然」「世界」「精神」の外に立ち、それを対象とし、それを利用したり使用して利益をあげるのではなく、「生命」「自然」「世界」「精神」のなかで生きるからである。だから彼が生きるその環境に対して責任を持つのであり、それこそが生への配慮ともなるであろう。功利的にいっても、こうした責任を果たすことが、おそらくは、人間の現実的な幸福を可能とするであろう。

経済成長のロジックと「生命」「自然」「世界」「精神」という「生の条件」が本質的に矛盾することを理解するには次のことを考えてみればよい。

もしも、われわれが経済活動から得られたものを、たとえば「生命」への配慮のもとへ置くとしよう。生命をできるだけ生き生きとした状態に保つには、過剰な労働も競争も適切ではないだろう。日夜疲れ果てるまで働くことは「生命」への気遣いからはほど遠い。また「死」を受け入れ、病や老化をそのままに受け入れれば、先端医療も高額医療も不要になるだろう。延命治療がもたらす医療費と国家予算の増大も不要であろう。

また、「自然」への配慮があれば、土地や農耕への愛着を生み出し、無謀なまでの宅地開発や

土地バブル、地球温暖化などは抑制されるだろう。土地や自然は、私の自由になるものではないのである。私は、せいぜいその委託管理者であるにすぎない。

「世界」への配慮は、耐久性のある職人的な技への関心をかきたて、手間暇をかけた耐久力の高い住居や家具や食器や装飾品へとわれわれを引き寄せ、文化や芸術作品の方へ関心を向けるであろう。都市も建造物もただ機能性と効率性と利便性のもとにおかれるのではなく、それ自体が歴史や美意識の産物であり、永続する作品でなければならない。

「精神」への配慮は、反物質主義的な精神生活や宗教的なもの、霊性へと人をいざなうだろうし、時には高度に芸術的なものや、宗教的なものへの傾斜をもたらすだろう。また、精神の愉楽は、強迫的な利益の追求よりも、他者との共感にみちたゆるやかな精神的なつながりを求めるだろう。

そしてこれらはすべて経済成長に対してはマイナスに作用するのである。逆にいえば、経済成長は、「生の条件」への配慮とは調和しがたいロジックによって成り立っているのだ。だが、本当の「生」とは、いずれの側にあるのだろうか。経済成長のロジックであろうか、それとも「生の条件」への気遣いであろうか。

## ソフィストとソクラテスの対立

私はいまここでたいへんに時代錯誤的で奇妙な弁論を弄しているように聞こえるかもしれない。しかし、大雑把にいえば、こうしたことはおおよそ古代ギリシャ人にとっては当然のことだったといってよいだろう。

もちろん、ギリシャといってもイオニアからプラトン、アリストテレスに至るまで様々なので、ここで厳密な議論をするつもりはないのだが、大きく言えば、「生命」「自然」「世界」「精神（たましい）」といったものには、それをつらぬくひとつの秩序原理があり、その秩序原理を知り、それに従う限りで人間の幸福があり、人間社会もうまくゆく、というのがギリシャ的思考であった。ここに「コスモス」の概念が成立したのであり、それは、人間の「生の条件」であるとともに、人間の内面をもつらぬく原理だった。「コスモス」の秩序原理を深く知り、自覚するところに自然学も哲学も成立した。

そして、人間の生が乱れ、社会が混乱する原因は、人がそのことを知ろうとしないからである。つまり、人の生を成り立たせているコスモスの秩序を知ろうとせず、自らの意思で、自らの利益のために何でも作り出すことができ、なんでも自由になしえるという許しがたい傲慢に陥ったからであった。ソフィストであるプロタゴラスの「人間こそは万物の尺度」という人間中心説にソクラテスがあれほど反論をくわだてたのも、この人間を超えた神的なコスモスの秩序を認めなければ、（正しい）知識は成り立たず、それがなければ人間の（正しい）生も成り立たないと考えたからである。

この目には見えない神的な秩序を前提にしなければ、人間の思い上がりはとどまるところを知らず、人は相互に自我を押し付け合い、自己利益と快楽の追求の果てに争いあうのが関の山であろう。その結果、力の強いものが偽りの正義を唱えてポリスを支配するであろう。それに対抗するには、人間の意思や欲望を超えた次元に、つまり神的な次元に正義があるとしなければならな

かったのである。

こうして、ソクラテスのような人物にとっては、人が「作り出すもの」よりも、人にとって「与えられたもの」の方が上位に位置するのは当然であった。人は「与えられたもの」を踏み台にして利用するのではなく、それを下から仰ぎ見るべきなのである。通常、ギリシャでは、前者は「ノモス（人為的に作り出された法や習慣や制度）」、後者は「ピュシス（自然的なもの）」と呼ばれたが、「ノモス」が信頼するにたるのは、あくまで、それがその背後に「ピュシス」を想定しているときに限られるのである。「ピュシス」に従って「ノモス」がたてられればポリスの法や制度はうまく作動する。

そして、「ピュシス」のうちにある「正しさ」を知ることができるのは、もっぱら哲学者であった。哲学者とは知識を愛するもの（愛知者）である。とすれば、人がよきポリスを建設できるのは、ただただ「正しい知識」を保持するときだけであろう。言い換えれば、ポリスがうまくいかないのは、人が知識を軽視しているか、もしくは（ソフィストのように）誤った知識（ドクサ）に囚われているからであった。

といっても、もちろん何が「正しい知識」であるか、など、簡単にわかるわけではない。コスモスの秩序などといってもそれが何なのかは容易に知れるものではない。「真理」は常に隠されているのである。だから哲学者などと簡単にいうけれども、真に哲学者であることは容易ならざることであろう。

確かに、いったい誰が、物事の絶対的な正義などというものを知ることができようか。不可能

であろう。とすれば、どうなるか。ソフィストの決定的な誤りは、自分の知っていることを絶対的に正しいと思い込み、疑おうともしない点にあるのだ。いや、そのような知的傲慢さに陥ったもののことをソフィストというのである。決定的な誤りは、この傲慢、つまりヒュブリスにあるのだ。これが、ソクラテスの考えであった。

だから彼が、変人扱いされることを厭わずに遂行したことは、ソフィストたちに、彼らがいかに「知らないことを知っていると思い込んでいるか」を知らしめることであった。「無知の自覚」だけが、哲学(愛知)を可能としたのである。

経済成長を論じる本稿にとって、いったい、ソフィストとソクラテスの対立などどんな意味をもつのか、と読者はお思いかもしれない。しかし、私には、きわめて深い関連があると思われる。実は、ここですでにすべての問題は出尽くしているのである。

果たして、この古代ギリシャにおけるソフィストとソクラテスの対立は、今日のわれわれから眺めてまったくの時代錯誤であろうか。もしも、ギリシャ人たちが思いなした「コスモス」や「ピュシス」という目には見えない神的秩序がいっさい無意味だというのなら、ギリシャ哲学などというものはわれわれにとって一文の価値もないだろう。

しかしそれが、「生命」「自然」「世界」「精神」と私が述べてきたものとかかわっているとすれば、ソクラテスの哲学(愛知)は、決して21世紀に生きるわれわれと無縁ではありえない。さもなければ、あの東日本大地震でこれほどの深い喪失感と絶望に襲われることはないからである。

復興してしまえばそれでよいのだ。しかし、かの地の復興事業でずいぶんと潤った復興業者でさえも、そうは思えないであろう。いくら復興予算でバブルを起こしても、そうなればなるほど、失ったものが何かと自問せざるをえないだろう。

とすれば、いい方は何であれ、ソフィストとソクラテスの対立は、われわれにも無縁ではないのである。古代ギリシャ人たちが「コスモス」と「ピュシス」という言葉でいいあらわそうとした何かは、この経済成長主義に覆われた現代においても、かすかな響きをかなでている。そして、私は、ここで「生命」「自然」「世界」「精神」といったものを、ギリシャ人が「コスモス」あるいは「ピュシス」と呼んだものと重ね合わせてみたいのだ。

## (二) 変わり者が遂行する「創造的破壊」

### 「人間が作り出すもの」を拡張する世界

現代の経済成長に戻ろう。端的にいえば、経済成長主義とは、「生命」「自然」「世界」「精神」といった人間にとっての「与えられたもの」を無視する、もしくは対立するものだ、といいたいのである。少なくとも、そのような疑問を提起しなければ、今日のわれわれの経済成長主義がわれわれを不幸に陥れてゆく可能性は高い。

実際、巨大災害や予期しえない出来事によって、「与えられたもの」が毀損した方が、実際には復興は急激に生じる。つまり、経済成長は容易に遂行できるのである。だから、国民的な規模

で巨大な破壊にあい、この「与えられたもの」「伝え来たったもの」がすべて見事に破壊しつくされ、破損したとき、つまり72年前、あの戦争によって国土も自然も都市も人のこころも人のつながりもすべて破損したときにこそ、急激な成長が可能となったのである。焼け野原に「喪失」を置き去りにして、人々はまさに「戦後」の「復興」を始めたのである。戦後の先進国の経済成長を可能としたのは、戦争による国土や建物の徹底的な破壊にあった、というピケティの説にはそれなりの言い分はあるといわねばなるまい。いいかえれば、戦後の経済成長とは「与えられたもの」や「伝え来たったもの」の破壊と深い喪失という犠牲の上に成立している。

もしも、「与えられたもの」によって支えられ、それに奉仕する(哲学もこの「コスモス」に対する知的な奉仕である)ことによって生きることが人間の「生の条件」だとすれば、経済成長とは、人間の「生の条件」を破壊する、ということになろう。少なくとも、部分的にはそうである。なぜなら、経済成長主義とは次の思想の上に成立しているからである。つまり「人間が、自らの力で生み出したものにしか価値を認めず、その価値は人間に奉仕する点にある」という思想がそれである。

それは、人は、自分が作り出したものしか認めない、ということであり、人間を超えたより大きな「生命」「自然」「世界」「精神(たましい)」といったものは認めない、ということである。「コスモス」は認めないのである。そんなものはあるかないかわからない「形而上学」の対象であって、近代科学の対象ではないのだ。

だが、コスモスの秩序を求めないものは、人間が生み出したノモスの秩序しか認めないであろ

う。それはやがて、ノモスの秩序も自由に作りかえることができる、という驚くべき思想へゆき着くであろう。ハイエクはそれを「コスモス」に対して「タクシス」と呼んだが、ここまでくれば、秩序を作り出すのは人間であるから、人間は理性と意思によって自らの意のままに新たな秩序や制度、組織を作り出すことができる、という近代的な設計主義までは一息である。この設計主義こそ、ハイエクによると「自ずと生成した秩序」を破壊する致命的な理性万能主義の現われであった。今日の、合理的科学や合理的技術と結合した経済成長主義とは、まさしく、この理性主義、設計主義と同じ精神に発しているというほかない。こうして神秘主義は進歩主義にとって代わられ、神は紙（紙幣）に代えられていった。

ではなぜ、経済成長主義は、人間の力を超えたものを認めないのか。理由ははっきりしている。もしもギリシャ人のように、人間を超えた神的秩序を認めればどうなるのか。不都合なことがおき、不確定な事態が生じ、人間の生がうまくいかないとなると、その責任は人間に存する、ということになろう。神的秩序には誤りはないはずだからである。だが、人間が作り出したものだけしか認めなければ、不都合があれば、それを人間の力で改善できるであろう。

人間は人間の生み出したものを管理できるはずだ。だから予測もできない不確定性や不都合は人間世界の外側からやってくるであろう。それはまったく偶発的で、人間が責任をもちえない突発的出来事なのであって、それをもたらした力について論じることには意味はない。それが神の意図なのか悪魔の仕業なのかなどどうでもよい。できることは、せいぜい可能な限り、人間にとって「与えられたもの」を人間によって「作り出されたもの」の方へ近づけ、その支配下におく

以外にない。こういうことになるであろう。

哲学的には論敵であったレオ・シュトラウスもハンナ・アレントもともに「近代とは、人間が、自分が作り出したもののみを対象としだした時代である」といっているが、その通りである。近代とは、人間を超えた聖なる秩序、超越的な力、神秘的なものなどもはや認めないという「脱呪術化」（ウェーバー）から出発したからである。

近代とは、ギリシャ人でいえば「コスモス」や「ピュシス」のような神的秩序、私のいい方だと「生命」「自然」「世界」「精神」といった「与えられたもの」を排除し、無視し、さらには、それを可能な限り、人間が「作り出したもの」の統率のもとにおこうとする壮大な実験の時代なのであった。

それによって、できるだけ不確実性や偶然性を排し、人間が自力ですべてを管理できるようにしようとした。何かが起こるかもしれないという不確かさへの嫌悪感、原因も結果もたどれないという無力感こそは、近代的理性に対する最大の脅威だったのである。このとき、ひとたび神秘的な力や聖なる秩序を排除すれば、その無知は人間自身が克服するほかないであろう。そのためには、人間が「作り出すもの」をできるだけ拡張し増強する必要がある。力を獲得することはまた可能性を拡張することだからである。人間は自分が作り出す秩序を管理することはできる。だからその秩序をできるだけ拡張することこそが、得体のしれない不確実性や偶発性、理不尽な脅威から人間を救いだすことになろう。

かくて科学の無限の発展と経済成長こそが近代人の幸福の条件となった。ひたすら科学と技術

を発展させ、人間の知力を経済発展につなげるという「脱工業社会」の夢が、近代の果てにわれわれが到達した高度な現実となった。そしていまやその延長上に、われわれは恐るべき実験に着手しようとしている。

「生命」についていえば、今日の生命科学や再生医療は、人間の生命現象の解明に着手しただけではなく、組織的な遺伝子操作や細胞の再生によって、人間の生命現象まで人為的に管理しようとしている。また、「自然」に関していえば、すでに素粒子物理学の展開によって、人間は科学理論を武器に自然の内部まで入り込み、自然における可能態であったエネルギーを人為的に作り出すことに成功した。また、今日、山や海や森林や気候という文字通りの「自然」は、環境テクノロジーと呼ばれる科学の管理下に置かれようとしている。自然環境も人間の理性的工学の対象へ置きかえられてゆくのだ。

「世界」は、部分的とはいえ、たとえばロボットや制御装置によって、ほとんど自動的に動き、作り変えられ、変形されてゆく。ＩｏＴも、世界を人間にとっての所与の環境とみるのではなく、情報系を通じて人間と世界（モノや生活環境や空間）を一続きにつなげてしまうというのだ。そして、最後に「精神」はというと、いうまでもなく、今日、それは脳科学へと回収されつつある。精神現象は脳を扱う科学者のレシピに収まりつつある。その極限で、人間の脳は人口脳であるＡＩと出会うことになる。そして、それらをつなぎあわせた第四次産業革命なるものには、巨額の研究費が投入され、経済成長の舞台へと送り込まれるのだ。

これはまさしく「近代」の夢が生み出した現実である。「人間が人為的に作り出したものを対

象にする」という近代の、まだしも限界をわきまえた原則は、もはや歯止めがきかず、近代を突き破って暴走し始めた。近代の産物である「実証科学」や「実験科学」が、人間の生活をとりまく不確定で理不尽な環境、すなわち「与えられたもの」にまで手を突っ込んできた。それは、「生命」や「自然」や「世界」や「精神」まで、科学の原理に基づいて管理し、不確定性や偶然性を管理し、その全体をシステムとして統合しようとする。そして、ついには、「人間」そのものさえ科学の対象となり、「人間さえも人為的に作り出す対象」とみなされつつあるというわけだ。

ハイデガーはかつて「サイバネティックスは原子力時代の形而上学である」といったことを述べていたが、まさに、「生命」も「自然」も「世界」も「精神」もすべて「情報系」というひとつの視点から眺めて、それを自己組織的な制御システムに統合する、というサイバネティックスの思想は、人間が、与えられた自然という聖なる秩序のなかに分け入って、物理学という科学の恐るべき力によって、そこに自然とも人為ともつかないエネルギーを作り出したのである。人為的に「自然」を生み出した、ということもできるだろう。

そして、この形而上学の延長上に、今度は、人為的に「生命」を作り出し、人為的に「精神」を作り出そうとしている。この点でも最先端をゆくのはアメリカである。事実、２００２年に策定された「人間のパフォーマンス改善のためのテクノロジー収斂」つまり、ナノテクノロジー、バイオテクノロジー、情報テクノロジー、認知科学、すなわち「ＮＢＩＣ」を領域統合的に収斂させて「人間のパフォーマンスを改善」するための巨大な計画に、アメリカ政府は多大の予算を

投入しているのだ（ジャン＝ピエール・デュピュイ『聖なるものの刻印』参照）。

ここでは、人工知能、脳科学、生命工学、ロボット工学、遺伝子工学などが「収斂」し、科学と技術が一体となって、人間の「生の条件」を作り出そうとしている。「生命」も「自然」も「世界」も「精神」も、もはや「与えられたもの」としてわれわれの生の環境となっているのではなく、それ自身が「作り出されるもの」とみなされている。それが未来の経済成長の夢を紡ぎだしている。

そしてこの夢の根本には、科学をめぐる決定的な変容が生じていることに注意しておかねばならない。それは次のようなことだ。

### 永続するストックを破壊する経済成長

もともと、「科学」はギリシャの自然学から始まったといってよい。それは、タレスの水から始まり、火・気・水・地の四根であれ、デモクリトスの原子論であれ、究極物質（万物のアルケー）を持ち出すことでこの世界を構成する根本原理を理解しようとするものであった。つまり隠されている「真理」を発見しようとした。しかしそのためには、「真理」が成立している場である「コスモス」の概念が前提になっていなければならなかったのである。

ところが、近代という時代は、「脱呪術化」と称して「コスモス」を放逐した。そこに実証科学や実験科学が成立した。そこではもはや「コスモス」など想定する必要はない。ということはもはや「真理」という概念を想定することは不可能になる。近代科学が定立するのは、ただただ

人間の理性が生み出した「仮説」だけなのである。

この仮説の正しさは、名目的には事実に合致するかどうかによって検証される。しかし、事実といっても人間の認識であり、観測データであり、あるいは実験室で得られたり、また望遠鏡や顕微鏡など人間の作り出した技術に依存したものに過ぎない。まさしく、近代科学は、「人間が自分で作り出したもの」を対象とし、その世界へ自閉してゆく。

とすれば、科学の意味はどこにあるのか。もはや真理などというものを放棄した後に、科学の意味はどうなるのか。ほぼ考えられる唯一の答えは、それが「役に立つ」ということだけであろう。社会の役に立つ、人の役に立つ。このプラグマティズムに科学はよりどころを求めることになろう。こうして科学は同時に技術になった。両者の線引きは無意味になった。かくて、技術として社会の役に立ち、人の役に立つところにのみ科学の意味がある。

とすれば、人間に対する制約となっていた「生命」や「自然」や「世界」や「精神」に対して働きかけ、それを「役に立つ」ように変形し操作すればよいではないか。こういう思考がでてきても不思議ではない。自然も世界も生命も「与えられたもの」つまり「コスモス」ではなく、人間の役に立つべきものなのだ。こうして、NBIC収斂が出現する。それは実は「科学の自殺」にほかならないのである。それは「真理」への奉仕という誇り高い自尊ではなく、「役に立つ」ものとして社会の奴隷になるからである。

問題は、では、この「役に立つ」とはどういうことか、という点である。まずは「役に立つ」とは、人間の幸福に資する、という答えが当然かえってくるであろう。しかし、そうはいっても、

何が人間の幸福かなどわからないではないか。それを論ずるはずの「哲学者」など、近代社会にはもはやいない。「科学」は「哲学」の後ろ盾を失ったのである。いや、「実証科学」がそれを拒否したのである。「科学」と「哲学」は分離し訣別してしまったのだ。だから、本当のところ、ある科学が「役に立つ」かどうかなど、わかりはしない。「役に立つ」というためには、その基準が確立されなければならないのだが、その基準（価値）を論ずるはずの哲学が見当たらないからである。

そこでどうするか。経済がでてくる。市場で利益を生み、経済成長に寄与すれば「役に立つ」ということにしたのである。これはこの上なくわかりやすい論理だ。なぜなら、市場で利益を生み出すということは、人々がそれを欲しているからであろう。有用性を市場の手に委ねたのである。経済成長すれば人々は幸福を増大できるはずだ、というわけである。かくて、近代科学は、生命や自然や世界や精神（の一部）を、自らが作り出そうというところまできてしまった。そしてそのことが経済成長と結びつけられたのである。さらにいえば、「哲学」を失ってしまった近代科学は、経済成長と結びつかなければ存在意義を失ってしまうのである。

確かに、われわれは相当奇妙な世界に入り込んでしまったように見える。近代の夢は恐るべき悪夢であるかもしれないのだ。

とはいえ、科学主義と技術主義と成長主義の三幅対が、たとえ、人間が「作り出すもの」をとどまるところをしらずに増大させたとしても、それは人間の「生の条件」を結局のところ変えることはできないであろう。「生の条件」など作り出すことはできない。いくら現代科学が人間の

い。

「与えられた」条件に手を染めても、それを全面的に作り変えるなどということは決してできな

しかし、幸福の条件なら新たに作り出すことはできるだろう。ただしその場合には、幸福とは、「生命」「自然」「世界」「精神」への配慮や奉仕にあるのではなく、経済成長によって生み出される物的な財貨の拡大にこそある、ということになる。このとき、人は、「生命」「自然」「世界」「精神」によって己の限界を知るところに安堵と平穏を見出すよりも、それらを自らの手で支配するところに自由を見出すことができれば、であるが。

こうしたことは、「生命」「自然」「世界」「精神」などと経済成長の関係を少し別の言葉で言い換えればいっそう明瞭になるであろう。

「与えられたもの」とは、もう少し現代風に、そして経済学の言葉を借りていえば「ストック」であり、「作り出されたもの」とは「フロー」といってもよい。「自然」や「世界」はそのままストックということができる。「生命」や「精神」はいわば無形のストックといってよい。それらは過去から現在へ伝え来たった共有財産であり、個人の利益や嗜好や意思を超えたところに存続している。それは誰かが作り出せるものでもないし、誰かが破棄できるものでもない。しかも、その上に現在のわれわれの「生」は乗っているのだ。

この共有財産は残念ながら決して計測できるものでも、統計的に観測できるものでもない。市場に並べて値打ちのつくものでもない。だからこそ、このストックにわれわれは細心の注意を払わなければならないのである。

いま目の前で流れてゆく水なら容易に観察し、水量を測ることもできよう。しかし、すでに長年にわたって貯蔵され、相当な深みにまで達している水を観察することは難しい。われわれはつい計測可能で、いまここを流れているフローにのみ気を取られる。しかし、この計測不可能なストックがなければ計測可能なフローはありえないし、安定した「与えられたもの」という共有財産に寄りかからなければ、いまここで「生み出されるもの」を生み出すこともできないであろう。

経済学者は、しばしば生産活動を可能とする生産要素なるものを想定し、それは、労働力、資本、土地である、といってすましている。すべて市場で取引されるフローなのである。しかし実際には、その背後に、生命力をもった活力、自然環境、過去から受け継がれてきた世界、それに正確な判断力や社交的能力や健全な精神、順法精神、伝統的な道徳律、健康への配慮、人間的な教育、安定した都市環境といったものがなければならないであろう。

これは計測もできないし、目に見えるものでさえない。実証科学や観察科学とはまったく無縁の次元にある。だが、実は、この目に見えないストックこそが、むしろ本当の生産活動や交換を支えており、市場経済を支えているのである。フローを生み出す経済活動は、共有されたストックがあって初めて可能となるのだ。

にもかかわらず、経済成長は、それを可能とするストックをもっぱら破壊する方向に作用しかねない。なぜなら、伝統や習慣や、人々の心の内奥にある見えない価値観、記憶のなかに根を張った観念、といったものは、人間が新たなものを作り出そうとする意欲に対する制約になるだろうからである。豊かな自然や永続する建築や芸術や精神的なものに人々が関心をもつことは、た

えまなくフローを拡張しようとする成長主義にとっては決して望ましいことではない。物的なものよりも精神的なものに関心をもち、伝統的な道徳への帰順をよしとし、市場価値とは無縁に耐久性あるモノを生み出そうとする精神、こうしたものは成長主義のエートスに反するだろう。だから、成長主義は、市場化されず永続するストックを破壊しようとするだろう。過去から継承されてきた安定した世界などというものは、経済成長の障害にさえなるであろう。しかし、経済成長は、この目に見えないストックを破壊することで、自分自身の支えを失ってゆくのである。

### シュムペーター「創造的破壊」の真意

そのことをもっとも的確に述べたのは、実は、経済成長（経済発展）という現象に初めて正面から向き合った経済学者のシュムペーターであった。

シュムペーターが『経済発展の理論』で、初めて経済成長という現象の意味について書いたのは１９１２年であった（邦訳は１９２６年の第二版）。アメリカではフォードが大量生産を始め、ニューヨークには摩天楼がそびえ始めたとはいえ、まだ今日のように次々と技術革新が生み出され、それが経済をけん引する時代ではなかった。先進国の経済成長率などといってもせいぜい３％程度の時代なのである。にもかかわらず、シュムペーターの知的直観は技術革新というものの決定的な重要性を嗅ぎつけていた。

今日、シュムペーターが技術革新にこそ経済成長の源泉を求めたことは誰でも知っている。「企業家による『新結合』こそが経済成長を生み出す」とシュムペータリアンを自称する経済学

者はこともなげにいう。しかし、シュムペーターはいったい何を述べたのだろうか。

彼はこういったのである。「新結合」とは、既存のあるひとつの分野から生産手段も資源も市場も奪い取るような画期的な革新である、と。それはただ新しいものが古いものにとって代わるというようなことではない。鉄道を建設したものは駅馬車の持ち主などではなかったのである。それは徹底した非連続の過程であり、「新結合」を行うものは、既存の秩序、既存の生産様式、既存の労働者を奪い取り、新たな技術のもとへと振り分ける。彼は一種の略奪者であり、大胆不敵な革新者である。

それは、もちろん、経済全体でみれば、資源や労働力の転用であり、既存の分野の衰退や崩壊をもたらすだろう。その崩壊の上に、新たな技術にもとづく新たな経済様式が成立し、市場が生み出されなければならない。さもなければ、経済循環は失調に陥り、失業が発生するであろう。だから、シュムペーターは、大量失業は、多くの場合、「新結合」が可能とする経済発展の結果である、と述べているのだ。

経済が発展するのは、それまでの経済循環をささえてきた既存の分野や生産様式が破壊され、それに代わって新たな分野が創造され、そこに新たな市場と需要が形成されるからだ、という。一度破壊された経済循環の上に、新たな市場を、したがって新たな需要を形成するのである。いや、新たなものを創造するために積極的に破壊するのである。「創造的破壊（creative destruction）」とはそういうことであった。

新たな技術のもとで、新たな生産様式や新たな商品が作り出され、人々の需要を創出する。と

いうことは、そこに新たな価値観を創出することを意味する。「新結合」は、常にそれまであった秩序を破壊しようとする。経済学の用語でいえば、それはたえず市場均衡を破壊し、市場を混乱状態に陥れようとするのである。

経済学者が理想とする競争による市場均衡などというものは、「新結合」を意図する企業家からみれば実につまらないものであろう。そんなところに利潤機会など生まれるはずはないからである。市場均衡など経済を停滞させる元凶であり、均衡は崩されるためにこそある。価値観は常に変動し、人々は新たなものへと好奇心を募らせる。つまり、既成の秩序に対して人々はそれまでもっていた愛着を捨て、新たに台頭するもののなかに未来を志向する。

こうした価値転換を成功させるのが企業家にほかならないのである。企業家はそこまでしなければ「新結合」を社会的に成功させることはできないからだ。文字通り、「新結合」は「創造的破壊」にほかならない。「創造的」であることは「破壊的」であるほかない。既存の秩序を破壊することによってイノベーションは可能となる。それは、既存の循環経済を破壊するだけではなく、その上に成り立っていた安定した社会を根底から揺るがす一種のゆるやかな無血の「革命」とさえいってもよい。

なぜなら、現に、ここで経済界のリーダーが交代するからである。既存の経済循環のなかでそれなりの秩序を維持してきた常識的な経営者階級に代わって、それまではまったく無視され、異端でしかなかった新たな企業者階級が出現する。価値観が変わるのだ。

大多数の人間は習慣に従って行動し生活している。いちいち自分の行動の意味など反省したり

吟味したりはしない。既存の価値と秩序の上に乗っている。市場が均衡の近傍にあれば、大多数はおおよそ同じことの習慣的な反復で満足している。昨日大過なく過ごせれば、概してそれに従えばよいと考えている。日常的な問題は伝統的な様式や慣習にしたがって処理されてゆく。経営者（マネージャー）もおおよそその前提で問題を処理し、経済や組織の全般を管理する。全般的にバランスのとれた視野と判断力とそれなりの社会的常識を備えているからこそ、彼はそれなりの権威をもっているわけだ。

ところが、企業家（エントレプリネア）とは、経営者とはまったく異なった類型なのであって、むしろ正反対のタイプなのである。彼は既存の秩序のヒエラルヒーからのはみ出し者であり、嫌われ者であり、しかし、その視野の鋭さや偏狭さが独立独歩の能力と結合して独自の創造的精神を発揮する。その革新的能力こそは、彼を新しい時代の指導者に仕立て上げるのだ。

シュムペーターにとって、新しい時代を切り開く企業家とは次のような人間であった。彼は、経営者や社会の指導者がもっている人格などとは無縁である。魅力のある人柄や教養も不必要である。彼は、成り上がり者であり、何らの伝統ももたず、事務所の外にあってはしばしば頼りなく神経質である。しかし彼は、経済界の革命家であるだけではなく、しばしば意図せずして社会的・政治的革新の先駆者なのだ。

シュムペーターのいうところをもう少し聞いてみよう。企業家は、社会的な伝統とも親族的な係累とも無縁で、あらゆる束縛を打破しようとし、自分の育った社会層がもつ超個人的な価値に対しても無関心である。彼は財貨を獲得しようとするが、それは、それによって消費の快楽を得

たいためではない。彼は獲得活動そのものに快楽を求めるのである。欲望の満足などというものは彼には無縁で、彼は、他人が完成させたとみなすものを、なお改作せざるをえないのである。

典型的な企業家というものは、獲得したものを消費して享楽に身を委ねて喜ぶような類型ではない。そうではなく彼は「他になすべきことを知らないために、たえまなく創造する」だけなのだ。つまり、企業家類型の画像には「ますます多くを」というモットーがふさわしい。言い換えれば、彼を突き動かすものは、「勝利者意思」であり、「闘争意欲」であり、成功そのもののための「成功獲得意欲」なのである。

こうした企業家類型が支配的となる経済はスポーツのようなものとなり、成功の尺度が金銭であるとき、それは金銭上の角逐《かくちく》の場となり、経済は変化と冒険の実験場となり、勝利と成功が資本主義の精神となるであろう。

こうシュムペーターは述べるのである。

今日、シュムペーターは、イノベーションこそが経済成長をもたらすことを説いた資本主義の救世主であるかのようにみなされている。彼が、社会からのはみ出し者であり、異端者である企業家の「新機軸」に経済発展のモティベーションを見出したことは疑いないし、資本主義が経済成長を生み出さなければうまく機能しない、とみていたことも間違いない。

しかし、右に要約したような企業家像をみれば、シュムペーターが、この「新機軸」を無条件で称賛したり、積極的に評価しようとしたとするのもまた性急ではなかろうか。

シュムペーターは１９１２年にオーストリアで『経済発展の理論』を出版した後、１９１３年

から14年にかけてアメリカに渡りコロンビア大学で過ごした。その後1927年から31年にかけて再びアメリカに渡ってハーバード大学で講義を行い、1933年にはアメリカに帰化した。つまり、『経済発展の理論』以降、アメリカに帰化するまでの20年ほどの間に、第一次大戦があり、オーストリア・ハプスブルク帝国は崩壊し、ヨーロッパからアメリカに覇権は移り、ロシアで社会主義が成立し、そしてアメリカ発の大恐慌が生じ、30年代の大不況の時代になる。その後、ドイツにナチス政権が誕生し、第二次大戦が勃発する。シュムペーターの次の主著である『資本主義・社会主義・民主主義』が書かれたのは、まさに大戦のさなか1942年であった。

ここで彼は、次のようなことを書いている。資本主義がある程度、秩序あるものとして社会的に受け入れられるようになったのは、実は、既存の貴族やブルジョワ階級の上層のおかげであった。前近代的な体制に属する貴族や旧来の大ブルジョワたちは、(自分たちの保身もあってであろう)新興の資本主義を擁護した。彼らは「神秘的な魔力と貴族らしい態度」によって社会のあらゆる階級に対する「威信」を発揮していた。ところが、新興の産業家や商人、株式仲買人、それに企業家たちは、まったく威信というものがない。彼らには「人を支配するにふさわしい神秘的栄光の片鱗さえも見られない」。そこで、彼らを取り立て、擁護するものが必要であった。それが既存の威信をもった指導階層であった、というのである。

ところが、新興の産業家、商人、企業家などは、きわめて合理主義的で冒険主義的な文化をもっている。彼らが作り出す資本主義の文化は、人々の心のなかから形而上的な信仰を、また、あらゆる種類の神秘的・ロマン的観念を追放する。それは、「魂の合理化」をはかって世俗的な実

際主義に徹し、社会的な威信などという魔術的観念を、合理的計算の功利主義へと変えようとする。

そこで、こういう「資本主義の精神」が勝利したとしよう。しかし、彼らには、新たな指導的階級を作り出す力はないし、「(新たな)経済的指導者は、中世貴族の軍事的指導者のごとく、国民の指導者まではおいそれとは発展しないものである。反対に彼らを熱中させ没頭させるものは元帳と原価計算だけである」という。いや、もっと手厳しい。「営業事務所内での天才も、これを一歩出れば……社交室においても、演壇においても……まったくの意気地なしというほかないかもしれない」と述べるシュムペーターが、革新的な破壊者である企業家を全面的に擁護したとは思えない。

ただ、時代はそういう破壊者を求めていた。この書物が最初に書かれたのはまだ第一次大戦が始まる前であった。彼がまだアメリカに移住する以前、ハプスブルク家に支配された中世型帝国の最後の時であった。その優雅な貴族的雰囲気と、社会民主主義者の登場や不安定な大衆社会化が交錯するウィーンのエリートであったシュムペーターにとって、「成り上がり者」でさえある企業家が資本主義の福音をもたらすと本当に期待したとも思われない。

そもそも「創造的破壊」とは多少の注意を要する言葉である。新たなものの「創造」のためには「破壊」が必要である。とはいえ、その「創造」が真に「創造」であるという保証はどこにもない。もしも、この「創造」が失敗すれば「破壊」だけが残るからである。それにもかかわらず「創造」のために「破壊」が必要だというとすれば、それは、技術革新の実験的試みによって切

り開かれる未来を無条件でよきものとみなす「技術至上主義」と「未来至上主義」を前提にしなければならないであろう。シュムペーターにその傾向があったことは認めるとしても、本当に彼は、技術革新や「創造」を無条件で信じていたのであろうか。

ただ確かなことは、ここでシュムペーターはきわめて重要なことを理解していた、ということである。それは、経済成長とは、市場競争がもたらす均衡などとは反対に、たえず市場を不均衡にし、混乱に陥れ、そこに不確定性を生じさせるものだ、ということである。動態的な経済成長のロジックと静態的な市場均衡のロジックは全く違っている。いや、対立さえするのである。したがって、経済成長がどこへ向かっているのか、など誰にもわからない。それが人々を幸福にするのかどうかもわからない。イノベーションが真に望ましいものかどうか、誰にもわからない。

それはただ、ほんの一握りの企業家のとどまるところをしらない「闘争意欲」や「成功獲得意欲」によって突き動かされるだけのものなのである。経済成長とは、こうした野心的な（しかし、ある種の才能をもった）企業家の創造的破壊によってもたらされる無限の「過程」なのである。ただただ、イノベーションがイノベーションをうみ、こうして経済が拡張する「過程」だけがあるのだ（注）。

（注）シュムペーターは決して、「創造的破壊」を推進する企業家によって展開する資本主義がすばらしい、などと考えていたわけではない。『資本主義・社会主義・民主主義』において次のようなことを書いている。資本主義の高度な展開が生み出す富や様々な成果にもかかわらず、「今日の産業社会のほ

うが中世の荘園や村落よりも『いっそう幸福』だとはいえず、『よりよき暮らし』であるとさえいえない」という。その文化的成果についていえば、その功利主義とそれにともなう「意味内容の全面的破壊」を憎悪することもできる、とさえいっている。いずれにせよ、企業家によって資本主義が経済的成果をあげたとしても、それは何らの決定的な価値判断を導くものではない、というのである。

しかも、より本質的であり、いっそう重要なことだが、シュムペーター自身は、資本主義はやがて衰退し崩壊するとみなしていた。それは、マルクスが述べたように、経済的に行き詰まるのではない。むしろ、経済的には大きな成果をあげ、成長を実現できる。しかし、次のふたつの理由で、それは衰退する、という。第一に、企業家が成功し、企業も巨大化すると、それは一種の官僚的な管理と日常業務のシステムになってゆき、創造的破壊を進めるような企業家的権能が衰退してゆく。第二に、それは、先にも述べたように、既成の上層階級という「擁護階級」を失い、むしろ、知識人やジャーナリズムといった「敵対者」を生み出してしまう。こうした理由で、資本主義は衰退に向かう、という。

ここで興味深いのは、次の点である。イノベーションが次々と生じるうちに、社会全体がその「革新」に慣らされてしまい、そのうちにイノベーションが「自動化」してしまう、と彼は考えていた。社会が、たえざる経済上の変化に慣れてしまい、それに抵抗する代わりに、それを当然のこととして受け入れてしまうような社会環境になれば、創造的な出来事や人物にあまり重きが置かれなくなるだろう。すると、「革新」そのものが日常業務化され、技術進歩そのものが「専門家」の仕事になってしまう。ここでは、資本主義のダイナミズムをもたらした冒険的ロマンスも天才的ひらめきも無縁になる。

シュムペーターが資本主義に対して、このような相当に悲観的なヴィジョンを持っていたことは、今日のわれわれにとってもきわめて示唆的といわねばならないだろう。(『資本主義・社会主義・民主主

義』第2部、特に第11章－第14章、東洋経済新報社）

繰り返すが、シュムペーターが『経済発展の理論』を書いたのは、まだ、アメリカで石油エネルギーを軸に重化学工業へと向かう第二次産業革命がなされていた時期である。大量生産や大量消費社会に入る入り口であった。確かに、定期的な景気循環に揺さぶられる資本主義は、「新機軸」や「創造的破壊」をもってしか将来が展望しえない、という時代であった。社会主義運動がヨーロッパを席巻し、ドイツも社会主義者による革命の脅威が目前に迫っていた。そしてすぐに大戦でヨーロッパはズタズタになろうとしていた。

今日、それから100年以上が経過した。この間の資本主義の発展は恐るべきものであり、社会主義はすでに崩壊した。戦後のイノベーションは、先進国にあふれでんばかりの商品を提供した（だからこそ、先進国はこぞって海外市場を求めているのである）。それでも、いまだにわれわれは、「資本主義の停滞は企業家の新機軸の能力が低下したためである」というシュムペーター理論に依拠しようとしている。そして、この無目的な成長という「過程」だけを先延ばしにしようとしている。

人間は「生命」「自然」「世界」「精神」といった「与えられたもの」あるいは「伝え来たったもの」によって「生」の意味を確認する存在である。生命エネルギーの盛衰や「死」からわれわれは決して逃れることはできない。「自然」や風土の拘束から決して自由ではありえない。歴史的に作られてきたこの「世界」から逃れることもできない。理性にせよ、霊的なものにせよ、感

性的なものにせよ、宗教的なものにせよ、「精神」の働きを完全に管理することなど決してできない。こうしたものは、ハンナ・アレントの言葉を借りれば「人間の条件」なのである。人間を人間たらしめる条件なのである。「人間たらしめる」というのは、人間が、自らの活動に対して課されている限界を知り、自らの幸福を、その限界との調和のうちに模索する、という意味である。この限界のなかから、われわれは、死生観、自然観、世界観、歴史観それに宗教意識といった価値観を紡ぎだしてきた。そして、人間が己の力の限界、理性の限界を知りつつ幸福を模索できるとすれば、それは、これらの価値観とともにであるほかない。

経済成長が不気味なのは、それが、これらの価値観とまったく交わろうとしないからである。それは、「限界」をもたない無限の「過程」である。そこには目的はない。ということはいっさいの価値観と無縁だということである。この「過程」のなかでわれわれはいったいどこへ連れてゆかれるのか、まったくわからないままに宙づりにされる。

シュムペーターに従えば、経済成長をけん引するのは、伝統やその社会の価値観を一顧だにしないいわば変わり者であった。彼を突き動かすのは、ただ競争に勝つというスポーツ的な「勝利者意思」なのであって、何か明確な価値観でもなければ公共精神でもない。このきわめて個人的で個性的な動機が経済をたえず成長させてゆく。この人並み外れた才能をもった変わり者はいずれ社会のほんの一握りであって、大多数の「普通の者」はそれに従うだけである。この経済成長が果たしてよいものなのか、不適切なものなのか、など誰にもわからないのである。

それが、人間の宿命的な「死」や生命現象、自然の制約、世界の耐久性や伝統、人間の精神の

もつ霊性、といったものへの気遣いをまったく欠いているところに、われわれはある不気味さを感じるのだ。経済成長のロジックは、人間の活動に対する「限界」を無限に超え出ようとする。それは、「人間の条件」を無視するか、もしくは科学と技術の力によって管理しようとする。しかし、それは何のためか、と問うても答えはない。己の限界を知り、その限界を画する人知を超えたものに対する配慮にこそ人間的なものがあるとすれば、成長主義とは、人間による、「人間の条件」に対する反逆というほかない。「大衆が大衆の本性に逆らう」という事態を「大衆の反逆」と言ったオルテガの言い方を借りれば、それは「人間の反逆」ということになろう。

# 第七章　経済成長を哲学する

## ㈠　問題は「価値」にある

### 成長についての形而上学

今日の経済は、成長の追求が困難であるだけではなく、成長追求は必ずしも望ましいことではない、というのが本書の立場である。すると、ある人が、「そうはいっても、成長というのは、なにか生物的な本能のようなもので、人は常に成長そのものを求めるものではないのか」といったことがあった。「成長を求めることは生命の本質だ」というわけだ。逆にいえば、「もしも成長ができなくなれば、それは生命体としての人間の衰弱であり、人はそのことに恐怖感を抱くのではないか」ということにもなろう。

これは案外と手ごわい反論である。「成長」という観念には、どこか生物学的な発想がある。だからまた、経済成長には、何か、生物的な種の繁殖というイメージと重なるところがある。

さしあたって、この問いに対しては次のように答えることができるだろう。

第一に、人類の長い歴史のなかで、今日、われわれがいうような「経済成長」が生じたのは、せいぜいこの200年ほどの期間に過ぎない。それ以前のきわめて長い間、人類は「経済成長」など経験しなかった。ということは、「経済成長」とは、人間の生物的本能というよりも、近代社会が生み出した歴史的な現象というべきである。

第二に、もしも、「生命的・生物的現象」というのならば、生命は、誕生して成長し、やがて頂点に達した後に衰弱し、死にいたる。これこそが「生命的現象」ではないのか。だから、無限の成長の方が生物学的な発想に反するであろう。無限の成長という論理は、個体の生命的現象を超えた種や類といったより大きな社会集団についていえることであろう。

確かに、日本には(そして世界の多くの国で)「家」の繁栄という観念が伝統的に存在した。「一族」の繁栄やさらには「国」の繁栄、という観念も存在したが、それは、いずれも個体的な生命を超えたものなのである。そして長い間、この「繁栄」とは、多くの場合、「成長」を意味するというよりも、「安定」や「持続」や「存続」を意味していた。

さてここで私が考えてみたいのは、後者の方である。ここには存外、大事なことが示唆されているのではないだろうか。

われわれは、個人としてはオギャアとこの世に生まれ出てから成長し、やがて盛期を迎え、その後は衰弱して死ぬ。もしこの生物的事実に立てば、個人としての私は、わざわざ経済成長など求める必要はない。どうせ自分は死んでしまうのだからだ。では、それにもかかわらず、どうしてわれわれは「経済成長」を求めるのだろうか。

たいていの人は、自分たちの子供が、自分よりよい生活をすることを望んでいる。子供たちがみじめな生活をしているのを見ると心が痛む。国の経済成長を望むということは、自分たちの子供の世代が、自分たちよりも、もっとよい生活をすると期待しているということであろう。経済成長とは、それを望む人々が増加するということである。

だがそうだとするとどうなるか。人口減少社会とは、子供をもたない家族が増加する社会であり、そもそも家庭をもつ気のない人々が増加する社会である。80年代にはそれでも日本の家族の平均人数は3人を超えていた。つまり、平均的にみて、夫婦と子供が一人または二人である。しかし90年代にはそれは3人を下回る。つまり、一人暮らし、もしくは子供がゼロか一人ということになる。

こうして、今日、われわれは人口減少社会に入った。「家」をもたない、もしくは、その継続性を期待しない若者たちが増加している。たとえば35歳−39歳の男性の未婚率は1995年の約23％から2015年の約35％へと増加し、女性の場合、10％から約24％へと増加している。おおよそ男性の3人に一人、女性の4人に一人が未婚ということになる。ついでに50歳を基準にした「生涯未婚率」は、2015年で男性は約23％、女性は約14％である。1970年には男性が1・7％、女性が3・3％だったので、この半世紀ほどで急激に増加している。

ある意味では子供がおらず家族をもたなければ、人生はきわめてシンプルなものだろう。家も大きな財産も所有する必要はない。所得も資産もすべて使い切って死ねばよいのだ（ただ、そのこと自体がかなりの難問ではあるが）。

人は、個体の生命的原理にしたがえば、ただ死ぬだけのことで、それ以上の何ものでもない。次世代に何も残す必要はない。次世代がどのような生活をしようが自分の生とは何の関係もない。人口減少社会の若者が経済成長に対して強い関心をもたなくなるのは当然のことであろう。生物学的比喩を使えば、生物的な繁殖力が低下した社会は、経済成長への関心も薄くなるのかもしれない。

逆にいえば、経済成長とは、暗黙裡に「家」という観念に支えられていることになる。自分の子供や子孫のよい生活を願う。それを「家の繁栄」といった。「家」が繁栄するには一国の成長が不可欠であろう。こう考えれば、経済成長は望ましいものとなる。だから、「家」が崩壊してくると、もはや経済成長を強く望む理由はどこにもなくなる。かくて人口減少社会が脱成長社会である、というのは、ただ労働人口が減少するというだけのことではない。次世代によりよい生活を残そうという、個体の生命を超えた強い意欲が減退するのである。

実は、この「家」や「結婚」と経済成長の関係についていち早く警告していたのはほかならぬシュムペーターだったのである。彼は『資本主義・社会主義・民主主義』のなかで次のようなことを書いていた。

資本主義のもっている本質的な合理主義や功利主義は、男女関係や親子関係を大きく変えるだろう。それは経済的合理主義、つまり原価計算的な態度を家庭にまで持ち込む。それは親子関係からくる個人的な犠牲や家族にしばられることを嫌うだろう。子供をもたないか、あるいはせいぜい一人しか持たないという態度が、特にブルジョワを襲うようになる。人は、「家族」という

窓から世間を見るのではなく、孤独な個人になり、「子供なき夫婦の合理的利己心」が支配的になるだろう。家族のために働くという旧来の実業家の道徳的ヴィジョンは色あせ、別種の「経済人（ホモ・エコノミカス）」が登場する。

そうなるとどうなるか。「家族」の継続という「家族動機」がこれまでのブルジョワの経済的動機であり、そこには、家族的な耐久財や財産、たとえば邸宅や絵画や調度品の維持が重要な経済的項目であり、また、彼らが家族の将来のために貯蓄をした。この貯蓄が資本蓄積を可能にした。しかし、家族をもたない「ホモ・エコノミカス」の登場は、自分の一生だけを視野におき、短期的な計算のもとに貯蓄をしない階層を生み出すだろう。かくて、資本主義は、自らの価値観によって、家族生活の価値を衰退させ、道徳的伝統を破壊し、その結果として、資本主義そのものを脆弱なものとしてゆく。これがシュムペーターの警告であった。

わが国を見れば、今日、家族ももたずに子供に何かを残そうとも考えない若者が増えてきているということは、戦後日本がひとつの理想とした「個人主義」や「自己責任」が思いもよらない形で実現したということにもなろう。彼はいうだろう。「自分は家庭などほしくはない。一人でいるのが一番楽だ。贅沢がしたいわけではない。自分一人が生きるのに必要なものだけを稼ぎ、老後のために多少のカネをためておけばそれでいいのさ。毎日早朝から会社にいって、一日、働かされて一生過ごすなんてまっぴらだ」と。

確かに、これでは強い労働意欲はでてくるはずもないだろう。イノベーション主義者が主張するような、新機軸を実現する野蛮な貪欲さも、一発あてようという向こう見ずなベンチャー精神

もでてこないであろう。フリーターを生業として、好きなことをして、細々と生きてゆけばよい、と考えて何の不思議もない。「今の若者は内向きで覇気がない」などという必要もないし、このような生き方を冷笑する必要もない。別に経済成長を否定するわけではないものの、そもそも成長することに関心がないのだ。

こういう気持ちはわからないわけではなく、私自身はかなりのシンパシーを感じるのである。しかし、彼にこう問うてみよう。「君は、それなりに楽しい生活をして一生を終わりたいといっている。しかし、旅行にいくにしても高速鉄道や飛行機や自動車という移動手段に頼らざるをえないだろうし、病気になれば、現在の医療技術の世話になり、一人で死ぬといっても病院や施設の世話にならなければしょうがないじゃないか。こうしたものは、他人と共有しつつ、他人とともに作り出しているものだろう。しかも、君が楽しんでいるこの世界は、君の親やまたその親の世代の人たちが作り、残してきたものだ。君自身も仕事をして社会に対してひとつの役割を果たし、その仕事の成果は後の世まで残るかもしれないし、いまも他人の役にたっているだろう。だとすれば、君自身の生や死は君一人のものかもしれないが、君を生かし、うまく死なせてくれるこの社会というものがある。そして君が生きようと死のうと、この社会は残る。それならば、この社会をどのような形で残すか、何を残すか、ということは君自身とも無関係ではないだろう。違うかね」。

ここに、実は成長というものを理解するひとつのポイントがある。

経済成長とは、親の世代の犠牲の上に子供の世代へ何かを贈ることなのである。成長とは、今

日よりも明日の方がよくなる、ということだ。今日の多少の犠牲によって明日をよりよくするということであり、しかも明日の状態を決定するのは、現在のわれわれなのである。ということは、われわれは、「明日」についての一定のイメージを持たねばならない。そのイメージに基づいて、明日は今日よりよい社会である、と想定しているのである。つまり、この時に、われわれはひとつの価値を選択していることになる。「よりよい社会」という価値判断がなければならないからだ。

ところが、この価値判断は、決して個人からはでてこない。個人の次元だけでいえば、将来に向けて何も残す必要はないからだ。だから個体の生死を超えた「よりよい社会」というイメージがなければならない。ここに、個人の事情や利益を超えた一種の公共精神がなければならない。そこで、われわれは、物的な財貨であれ、サーヴィスであれ、精神的なものであれ、何かをこの「世界」に付け加えることで、この「世界」をいっそうよいものにする、という公共精神をどこかでもたなければならないであろう。

こうして、われわれは、個体の生や死を超越する。そして、いまここでの快楽や愉楽を超え出た「世界」へコミットしてゆく。それは、いまここにいる自分からの超越でありこの状況からの超出である。未来へ向けた自己超越である。いまここでの快楽や便利さや利益や生活に満足し、そのなかで自足し安住しているだけでは、この超越はでてこないだろう。現在の状態に不満を持ち、この状態に充足できないからこそ未来へと投企しようとするであろう。しかも、それは自分一人の個人的感覚や個人的利益だけの問題ではない。個人的事情などというものも超出しなければ

ばならない。それは未来へ向けた集団的投企なのである。だがそのためには、「よりよい社会」という共有観念がある程度は存在しなければならないであろう。

ところが、われわれはいったいどのようにして「よりよい社会」などというイメージを共有できるのだろうか。われわれを取り巻いているこの「世界」へ、どのような貢献によって何ものかを付け加えることができるのであろうか。

これは一種の形而上学的な問いといってもよいだろう。経済学者は経済成長をあたかも物理学（フィジックス）のようにいくつかの因子のメカニックな関係によって数値的に扱おうとするが、本当に必要なのは、経済成長についての形而上学（メタ・フィジックス）にほかならない。それは、価値への問いかけであり、成長の量ではなく質への問いなのだ。

ただそれは、「経済成長は必要だ」という論理から見えてくる問いかけではない。経済成長にもよいものと悪いものがある、だから、いかなる成長が望ましいのか、という問いを、他ならぬわれわれが発しなければならないのだ。

## 過去と現在の幸福は比較できるか

この章の冒頭に述べたように、「成長」という概念には、どこか生命的なものを予想させるところがある。それは人間を含む生物的なイメージと重なり合う。ところが、人間の場合、成長とは、ただ生物的・生命的現象だけをさすわけではない。われわれはよく「あの子も成長したなあ」などという。その時、彼も身長が伸びたとか、体重が増えたということだけをいっているの

ではない。そうではなく、一人前の判断力をもち、知的な能力や道徳的な能力を高め、他人との社会性を身につける、といったことまで含んでいる。ただただ体の表面積が膨張するのではない。「立派な人間になる」ことなのだ。ということは、ともかくも「立派な」という価値が共有されているわけで、そこにひとつの価値判断がある。「何が立派なのか」という形而上学的な問いが隠されているのである。

こうしたことは、植物についてさえいえるだろう。育てていた花が成長するとは、うまい形に生育することなのである。いくら背が高くなっても、右や左に傾きすぎては、よく成長したとはいわないであろう。まっすぐに美的に立ちあがって花を咲かせてはじめてうまく成長した、というのだ。この点では人間も花も同じであって、人間もあまりに右や左に傾くのではなく、すっくと立って一花咲かせるのが美しいとわれわれは考える。

それに比べれば、GDPで測定した統計的数値が膨張したことを経済成長と呼ぶのは、身長計や体重計の数値が増加したといっているだけのことだ。体重の過剰増加によってバランスが崩れることもあるだろう。体がでかくなったからといって、知力や徳力が高まったという理由はどこにもない。

さらに「成長」という概念のいくぶん生物学的な意味合いをさらに拝借すれば、ある種の領域での成長は、ある限界までくれば衰退から死滅への道をたどることはありうる。いや、一定の役割を終えたものは、衰退して死滅するのが自然なのである。それを無理やり無条件に成長させることは、決して適切なこととはいえまい。かくて「成長」の概念には、衰弱や消滅さえもが、同

時に示唆されていることになる。だから、シュムペーターも、新機軸の登場は、既存のものの消滅を意味すると考え、「創造的破壊」と呼んだのであった。

このことは再び、価値への問いかけを呼び覚ますだろう。なぜなら、GDPの何％の経済成長などといって集計したとしても、実は決して統計化できない変動が、その内部で生じているからだ。新たに展開し成長するものは何か、そのために消滅するものは何か、それを区別し、見極めるのは価値観であり、社会哲学なのである。

ところが、今日の経済成長主義も、それを支える経済学も、いっさいの社会哲学とは無縁になってしまった。科学の名のもとに、社会哲学という自らの命綱を切り離してしまった。価値を問うという社会哲学などという理屈っぽいものは、個人の自由と利益の追求から出発する自由社会には余計なものであるほかない、というわけだ。

イノベーションに経済成長を託するエコノミストは、新機軸でいかなる便益が生まれ、いかなるサーヴィスが提供されるか、といった宣伝はいくらでもするが、そのおかげで何が消滅するのか、何が衰退するのかは論じない。消滅するものは、まったく成長に貢献しないからである。

しかし、それを論じなければ、われわれの身体が、バランスよくまっすぐに伸びているのか、それとも左右に傾いているのか、はたまた頭でっかちで前傾しているのかわからない。かくて、いかなる経済成長が望ましいのか、という問いはおろか、そもそも、経済成長がどうして望ましいのか、という問いを立ち上げることさえ難しくなった。

もう一度繰り返すが、今日、「経済成長はどうして望ましいのか」という問いを発するものは

まずいない。いうまでもなく、価値判断を避ける経済学のなかからはその答えはでてこない。答えのない問いは問うべきではないという処世術のおかげで、ただただ経済成長は当然視され、前提とされてしまった。しかし、「経済成長が望ましい」という命題を掲げるのなら、現在のわれわれのおかれた状況よりも、将来世代がおかれた状況の方がよりよい、と論じる必要がある。だがこのような価値判断はどこからでてくるのだろうか、というのが、ここでの私の疑問なのである。

ここで私は答えのでない難問をわざわざ提出して面白がっているわけではない。これは経済成長を論じる上での本質的な問題なのだ。

現在われわれがおかれたこの状態よりも、将来世代の状態の方がよい、ということは何を意味しているのか。それは、われわれのおかれた現在の状態は、われわれの親たちのおかれた過去よりもよりよくなっている、ということを意味している。経済成長を「社会進歩」とみなす成長主義は、過去を現在より劣った時代として否定する。そして現在は未来によって否定される。われわれは先行する世代の犠牲の上にこの生活を可能としているのに、その先行世代を否定する。それは過去の忘却によって成立している。しかもそれだけではなく、常に、未来の名によっていまここにある現在をも否定し続けるのである。

しかし、そんなことが可能なのだろうか。そもそも過去と現在の幸福を比較することができるのだろうか。過去の人々が幸せだと思っていたのはただの時代的制約であって、われわれの方がより幸せだといえるであろうか。

試しに50年前と比べてみよう。日本では東京オリンピックが成功してまさに高度成長の真最中であった。この50年でGDPは名目で15倍になった。確かにモノは増え、あらゆる意味で便利になった。新幹線網が張り巡らされ、電気製品はあふれ、しゃれた衣服はいくらでも手に入る。多彩なレストランが次々と開店しグルメ情報は即刻入手できる。高度成長期に日本は驚くほど豊かになった、などとはしゃいでいた時代がかすんでしまうほど、この50年の経済発展は著しい。

しかし、同時に失ったものも大きい。それは、今日の状況を反転したようなもので、不便さのなかで必要なモノをやっと手に入れた喜びや、時間をかけてゆっくりと旅行をし、目的地までゆくゆるやかな快感、人との交わりのゆるやかな時間、まだ近隣というものがあり、そこに道徳的なものがゆったりと共有されているという安心感。

これは一種の豊かさのパラドックスとでもいうべきもので、たとえば、真夏の暑い日、知人を訪ねても留守で、のどがカラカラになり、ようやく見つけた小さな店で一杯の水を飲む。この水にはいくら払っても惜しくないほどの効用がある。だが、今日、まずそのような事態に陥ることはない。第一に、知人が留守かどうかは携帯電話ですぐにわかる。水がほしければ、どこにでもコンビニがある。ペットボトルを持ち歩けばよい。ミネラル・ウォーターも何種類もでている。水などそこら中にいくらでもあるので、わずか一杯の水に感動するなどということはありえない。

確かに、今日の利便性に富み、あふれんばかりのモノに囲まれた社会では、水一杯にかくも苦労することはまずない。しかし言い換えれば、50年前には、たかが水一杯で、これほど満足をえることもできたのである。つまり、満足にせよ、効用にせよ、状況の問題なのである。いかなる

状況下で、われわれがあるモノを手に入れるかこそが満足の指針になる。数量が、つまりGDPの大きさが問題ではないのだ。

こうしたことは経済学の論理からもいえることで、たとえば、水がふんだんに入手できる状態のなかで、さらに追加的な一杯を手にしてもさしたる満足感はえられないであろう。しかし、水が決定的に稀少な状態にあって一杯の水を口にすることは天にも昇る満足を与えるだろう。経済学の用語でいえば、一杯の水からえられる満足の価値は、その量ではなく「限界効用」によるからだ。

確かに、2リットル入りのペットボトルの水を自宅に1ダースも確保しておけば、ストックされた水からえられる全体の満足度は大きいだろう。しかし、本当に意味ある満足は、炎天下でようやく手にした一杯の水なのである。それは家で飲む一杯の水とは比較にならない。限界効用の大きさは、一方では、分量が増えれば低下し、他方では、それがおかれた状況に依存するのである。おかれた状況とは、量ではなく質が問題だ、ということなのだ。

水はあまりに卑近すぎる例であるが、こうしたことは、万事についていえよう。

不便な時代にはむしろ不便の効用があり、モノの不足した時代には、不足の効用があった。量よりも質が問題であった。人がモノを大事に使い、モノを大切にすることは、モノがただ物理的なモノなのではなく、そこにある種の神聖さや愛着や記憶といった要素を付加することを意味している。

また、ひとつの食器や一枚のレコードを大事にすることは、一種の道徳的で精神的な意義さえ

帯びていた。「モノを粗末に扱ってはならない」という大昔からの道徳律は、モノが不足していたがゆえの功利主義からでたのではなく、モノと人間の密な関わり合いこそが、「世界」を作り出すという哲学からでたのであった。モノは「世界」を構成する大事なアイテムだったのである。もしも、こうしてモノを大事に扱い、いつまでもとっておけば、GDPの増加にはまったく寄与しない。だがそれは、われわれを取り囲む日常生活の「世界」を豊かにするだろう。

今日、その逆に、モノは次から次へとあふれ出ては、流れ去ってゆく。経済成長とは、次々と、モノをあふれ出させては流し去ってゆくことなのだ。このフローの洪水のなかをわれわれの生は流転してゆく。テレビのコマーシャルや雑誌によって新製品の情報はあふれ、われわれは、何かが新しく商品化されるということ自体に関心をいだく。新奇さそのものがわれわれの脳を刺激するのである。経済成長主義とは、経済規模の拡大という単なる事実をいうのではなく、モノと人間の関係の、「世界」と人間のあり方の変化を意味しており、それはまた価値観の変化を意味しているのだ。

モノが流れ去ってなくなっても、すぐに次のモノが手元にやってくるから、確かに、今日の生活は、50年前よりはるかに便利である。なくなってもすぐに次のモノが補充される。しかし、この現在を50年前と比べてどちらが幸福かなどと果たしていえるであろうか。そもそも比較が不可能なのだ。50年前に50歳だったものと、いま50歳になったものとどちらが満足度の高い社会にいるか、などといっても意味はない。それを比較する尺度、つまり価値の基準がないからである。

だからこそ、われわれはGDPがどれだけ増えたなどというほかなくなってしまったのである。

生活の質も満足の質も比較不可能だから、量で比較するのである。経済成長率何パーセントという数値だけが、この無意味さからわれわれを救い出してくれるように見えるのである。われわれの生活がよくなった、という証拠がGDPの成長に示されているのではなく、GDPが成長したから生活がよくなったとみなせる、というだけのことだ。犯罪があるからそこに痕跡が残っているのではなく、何かを痕跡とみなしたためにそこに犯罪があった、といっているようなものである。

そして、これと同じ理屈をわれわれは将来へと延長しようとしている。将来のよりよき社会のために成長するのではなく、成長するから将来の生活はもっとよくなっている、というわけだ。しかしそんな理由はどこにもない。50年前を振り返っても、比較不能としかいいようのないものが、成長すれば50年後はもっとすばらしい社会になっているなどとどうしていえるのだろうか。比較などしても意味はない。

## 農場の規模が大きいとできなくなること

前章で、私は、われわれは、「生命」「自然」「世界」「精神」を与件として日々の活動を行っている、と述べた。これは人が人としての活動を行う条件となっている。つまり「人間の条件」である。ここではとりわけ「世界」に注目したいのだが、「世界」とは、われわれが積み上げてきたストックである。それは、耐久性と歴史性をもっている。それは、人を社会とつなぎ、生の安らぎと精神の安定を与える。それは、日常的な生活の空間であり、愛着をもったモノに囲まれた

空間であり、また、生活する都市や建物であり、交通網であり、家族や知人などの集まりの「場」であり、伝えられてきた文化や芸術作品などから構成された「場」であり、教育やメディアを通して知識や道徳を伝達する「場」でもある。この「世界」がある程度、安定しており、安らぐことができてはじめて、われわれは、次の世代へ向けて社会を継続することができる。

いうまでもなく、「世界」を構成しているアイテムについては、計量できない。「世界」がこの一年で何パーセント増加しただの成長しただのということはできない。しかし、「世界」が脆くなったとか、不安定なものになったとか、変質してきたとか、といった「感じ」をもつことはできる。というよりも、われわれは、否応もなくそのように感じる。

実際、この十数年のことを、われわれ、「平均人」の生活にそくして考えてみよう。都市の巨大化や交通の発達は、かえって、日々の生を慌ただしくし、常に人を何かに向けて駆り立てるような様相を呈している。地方では、商店街が崩壊し、郊外の光景はすっかり様変わりした。平均的家計の所得が低下して、家族の形も変わってきた。学校も多くのストレスや問題事例を抱えるようになり、教育の質も変化してきた。情報化と医療技術の発達のおかげで医療機関や治療に対するわれわれの関心は大きく高まったものの、それは、医療を競争メカニズムのなかに押し込み、医療格差をもたらすことともなっている。

こうしたことは「世界」の変容なのである。それを引き起こしているものは経済成長であり、効率性を追求する市場競争である。そして、経済成長は計測可能であるが、「世界」の変化は計測できないのだ。経済成長は量の問題であるが、「世界」は質の問題なのである。

ところで、シューマッハーは『スモール イズ ビューティフル再論』のなかで興味深いことを書いている。彼はイギリスに渡ってきた頃、ある農場で農業作業員として働いていた。毎朝、彼は牧場で牛の数を数える仕事をしていた。牛は32頭いた。それを毎朝、彼は上司に報告するのだった。ところがあるとき、牛は31頭しかいなかった。探してみると1頭死んでいたのである。そのとき、彼は自分がまったく間違ったことをしていたことに気付いた、という。彼はただ数を数えることにしか関心をもたなかった。計量すること、つまり統計的数値にしか神経を集中しなかった。もしも、牛の状態を1頭ずつ見ておれば、1頭を死なせることはなかっただろう。問題は、計測できる量ではなく、質である。牛が健康であるか、毛のつやがどんな具合かを見ておけば死を防げただろう、というのである。

実は、このエピソードにはもうひとつ話がからんでいる。シューマッハーが牛の数を数えているのをみたある農民が次のようにいった。「牛の数ばかり数えていても牛は増えないよ」と。その時、シューマッハー青年は、自分はプロの統計家だ、この田舎者は何をつまらないことをいっているのだ、と思った。しかし、それは間違っていた。農民が正しかった。彼は、1頭、1頭の牛の状態を見ないと、いずれ死なせてしまう、といいたかったのだ。

シューマッハーの雇い主がもし経済学を知っていたら、死んでしまえば、新しい元気な牛を買えばよい、というだろう。もし、この事業で成功したければ、死んだ牛を新しい牛に取り替え、その数を増やせばよい。元気な牛が生み出す利益が、牛を取り替えるコストを上回る限り、牛の頭数を増やせばよい。だが32頭ならまだしも一頭ずつの牛の状態をみられるが、この農場が「成

長」して320頭にでもなったら、ただ数を数えるしかできないであろう。これが成長の原理である。

この成長の原理を支えているものは、統計の力であり、シューマッハーの言葉を借りれば「量の支配」である。「純粋に量的な扱い方は、本当に大事なことを一切見逃してしまう」というのである。

「本当に大事なこと」は、「世界」の側にある。人が牛をケアし、牛の健康を保ちながら、牛乳を恒常的に産出する、この場合、人と牛の共同作業場はひとつの「世界」なのである。そして、この「世界」がうまくゆくには、あまり農場の規模が大きくなっては困るのだ。適切な規模というものがある。1頭1頭のケアが可能な規模というものがある。「世界」はある程度、安定したものでなければならないのである。それを維持して初めて、牛の状態を一目で見てとるという英知も育つであろう。経済成長は、「世界」を崩すことで、この英知まで破壊することがあるのだ。「安易で快適な時間を約束してくれるものを手にいれるために、この伝統的な英知がすべて排されたのである」というシューマッハーの言葉が多少大げさだとしても、少なくとも、「多ければ多い方がよい」「大きければ大きいほどよい」という「量の支配」が、「世界」を組み立てていた伝統や慣習に埋め込まれた英知（先の農民のもっているような英知）をあまりに簡単に見捨ててしまう可能性は無視できない。

経済成長そのものが無条件で間違っているわけではない。彼が述べるように「経済成長は、それ自体では、よいことでも悪いことでもない。なにが成長しており、なにが排除されたり破壊さ

れているかが問題なのである」。人とモノがかかわり、私と他の人（時には牛）がともに作り出すこの「世界」に対して寄与する成長は「よい成長」であるが、それを損なう成長は「悪い成長」というほかないであろう。ここでも、問題はＧＤＰではなく、「世界」をどのようなものとして理解するかという「価値」にかかわっているのである。

## (二) 「世界」を壊す経済成長

### 「世界」とは無縁なもの

さて、「世界」と「経済成長」の関係を理解するために、ここで、ハンナ・アレントの「仕事」と「労働」に関する有名な区別を参照してみたい。

たとえば、椅子を考えてみよう。椅子は、それを市場で購入するときには、消費である。しかし、それはその後、かなりの長期にわたって使用される。そのうちに体になじみ、また、部屋になじみ、机やタンス、テーブルやカーテンなどとともに、小さいながら、ひとつの「世界」を作り出す。椅子も他の家具もカーテンも、こうして、そのなかにあって、われわれがそれになじんで生活し、ものを考え、他人と過ごす「世界」である。だからこそ、われわれは、そのデザインや耐久性や全体的な配置などに気を配る。ここには、モノに対する気遣いがあり、「世界」に対する関心がある。

ここで重要なのは、椅子を買うことよりも、使うことである。通常いう「消費」ではなく、

「使用」なのである。モノは使用され、それが構成する「世界」は、人間の生活や精神を安定させ、また、ある程度の耐久性をもって、個体の生命を超えて存続する。アレントはそのことを次のように述べている。「(人間は変化するけれども、しかし)事実をいえば、人間は、同じ椅子、同じテーブルに結びつけられているのであって、それによって、その人間の同一性、すなわち、そのアイデンティティを取り戻すことができるのである」と(『人間の条件』ちくま学芸文庫)。

もちろん、「世界」はひとつの部屋に限らない。われわれの住宅や住んでいる地域もそうである。田舎も都市もそうであり、それが与える景観もそうである。これらは「世界」を構成すると共に、また、より大きな「世界」の一部である。いずれにせよ、われわれが幾重にも重なり合った「世界」へとかかわるその手掛かりとなる耐久性をもったモノの体系なのである。

もう少し抽象化すれば、「家」もそうであり、「国」もそうである。「家」は、土地や住居であるだけではなく、そこに住む家族の交わりそのものであり、先祖の記憶である。「国」もまた、国土や国境であるだけではなく、そこに住む人々(国民)の交わりであり、先人が作りだしてきた文化や価値であり、共有された記憶である。「コモンウェルス=国家」とは、もともと、「コモン・ウェルス=共有された財産」なのだ。そして財産には有形のものも無形のものもある。

この「世界」にかかわるのは、「労働」ではなく「仕事」もしくは「工作」である、というのが、アレントの主張であった。耐久性をもった「世界」へのかかわりをもたらすものは、「仕事」である。それを行うのは労働者ではなく「工作人」なのである。椅子や机やテーブルや、それにそこに置かれる食器を作る職人は「労働」をするのではなく「仕事」をする。そしてわれわれは、

この「仕事」が生み出した制作物を「使用」する。

これに対して「消費」とは、人間が生存を維持するためにモノを手にいれ、自分のものとし、消耗させてしまうことである。衣食住、つまり、人間の生存にかかわる基本的活動は「消費」であり、消費財を作り出すための活動が「労働」なのだ。

こうして、「消費」と「労働」は、ひとつのサイクルを構成する。それは、人間の生を可能とするためになくてはならないサイクルであるが、「世界」とは直接のかかわりをもたない。人間は生きるために食物を作り、衣服を作り、住宅をたて、移動手段を開発し、そのために、膨大な機械や工場を作りだした。この巨大な装置や生産のプロセスに関わるのは、すべて「消費財」を生産するための「労働」なのである。

ギリシャ人たちは、この「労働」を、公共的世界から区別された私的領域へと閉じ込めて主として奴隷に任せた。近代資本主義の批判者であるマルクスは、労働者階級を、合理化された奴隷だとみなした。労働者が生産するものは、まずは、生きてゆく上での最低限の財貨なのである。

かくて、「消費」の本質を人間の生の維持とみなせば、「消費」と「労働」のサイクルは永遠に続く。それは、ただただ続いてゆく「過程」となる。大事なことは、この延々と続く「過程」は、耐久性のあるモノを産出するがゆえに続くのではなく、その逆だという点にある。それは、生産され、市場へ出回り、消費者の手にわたるや（多少の時間はかかるとしても）本質的に消費され、消耗され、消え去ってゆくのだ。消え去ってゆくからこそたえず生産されなければならない。ここではモノは消費され、消滅するからこそ「過程」だけが続くのである。先の椅子や家具や建物

などが、耐久性をもって「世界」へと参加し、適切に配置されて目標を達成して、そこにストックされるのとは違い、人間の生存にかかわる消費財は、たえず生産されては消滅してゆくフロー（流れ）である。だから生産と消費の「過程」だけが続く。

かくて、消費は、基本的に「世界」とは対立するであろう。「世界」に入って安定するものを、「世界」から剝奪し、私的な領域で消滅させるからだ。それは、「世界からモノを投げ捨てる」（アレント）。投げ捨てることで、また、モノを生産させる。労働は、人間がその生を維持し、生存を確保するためにモノを生み出すという「目的」をもっていたはずだが、生の維持が、たえず分断され、その都度、その都度、モノは消滅してゆくので、本来の目的はみえなくなった。それに代わって、もともと生の「手段」であった消費が、日々の生産の「目的」になってしまうのだ。「労働」と「消費」のサイクルは、言葉をかえれば、日々のささやかな「手段」と「目的」の果てしない連鎖となり、この「目的」は日々更新されるので、「労働」─「消費」サイクルは延々と続くであろう。

そして、経済学者は、このサイクルに「効用の実現」という名を与えた。消費とは効用の実現であり、そのために生産されたモノは「有用性」をもつのである。「労働」とは、人間の生存にとって「有用なもの」を生産する行為とみなされることになる。同時に今日、消費は「効用の最大化」などという原則のもとにおかれて、あたかも「効用」を生産する労働のようになってしまった。どうやって効率的に満足を高めるかというのである。だから、「暇な時間」を無為に過ごすことなどできない。余暇ができれば、何かに強いられたように楽しまなければがまんできなく

なる。

再び「仕事」に戻れば、これに対して「仕事」は、消費されるものではなく、「使用」されるものを生み出す。先に述べた椅子のおかれた部屋をもう一度、見てみよう。そこには、椅子、テーブル、家具、本棚、絵画、カーテンがあり、その住人の趣味が反映されている。しかしまた別の言い方をすれば、椅子などの家具や絵画の配置にはそれなりのバランスと均整がみられるだろう。つまり、美的な配慮があるだろう。少なくとも、われわれはそれを気持ちのいい部屋だ、という。

ここでは、モノは、この世界にあってバランスを保ち、相互に適宜性をもって配置されている。その意味では、この「世界」は、それ自体での完結性、客観性をもっている、ともいえよう。美的という概念は、まったく個人の主観だけでは定義できないからである。しかも、部屋は、ひとたび様々なモノが配置されてしまえば、快適であろうがなかろうが、それ自体がひとつの客観的な「世界」になってしまうのだ。

ということは、この部屋は、一方で、住人の私的な趣味をあらわしているが、他方では、この住人は、私的な立場から、「世界」の美的性格や完結性、それにモノの適宜性へと気遣い、奉仕している、とみることもできるだろう。たいていの人は、自分の部屋や住宅をできるだけ快適できれいな場所にしようとする。彼はただ自分の個性を通して趣味を実現しているだけだが、別の見方をすれば、その個性を通して、美的なものに奉仕しているのである。そのとき、彼は、「世界」へと気遣っている。

こうしたことは、個人の部屋ではなく、「家」や「街」についてもいえるだろう。「世界」の規模が大きくなればなるほど、美的性格や完結性は見えにくくなるものの、しかし、居心地のよい家や街というものはまぎれもなく存在する。美観をもった街もあれば、そうでない街もある。歩いて快適な街もあれば、そうではない街もある。その家や街の住人の気遣いと配慮が行き届いた家や街とそうではないものがある。モノの体系が、一定の理や美をもって配置されて統一感をもった家や街があると同時に、ただただ雑然とモノがそこへ放り出されたままの家や街もある。過去の記憶をとどめようという家もあれば街もある。

そしておそらく、こうしたことは、この「世界」に関与する人間の精神と無関係ではなかろう。モノの配置や体系は、人の精神の反映である。美意識や快適性、物事の適宜性や過不足のなさ、といったことがらは、実は、人間の精神と深く結びついているのであって、家や街のたたずまいは、その住人の居ずまいや生活態度を反映し、それは、時には、倫理観や美意識をも指し示しているのだ。だからここでは、配置されたモノは、ただそこにモノが並んでいるのではなく、人間にとって何らかの意味をもっている。美的なものは美的な意味を、雑然たるものは雑然という意味をもつ。それは決して有用性や効用ではない。ここにあるのは、「有用性」ではなく「有意味性」なのである。

ここで、経済成長が定義される「労働」―「消費」のサイクルと、「世界」との相違を示す一連の対比概念を少しまとめておこう。

「労働」に対して「仕事」
「労働者」に対して「工作人」
「消費」に対して「使用」
「消耗」に対して「耐久性」
「生存」に対して「世界」
「過程」に対して「永続」
「私的」に対して「公共的」
「有用性」に対して「有意味性」
「フロー」に対して「ストック」

このように書き連ねてみれば、経済成長なる観念が、いかに「世界」とは無縁であるばかりではなく、時にはそれを破壊しかねないことがわかるだろう。

経済成長とは、もっぱら「労働」―「消費」のサイクルにかかわる。「世界」にかかわるのではない。「労働」―「消費」のサイクルは、その都度、その都度の「目的」―「手段」の無限の連鎖からなっている。決して最終目的へはたどり着かない。なぜなら、生産されたモノは、その途端に消費され「世界」からは消え去るからである。それを補てんするために、生存にかかわるモノを無限に作りださなければならないからだ。

そして、人間の生存が、いわば生物的・生存的な次元にあって、何か増殖や繁殖を求めるもの

だとすれば、この「労働」―「消費」のサイクルは、年々増大することを要求するであろう。こうして経済成長の観念が作り上げられる。

この時、生物的・生存的原理は、いわば「生の跳躍」の原理へと置きかえられ、そこに無限のイノベーションの過程が想定されることとなった。今日の生命科学のイノベーションが、人間の寿命をできるだけ伸ばし、不治の病を克服し、可能な限りの労働と消費を可能とし、そのことによって経済成長をもたらそうという実験に踏み出したことは、象徴的な出来事ともいえよう。生命科学や先端医療は成長戦略に組み込まれることで、人口減少からくる労働と消費の減退をくい止めようというのである。生存への人間の貪欲な意思が、まさに「労働」―「消費」の回路のいっそうの増大、つまり、経済成長へと向かうというのだ。

注意しておいていただきたいのは、繰り返すが、こうした経済成長の観念は、原理的にいえば、「世界」の観念とは矛盾しかねない、ということである。

たとえば、家というものは、単なる建物ではない。そこに住むものがおり、彼が手を加え、たえずケアを施して初めて「世界・内・存在」(ハイデガー)としての家となる。古びた壊れかけの家でも、そこに生まれ育ったものにとっては、かけがえのない「世界」であって、それを少しずつ修理しながら使うとき、経済的価値には還元されない意味が感じられる。

逆に人が住まずに見放されたままであれば、いくらりっぱな建物であり、りっぱな庭があり、高価な家具がそなわっていても、この家は「世界」のなかで「有意味性」をもたない。無意味な存在である。しかし、この家を市場で売りに出せば、再び「有用性」の原理のもとにおかれ、そ

れは再び消費財として高価な価値がつく。この財貨は、いくぶんかは経済成長に寄与するだろう。

つまり、経済成長という観念からすれば、「世界・内・存在」であるなどということは邪魔以外の何ものでもないことになろう。人が住まなくなった家は売りに出される。土地もできるだけ回転よく売りにだされる。住宅や土地が市場で転売されればされるほど、経済成長に貢献する。だがここで住宅や土地は「世界」から引き剝がされることになる。引き剝がされることで、それらは市場に姿を現し、経済的財として取引の対象になり、経済的価値を生む。市場にとっては、「有意味性」など無意味であって、「有用性」だけが意味をもつからだ。

## 「世界」が少しずつ崩されてゆく

さて、ここで次のような疑問がでてくるのではなかろうか。いま私は、経済成長を生み出すものが、人間の生物的・生命的な原理である、といった。「生存の原理」といっておこう。しかし、もしも、生存の原理を満たす、つまり、人間の生存の最低水準を満たす、という意味でいえば、今日ほどの経済成長はまったく不必要であろう。今日のわれわれが経験している経済成長は、生存の基本的な水準などというものをとっくの昔に超えてしまっているだろう。そうだとすれば、それにもかかわらず、なぜわれわれは経済成長を求めるのだろうか。

これは重要な問いである。実際、私自身もそのように思うし、おそらくは多くの読者も、今日の経済の水準は生活の基本水準などをはるかに超え出ていると感じておられるのではなかろうか。「エコノミー（経済）」とはもともと「オイコス（家）」と「ノモス（管理）」の合成語であるから、

「家」の生活を維持するものであった。日本語の「経国済民」にしても同様である。国民の生活を確保する、ということである。生活の基本を維持することが経済の本来の意味であった。

にもかかわらず、今日の経済は、そのレベルをはるかに超えて、宇宙に向けて打ち上げられたロケットのようにどこまでも上りつめようとしている。この「もっと、もっと」の原理にわれわれは囚われて身動きができなくなっている。どうしたというのだろうか。

答えは簡単である。ただしそれを逆転することは大変に難しい。

この無限の成長へと取り込まれる理由は、「世界」へと送り出されるべきものが、「労働」―「消費」のサイクルのもとにおかれてゆくからである。言い換えれば、生存や生活の基本的必要とそれを超えた部分の区別がつかないのである。だから「有意味性」によって評価されるべきものが「有用性」や「効用」によって評価されてしまうのである。「世界」の中にストックされるべきものが、「労働」―「消費」の過程の中でフローになるからである。そしてそのことに決定的な責任を負うべきなのは今日の自由主義的な経済学にほかならない。

現代のきわめて形式化された経済学にあっては、もはや「労働」と「仕事」の区別などなく、「消費」と「使用」の区別など存在しない。椅子であれ、他の家具であれ、住宅であれ、巨大ビルであれ、キャベツやピーマンと何の変わりもない。すべて市場に出回り、消費されたその時点でのみ価値をもつ。自宅を購入してえられる満足も、ピーマンを一袋買ってきてえられる満足も、満足という抽象的な一点では同じなのだ。それを均質化するのは、「効用」であり「有用性」である。消費者とは、ただ、$n_1$、$n_2$……、という様々なモノを購入し、効用をできるだけ大きくす

る存在なのである。

そうすると、そもそも生存の基本的水準などという観念が意味をもたなくなる。「経済」とは、人間がその生存を維持するための基本物資の生産・消費のプロセスである、という古代ギリシャ的理解はすっかり意味を失ってしまうだろう。マルクスはまだ、人間の生存を保障する最低限の生活物資という観念をもっていた。いやそれこそが、彼の「剰余価値」の概念をささえ、資本家による労働者の搾取、というマルクス主義の中心命題を可能としていた。しかし、消費者の満足や効用という究極の基準を前にすれば、「生存の必要水準」と「それ以上」の区別などできないのである。

にもかかわらず、実はわれわれもどこかマルクスに似た感覚をもっている。生存を保障する最低限の生活物資に対して、今日の経済は、明らかに、はるかに過剰なモノを生み出しているのではないか。「必要」を満たす消費と「欲望」を満たす消費には何か違いがあるのではないか。確かに、「最低限」などというレベルを設定することはできまい。だが「最低限の生活」が時代とともに変化するにしても、それにしても、生活上あまりに「過剰」なモノにわれわれは囲まれているのではないか。

今日、誰しもがこのように感じるであろう。都心ではスイーツの店の前に30分もの行列ができ、スーパーにはありとあらゆる商品が山積みにされ、しかもどの地方へいっても田園のど真ん中に巨大ショッピングセンターが建ち車でごったがえしている。一日に破棄される食品は膨大な量になる。これでも、モノは「過剰」ではない、などといえるのであろうか。「必要」と「過剰」の

区別がつかないというのなら、アフリカの最貧国で最低限の生活物資にあまんじている人々と、飽食の現代日本のわれわれは同じ経済原理の中にいるというのだろうか。

だが、経済学からはこの種の議論はまったくでてこない。議論をたてようもないのである。なぜなら、すべての商品は、消費される限り、等しく市場にでまわるからである。もし過剰ならば、それを生産する生産者は利益をだせないから市場から撤退するだろう。したがってこうなる。市場にモノが並んでいる以上、「過剰」ということはありえない。まだ足りないのだ。消費者はまだほしがっているのだ、と。

確かに、生活の基本的必要という観念はきわめて曖昧なもので、厳密に定義することはできないかもしれない。仮にそういったとしても、1950年代の「基本的必要物資」と2000年代では当然異なっているだろう。「基本的必要物資」のアイテムが年々変化してゆくだろう。人々は、ただ衣服を着ればよいのではなく、ファッション性をもった衣服を着たいのだ。ただ腹を膨らませるために食べるのではなく、食器や食材も含めて食べる行為を楽しみたいのだ。となれば、衣服がどれほど贅沢なファッションを施そうと、需要がなくなるはずはないし、レストランがどれだけ高価な料理を提供しようと、需要がなくなるはずはない。親の世代に贅沢品だったものは、子供の世代には必需品になっている。消費需要はどこまでいっても伸びてゆく。そうである限り、経済成長は不可欠であり望ましい。経済学者であればそういうだろう。

そのことを原則的に否定する理由はどこにもない。その限りではまったく正しいといってもよいだろう。

しかし、この考え方は、私がここで述べてきた「世界」というものをまったく考慮にいれておらず、それどころか、この種の思考が、場合によれば、「世界」を少しずつ破壊してゆくかもしれないのだ。恐ろしいことは、すべては消費者が求めている、すなわち消費者の「効用」を高めるという無責任な一言で、「世界」に対する配慮がますます削り取られてゆくという点にある。

消費者の満足という正当化は、端的にいえば、消費者が購入するすべてのモノは消費者の生活上の必要である、という論理に還元され、われわれは「労働」―「消費」というサイクルから抜け出すことができなくなる。労働によって生産されるものは、ただ消費されればそれでよい。消費された時点でそれは消えてしまう。人間を消費者として捉えるということはそういうことを意味している。それが耐久性をもったモノとして使用され、生活の適宜的な価値において美的であり有意味である、という判断とは全く無縁である。

その結果、モノが生み出す「世界」に対して、われわれは配慮と奉仕が必要である、などという観念は消費とともにどこかへ夢散してしまう。われわれは、手元において「使用」し「永続」するものに愛着はおぼえるものの、「消費」されまたたく間に消えてゆくものに愛着をもつことは困難だ。

シューマッハーは、「生活の必要」や「生活水準」といったとき、二つのことを区別しなければならない、という。それは「束の間《つか》のもの」と「永遠のもの」である。「束の間のもの」の特質は、使い切られ使い捨てられる点にある。だからそれは経済計算の対象になる。これに対して「永遠のもの」は使い切られることを想定していないために、経済計算に入らない。なぜなら

「永遠のもの」の便益は無限だから、経済計算にはならないからである。

そこで、二つのタイプの社会があって、ひとつは主たる力点を束の間の満足においている。もう一方の社会は、永遠の価値の創造に関心をもっている。前者は、日々の快楽の追求に忙しく、飽食と娯楽と貪欲によって、経済は活気がある。もう一方は、永遠の価値あるものの創造に熱心で、その結果、生活は質実剛健であっても、消費はつつましやかである。

かりに、両者の経済規模が同じぐらいだとしよう。それでもここにはまったく異なった「生活水準」がありうるのだ。GDPでは同じだとしても、問題は「量」ではなく「質」の違いにある。そして、経済成長主義は、ともすれば、「永遠のもの」の側にあって、経済計算にはのらないものにまで、「束の間のもの」の原理を適用しようとする。「性質上、永遠の部類に属する財とサービスをまるでその目的が束の間のものであるかのように製造する」、それが現代工業社会だとシューマッハーはいうのだ。

こうしてモノはますます使い捨てられてゆくだろう。耐用期間はますます短くなるだろう。使い捨てられるということは、「世界」への配慮とは真逆の精神からでるものであろう。「労働」―「消費」の生み出す「過程」は無限の拡張を求める。労働者は、ただの生産コストとしてしか評価されず、コスト削減の名目で企業を辞めさせられ、派遣に切り替えられ、別の場所に配置されたりもする。彼にとっては「世界」の崩壊といってもよいだろう。故郷や家、地域の共同体、親しんだ人間関係などといったものは視界から消え去ってゆく。

それに代わって、高速輸送や生産の機械化やまたたくまの情報交換や瞬時の資本の移動などが

経済を引っぱってゆく。それこそが消費を拡大し、経済を成長させ、その結果、人間の自由と幸福の拡大になる、と宣伝される。

しかし、それこそが、安定した「世界」を動揺させ、その結果、われわれは、たえまない慌ただしさのなかで右往左往し、統計的な計測、つまり「量の支配」に振り回され、様々な不確定性のなかで生そのものの不安定性にさらされる。シューマッハーはそのことを次のように述べている。

「高速の輸送や即時の通信が、自由の新しい地平を切り開くと深くも考えずに信じている人がいるが、彼らの気づいていないのは、こうした技術の発達の破壊的な影響を抑えるために、意識的に政策を実施し、意識して行動しないかぎりは、すべてがひどく脆く、不安定になってしまい、最後には人間の自由も破壊されてしまうかもしれないという点である。」（『スモール イズ ビューティフル再論』）

果たしてそこまでして成長至上主義をわれわれはとるべきなのだろうか。以前にも述べたが、私は、必ずしも、成長をストップさせろ、といっているわけではない。ただ、人間の「生」は、「生命」「自然」「世界」「精神」の安定性や健全性に深く依存している、ということを改めて強調したいのである。この章では、「世界」について論じたが、「世界」に対してプラスに作用する成長もあれば、マイナスに作用する成長もある。「世界」が損なわれれば、われわれの「生」は不

安定化し、不確定性にさらされる。それは、いずれ経済成長に対しても負の効果をもたらすであろう。成長至上主義は成長さえ困難にしてしまうだろう。

とすれば、成長そのものではなく、成長が奉仕すべき何か大事なものがあるとしなければならない。そのことを見極めなければならない。これは、価値への問いかけであり、それはいっさい経済学のなかからはでてこないのである。必要なのは、経済学ではなく経済に関する哲学もしくは形而上学である。「エコノミックス」ではなく「エコノ・メタフィジックス」であることを肝に銘じなければならない。

# 第八章　グローバリズムは人間を幸福にしない

## ㈠　自由貿易論の虚偽

### アメリカは自由貿易の国か

２０１７年は、アメリカのトランプ大統領の誕生から始まった。彼の経済政策の柱は、大規模な公共投資と減税、それに保護主義の採用である。後者は、基本的に自由貿易を掲げてきたアメリカの経済政策の大きな転換といってよい。もっとも、アメリカが従来から真の意味で自由貿易であったかどうかは疑わしい。

たとえば、アメリカの単純平均関税率は３・５％であり、確かに日本の４・９％よりも低い。しかし、日本の場合、農産物の関税率が21％と著しく高いので、それを除いた非農産物、すなわち工業製品を中心にみれば、日本が２・５％なのに対してアメリカは３・３％であり、日本よりも高い関税を課している。ついでに述べておけば、平均関税率でいえば、ＥＵが５・３％、中国が９・６％、韓国が12・１％である。世界的にみても、決して厳密な意味での自由貿易というわ

けではない。それぞれの国が、特定の分野には保護関税を課しているのである。アメリカの場合には、自動車や鉄鋼については、常に保護主義的な傾向をもっていた。また、90年代の後半になると、アメリカはＩＴ革命を成功させ、この分野で世界の覇権を握るが、ＩＴによる世界市場の制覇はクリントン政権の強力な政策的戦略によるところが大きかったことも忘れてはならない。

したがって、アメリカが典型的で模範的な自由貿易の国であったことなど一度もない、というのが実情であろう。自由貿易主義の主導者アメリカなどという思い込みは一度、徹底して払拭した方がよいだろう。実際、１９７１年にニクソン大統領は、雇用拡大と国際収支の改善を目的として輸入品に10％の関税を課したし、80年代になるとレーガン政権のもとで、アメリカは日本に対し、自動車の輸出自主規制や半導体に関する「公正な貿易」を要求している。

にもかかわらず、アメリカは、正面玄関には、自由貿易主義と書かれたりっぱな看板をぶら下げてきた。保護主義という実利はこっそりと裏口から持ち込んですましていた。だがトランプ大統領の登場によって保護主義は、もはや身の上をはばかる必要はない。そこには正当な理由がある、というのだ。

では正当な理由とは何か。それは、自由貿易によって海外から安価な製品が流入することにより、国内の職が失われている、という理屈である。特に、生産性が低落したアメリカ製の自動車はもはや競争力をもたず、自由貿易によって輸入される、日本製やドイツ製の安価で高性能な自動車にたちうちできない。ということは、アメリカの自動車産業は衰退の道を転げ落ち、アメリカ国内の雇用が奪われる、これはアメリカの国益に反するという。

この理屈は経済学者にはたいへんに評判が悪い。たいていの経済学者はいうだろう。「それは俗受けのする誤った理屈だ。それは、経済学の貿易理論をまったく知らない者のいうことだ」と。

では経済学者はどういうのだろうか。保護関税をかけてアメリカ製自動車を保護すればどういうことが起きるのか。まず、アメリカの消費者は、日本やドイツから輸入される高性能で安価な自動車を手にする機会を失う。これは消費者にとっての大きな損失だ。それよりも、自動車の輸入については覚悟を決め、アメリカ製のあまり性能のよくない自動車に費やしている労働力を別の部門に再配置すればよいではないか。するとアメリカ経済はもっと効率性を高めることができるだろう。そこで、ＩＴや金融といったアメリカの得意分野に人を回して生産を拡大し、世界中の市場で売れば、アメリカはもっと稼げるではないか、と。

いわゆる自由貿易の比較優位論である。各国が相対的にみて生産性の高い得意分野に特化して貿易すればどの国も得をする、という理論だ。この比較優位論を知っておれば、保護主義など主張できる道理ではなかろう、ということになる。

確かに、保護主義が雇用を拡張する、という確かな根拠はどこにもない。しかしまた、自由貿易が国を豊かにする、という確かな根拠も実はどこにもない。良心的な経済学者であれば、そのことはよく知っているはずである。「自由貿易が世界中の国を豊かにする」などという命題は、まったく成立しないいわけではないものの、それが成り立つためにはあまりに多くの非現実的な仮定をおかなければならないからだ。

そこまでいわないとしても、「自由貿易を推進する国の生産性は上昇し、経済成長が可能にな

るではないか」といいたくなるかもしれない。しかし、それもまた間違っている。どうしてだろうか。

第一に、まず、そもそもの比較生産費説を考えてみよう。この説明としてしばしば次の例示が出される。アインシュタインは物理学もタイプを打つのも得意だった。しかし、タイプの能力が仮に彼よりも劣ったとしても、やはりタイプ専用の秘書をやとって、アインシュタインは物理学に専念した方がよい。この場合、アインシュタインは物理学に比較優位があり、秘書はタイプに比較優位がある、というわけだ。

しかし、この例はどこかヘンである。最初から、物理学などまったく知らないタイピストをやとうことを想定しているではないか。こう思えてくるからだ。比較優位がいかにもわかりやすいように例がとられているのである。

では、もっと現実的なことを考えてみよう。アインシュタイン博士には優秀な学生であるツヴァイシュタイン君がいた。彼は将来、アインシュタイン級の物理学者になる素質をもっていた。しかし、物理学はまだ勉強中であり、タイプの能力は多少アインシュタインの方が上であった。比較優位論からすれば、先ほどと同じく、アインシュタインが物理学に専念し、ツヴァイシュタイン君はタイプ打ちに専念すればよい。どちらも大満足、ということになる。

しかし、どうみてもこれでは、ツヴァイシュタイン君は満足できないであろう。なにせ、ツヴァイシュタイン（二つの石）君は、アインシュタイン（一つの石）博士の二倍の石（重み）をもっているようだから。これではツヴァイシュタイン君の将来は奪い取られ、それは物理学の大きな

損失にもなるだろう。

だから、現実には、いくら比較優位があっても、ツヴァイシュタイン君をタイピストにしてしまうことはない。それぞれがおおよそ自分の関与するものは自分で処理するであろう。アインシュタイン博士が、ツヴァイシュタイン君の能力に嫉妬して、彼をつぶしてしまいたいと思うならともかく、アインシュタイン博士はそんな偏狭な人物ではない。彼は自分の後継者としてツヴァイシュタイン君を育てようとするだろう。自分の知っている物理学の知識を彼に伝授しようとするだろう。とすると、この時点で両者の比較優位があったとしても、それで分業体制が決まるとは考えにくいのである。

## 比較優位論が成り立たない

もう少し理論的にいえば次のようになる。自由貿易の比較優位論が成立するためには、それぞれの国で、生産要素（労働、土地、資本、技術など）の量も質も異なっており、それらがあまりに急激には移動しない、という前提がなければならないのである。それぞれの国の条件の違いによって得意分野が異なっており、それが比較的に固定されている、ということだ。これが、自然風土やその国の動かしがたい条件による国状の違いを想定していることは明らかであろう。

もしそうだとすれば、大雑把には比較優位論も成り立つかもしれない。ところが、今日のグローバリズムのもとでは、資本は瞬間的に移動し、技術も移転する。高度な技術を身に着けた技術者や労働者も移動する。各国の労働者の質にも大差がなくなってくる。そうなると、比較優位を

簡単に定義することができなくなってしまう。

リカードが比較優位論を唱えたとき、彼は、イギリスの毛織物とポルトガルのワインを例にとって、それぞれの国の自然条件の違いによって比較優位を説明した。確かに、イギリスの土地はやせていてブドウ作りには向かなかった。一方ポルトガルは毛織物もブドウもイギリスより高い生産能力を持っていたが、相対的にいえばブドウ作りにより優位性をもっていた。これが比較優位論である。しかし今日、こんな簡単な自然条件や文化的条件の差異による説明では誰も納得しないだろう。

もちろん、今日の国際経済学は、これほど単純な想定に満足しているわけではない。それどころか、あの手この手を駆使した複雑な理論を組み立てて素人の接近を阻止している。しかしそれでも、その基本構造は変わらない。それぞれの国の相対的な「得意分野」は前提として決まっているのだ。

だが、そこに大きな問題がある。資本も技術も簡単に移転する。情報も共有され、研究開発のために知識も共有可能となってしまった今日のグローバリズムのもとでは、資本や技術や情報・知識を戦略的に導入することで、国家が比較優位の条件を作り出すことができてしまうのである。農業で比較優位を持ちたければ、土地改良や農業政策によって比較優位を生み出すことができよう。ハイテクや情報産業で比較優位を持ちたければ、政府がその分野に投資をし、技術者を養成して比較優位を作り出すことができる。

しかもさらに困ったことに、グローバリズムのもとでは、企業は生産コストの安い国に工場を

移転しかねない。すると、新興国で先進国と同様の製品が製造可能になるので、ますます比較優位論は成り立たなくなる。ここで自由貿易論を持ち出しても、先進国は、もともと自国で生産していたものを新興国から輸入するということになる。この輸入に見合うだけの輸出品がなければ、先進国は、新興国との間の貿易のアンバランスに悩まされることになろう。実際、これはアメリカと中国の間で生じたことであった。それを避けようとすれば、先進国は製造業を国内にとどめるために、何らかの手を打たざるを得ないだろう。

それで、その結果はどうなるのか。もともと、政府の介入を排除する自由貿易を説くために比較優位論が提起されたのだが、それが逆の結果を招いてしまうのだ。つまり、比較優位にもとづく自由貿易は、やがて、国家による特定の産業の育成や教育への介入といった戦略的産業政策へと行き着くだろう。これは時には保護主義であり、また特定の産業を戦略的に拠点化するという意味では新重商主義にもなろう。

こういう事態になってから、あわてて保護主義や新重商主義は自由貿易と対立するなどと苦言を呈しても遅い。実は、自由貿易主義こそが、グローバリズムのもとでは、新重商主義もしくは保護主義に帰結しかねないのだ。自由貿易論の根拠であった比較優位論が、グローバリズムのもとでは、逆に政府の役割を不可欠のものとするのである。

少し前によくいわれた「ふたつのチップ論争」というものがある。アメリカの土地はじゃがいもの生産に適しており、日本の労働者は器用でよく働く。とすれば、日本がハイテクのシリコン・チップに比較優位をもち、アメリカがポテト・チップに優位性をもつ。だから比較優位論に

従えば、日本はシリコン・チップを生産し、アメリカはひたすらポテト・チップを作り続ければよい、ということになる。80年代の日米半導体貿易摩擦が生じた時に、日本側の交渉官がまさかこの比較優位論を持ち出したとは思えないが、自由貿易を唱える限りアメリカは反論できないはずである。

しかし、もちろん、こんな比較優位論をアメリカが受け入れるはずはない。アメリカが世界に冠たる「ポテト・チップ大国」になりたくなければ、政府がハイテク技術者を養成し、ハイテク技術開発に関与せざるをえないだろう。比較優位を創出する必要があるのだ。

そして、今日、すべての先進国（そして新興国）が、「ポテト・チップ大国」になるよりも、「シリコン・チップ大国」になりたがっている。さもなければ、グローバリズムの時代を生き抜くことは難しい、と考えているのだ。そこで、比較優位を作り出す戦略的な競争が生じる。国境が消滅したはずのグローバリズムの真ん中で、国家間の激しい競争が生じるのだ。

実際にはグローバリズムは、決して国境をなくしたわけでもなければ、「フラットな世界」（トーマス・フリードマン）を実現したわけでもない。その逆である。グローバリゼーションこそが「強い国家」を後押ししているのである。

そのことに気付いていないふりをしているのは、自由主義を信奉する経済学者の欺瞞である。いや、経済理論は、グローバリズムという現象を捉える視点も分析道具も持ち合わせていないのだ。だから、ここに高度に抽象的な貿易理論をあてはめて世界を見ようとする。経済学にあっては、そもそも「グローバリズム」と「自由貿易」の区別をつけることができないのである。

比較優位論にもとづいた絵にかいたような自由貿易など、現実にはどこにも存在しない。グローバリズムのもとでは、「自由貿易こそが、安定した形で世界中を豊かにする」などということはありえない。グローバリズムの中心にあるのは、金融グローバリズムであって、金融市場が世界的に統合されつつある、という現実であり、それとモノの自由な貿易を主張する自由貿易論は異なっている。グローバリズムのなかで現実に生じることは戦略的な産業政策であり、政府による成長産業や先端技術の育成という新重商主義なのである。(注)

(注) グローバル化した経済のなかで自由貿易がうまく機能しないことをいち早く理解していたのはほかならぬケインズであった。彼は、1933年に「ニューステイツマン・アンド・ネーション」誌に発表された「ナショナル・セルフ・サフィシエンシー(国民的自給)」と題する論文のなかで次のようなことを書いている。

私(ケインズ)は、今日、労働の国際的な分業化体制から得られる利益がそれほど大きいとは考えない。国際的な分業体制がうまくゆくのは、国家間で、風土、資源、国民性、文化、人口密度などにおいて著しい相違がある時だけである。近代的な大量生産のプロセスは、ほとんどの国で、同じような条件で工業製品を生産可能にしている。こういう世界では、国内での生産と消費を押し進める「国民的自給」から得られる利益の方が、そのコストを上回るであろう。しかも、富が増加するにつれ、住宅、個人的サービス、地方的生活の快適さ、といった貿易の対象にならないものの割合が増加し、それに比べて一次産品や工業製品の重要性は相対的に低下する。こうなると、自由貿易よりも、国民的自給の方が、多少コストはかかっても、今日の社会には必要なやり方である。

1920年代の前半、ケインズは自由主義者であり、自由貿易論者であった。しかし、金融のグローバル化のなかで、イギリスの対外投資が資本流出をもたらし、それがイギリスの長引く不況の一因になっていると考えるようになる。そこで、彼は、自由貿易主義を放棄し（あるいは制限し）、一種の保護主義の必要を説くようになるのである。

この数年、日本でもアベノミクスによって「成長戦略」だとか「成長産業の創出」などが打ち出されてきた。これもまた新重商主義といってよいだろう。アメリカではトランプ大統領が明確に保護主義を唱えているが、これもまた、自由貿易への挑戦というよりも、それ自体がグローバリズムの帰結というべきであろう。

保護貿易主義を打ち出しているトランプ大統領が反グローバリストかどうかはかなり疑わしい。トランプは大統領選のさなかに、ドッド＝フランク法の撤廃をはじめとする金融市場の規制緩和を打ち出しているし、また、ソフトバンクなど日本からの投資を歓迎しており、反グローバリズムとはいいがたい。だがこれは不思議なことでも何でもなく、グローバリストであるがゆえにこそ反自由貿易主義である、という事態は十分に生じえるのだ。

しかし、本当の問題は、反自由貿易主義にあるのではなく、グローバリズムの方にこそある。

## 自由貿易は国を豊かにしない

第二に、右の事情に加えて、今日のグローバリズムのもとでは、自由貿易論が成立しない理論

的な理由がもうひとつある。それは「規模の経済」である。経済学でいう「収穫逓増」と呼ばれるもので、生産規模を拡張すれば拡張するほど収益性が高まる、という事態だ。

戦後の先進国の経済成長を牽引した製造業は、大量生産を可能とする技術革新に支えられてきた。自動車や電気製品、機械などの製造業では、大量生産すればするほど平均費用が低下し利潤は大きくなる。これが「規模の経済」であり、こうなると、生産規模はとどまるところを知らず拡大する。そこで、この「規模の経済」をグローバリズムの舞台上で実践すると、ある国のある企業が、この手の製品を供給すれば、世界中のすべての市場を手に入れかねない。この「規模の経済」が、先進国に巨大な企業を生み出していった。

ただし通常の工業製品の場合は、かなりの程度において「規模の経済」による利益が得られるとしても、いずれこの拡張が無限に続くとは考えにくい。新たな工場をつくらなければならないだろうし、雇用できる労働者にも限界がある。だから、生産を増加すれば、いずれ収益の増加は鈍ってくるだろう。これが「収穫逓減」である。

ところが今日、大きな付加価値を生む情報・知識にかかわる分野は必ずしもそうではない。情報・知識関係の「脱工業化」商品については、その提供に巨大な装置や工場や多人数の労働者を必要としないからである。これらの分野、とりわけ情報技術やそのソフト、生命工学の実践的な応用や金融工学などについていえば、むしろその逆が成り立つであろう。一度、発明され実用化されれば、平均費用を下げながら、市場はとどまるところをしらずに拡張するだろう。

しかも、それらの技術を多方面に応用でき、さらには知的財産権が設定できるとなれば、これ

らの知識産業や知的技術をもった国は、世界市場で大きな比較優位を手にすることができる。グローバリズムのもとでは、利潤機会は世界中に広がるのである。確かに、ポテト・チップの大量生産を国策にするよりも、情報・知識分野に資金を投入した方が得だと、どの政府も考えるだろう。だからこそ、先進国では、今日、国が率先して第四次産業革命を主導し、研究開発に資金を投入し、理系・技術系教育に力を入れたりしているわけである。

自由貿易論を唱える経済学者が、この種の政府による戦略的産業政策を批判しないのは奇妙なことといわねばならない。それどころか、少し前までは市場中心主義にたって自由競争こそが万能であるかのような激しい論調を唱えていた経済学者や経済ジャーナリズムが、政府による第四次産業革命の後押しを唱えるのもまた奇妙な光景であろう。これでは職業上の日和見主義かもしくは単なる無責任ということになろう。リカード以来、自由主義を高々と宣言した経済学が後生大事に守っていた信仰が崩れ去ってしまうのではなかろうか。

しかし、実はここで、すでに自由貿易主義は現実の前に敗れ去っているのである。彼らが敗れ去ったのは、20世紀の後半から生じたグローバリズムと情報に関わるイノベーションのせいである。とりわけここでもまた、グローバリズムこそが、先端分野の競争において、自由貿易を破壊しているのだ。(注)

(注) 必ずしも情報技術に限定されるものではなく、今日の製造業においても、多くの技術がかなりの程度において「費用逓減的」(収穫逓増的)であることはきわめて重要な事実である。生産規模が拡大

すればするほど、限界費用が逓減すると、企業は適切な生産規模を決定することができない。すると、企業は独占的となり、自由競争メカニズムは機能しなくなる。

特に、今日の市場経済ではイノベーションが次々と生じ、イノベーションをめぐる企業間の競争が生じる。それに加えてグローバリズムのなかで、市場が世界的な規模に拡大すれば、「費用逓減」による企業の生産の拡張と大規模化はかつてないものとなるだろう。それは端的に、グローバル市場の自由競争を破壊するものである。過度なグローバル競争は、自由競争を破壊する可能性が高いのである。

経済学の理論とは対照的に、今日の現実の経済における「費用逓減」の決定的な重要性をかなり早い段階から強調していたのが、村上泰亮氏の『反古典の政治経済学上・下』（1992年）であった。ここで、技術革新がほとんど常態になってしまった現代の産業社会では、経済学が想定する、技術的条件が一定のもとでの静態的な費用曲線の概念は無意味になってしまい、技術革新とともに費用が逓減するという動態的費用曲線の概念を想定しなければならない、という。「費用逓減の経済」においては、競争的な市場均衡は成り立たない。標準的な経済学の市場分析も成り立たない。市場は均衡には達しないので、ただただ、それが変化する「プロセス」だけが重要になるのである。だが、それはほぼ数学化不可能であり、経済学はその限界を露呈することになる。

第三に、自由貿易論には、経済学者がそのことに気付きながらも、ほぼ無視してきたことがある。それは、比較優位にもとづく自由貿易が、国内の産業構造を変化させ、所得配分を変えてしまう、ということだ。

経済学には、実にシンプルで便利な説明道具があり、その代表は需要と供給によって価格と生

産・消費量が決まる、というものだろう。経済学の講義は、だいたい、黒板に縦軸と横軸をとり、そこに右下がりの需要曲線と右上がりの供給曲線を描くところから始まる。この交点で価格と生産・消費量が決まる、といえば入門の第一歩を踏み出したことになる。

ところで、もし自由貿易によって輸入が増えれば供給曲線が右にシフトする。すると、価格が下がり供給量も消費量も増える。つまり、消費者はより安い価格で、よりたくさんのモノを消費している。かくて、消費者の満足度はより高くなり、経済は豊かになる……。

図式化とは便利なものである。わかったような気分にさせる実に簡便な詐術である。しかし、それで納得するわけにはいかない。なぜなら、輸入によって価格が下がった分、国内では割があわない生産者がでてくるだろう。だから、国内の生産は減少する。すると雇用が減る。失職した労働者や従業員は果たしてどうするのか。可能性としては次の三つがある。第一に、より生産性の高い先端分野で雇用される。第二に、より生産性の低い分野に移る。第三に、失業したままである。

もちろん、このすべてがありうる。ある国が、自動車や機械といった製造業の分野で競争力を失い、もっぱら輸入に頼るとする。この国は、農業や情報産業に比較優位をもっているとする。経済学者は、おそらく、製造業で解雇された労働者は、たちまち、比較優位をもつ農業部門やIT部門、さらには金融部門で雇用され、全体としての生産性が高まる、と考えているのであろう。

しかし、そんなことはまず起きない。自動車の生産ラインで働いていたものが、次の日から農作業をはじめたり、ITでソフト開発に精を出すのは無理であるし、そもそも、農業もITも金

融も世界市場に輸出できるからといって雇用効果が大きいわけでは決してない。これらの分野は、農業のように機械化が進んだり、ＩＴのように一部のエリートの能力に頼っているがゆえに生産性が高いのだ。だから、製造業から離職した労働者のゆく道は、概して言えば、もっと生産性の低い産業でしかなく、ゆえに所得は下がる。可能性が高いのは、第二と第三であろう。むろん、これは経済にとっての損失になる。

こうなると、自由貿易が経済全体の生産性をあげ、その国の経済を豊かにする、などと期待する理由はどこにあるのだろうか。そうなる場合もありうる。しかし、そうならない場合も十分に考えられる。今述べたような製造業の衰退の結果、中間層から下の労働者の所得の低下が生じる、というケースはまさにアメリカで生じたことであり、トランプを大統領に押し上げた大きな要因となったのだ。

自由貿易はその国を豊かにする、という確かな理屈はどこにもない。それはあくまで条件付きの命題であり、しかもその条件たるや、相当に厳しいものなのである。日本製の自動車が安価に輸入されれば、安全で操縦しやすいコンパクトな自動車を好む人にとっては大きな利益になるだろう。しかし、自動車に乗らないものには無関係だ。自国の自動車企業で働いていたものにはマイナスの影響を与える。関連企業の従業員も所得を減らすだろう。こうしたことを総合すれば、果たしてプラスなのかマイナスなのか、簡単にはいえない。

トルコ生まれの経済学者ダニ・ロドリックが、最近の経済学上のいくつかの研究を紹介しながら述べていることだが、自由貿易によって利益をえる集団（輸出企業や一部の消費者など）はいる

ものの、長期にわたって所得の減少に遭遇する集団が必ず出現する。そこで、関税の撤廃によって得られる利益と、所得分配のひずみ（格差）を比較すると、まちがいなく格差拡大効果の方が大きくなる。

彼はかつて次のような計測をしたことがあった。それは、例えばアメリカのようなすでに平均関税率が5％程度になっている国が完全な自由貿易に移行したとしよう。この自由化によって1ドルの利益がでるごとに何ドルの所得移転が生じるかを計測したわけである。すると50ドルの所得移転が生じる、という。いま同じ50ドルを得ているアダムとデイヴィッドがいて、自由化によってアダムが51ドルを得た結果、デイヴィッドは50ドルの損失を被る、ということだ。自由化による効率性改善がもたらす所得格差効果はマイナス50なのである。もしも関税率が40％もあれば、自由化効果はもっとプラスの方に作用するだろう。しかし、すでに相当に自由化の進んだ国で、さらなる自由化をすすめることは、所得格差をもたらすだけで、プラスの見返りはさして大きくない、というのだ。

これはおおよそ推測のつくことである。そして、現実にアメリカでも日本でも生じつつあることであろう。自由化が進めば進むほど、いっそうの自由化から得られる利得は小さくなる。いわば自由化の限界利益は逓減するのである。利益に比して、所得格差や雇用の不安定などの「不安定効果」の方が大きくなる。ある推計では、世界全体が自由貿易へ移行することによってアメリカが得る総利益はＧＤＰの０・１％でしかない、という（ロドリック『グローバリゼーション・パラドクス』白水社）。

ということは、「自由貿易こそが経済を成長させる」という命題も経済学者の過剰宣伝にすぎない、という大なる可能性が示唆されたということだ。そもそも、経済成長と自由貿易もしくはグローバリズムは、直接には何の関係もないのだ。自由貿易やグローバリズムが競争を激化することで企業のイノベーションを刺激すれば、それは成長をもたらすだろう。しかし、同時に、自由貿易もイノベーションも、所得格差や地域格差、さらには雇用不安といった社会的な安定性を掘り崩しかねない。これは明らかに成長に対してマイナスに作用するであろう。総計すればどうなるか、実際には何ともいえないのである。

われわれは、一種のグローバリズム幻想というものにずっと囚われてきた。グローバル化こそが各国を豊かにするという幻想である。今でもそうである。だが、グローバリズムが、各国の経済を効率化し、経済成長を促すという理由はどこにもない。実際、世界がまだグローバリズムに入る前のブレトンウッズ体制を基調とする1951年－73年までと、それ以降のワシントン・コンセンサス時代である1980年以降を比べれば、世界の平均成長率は、前者の4・8％から後者の3・2％へと相当に落ち込んでいる。これが現実なのである。

もちろんトランプ大統領が主張するような保護主義が経済を再建する、という確かな理由もない。自由貿易がよいのか、保護主義がよいのか、一概にはいえない。いや、そもそも、自由貿易か保護主義か、という二者択一が非現実的なのであった。実際には、100％の自由貿易もなければ、また、徹底した保護主義もない。適切で緩やかな管理貿易のようなものこそが望まれている、というべきだろう。

しかし、より本質的な問題は、両者の背後にあるグローバリズムなのである。少なくとも、われわれは、グローバリズムこそが経済を成長させる、というような俗説から自由にならねばならないのである。

## (二) スミスとケインズの知見

### スミスのいう「自然のなりゆき」

自由貿易や自由な市場競争の教義を確立したとはいわないまでも、その最初の体系的な提唱者はアダム・スミスということに落ち着いている。そのことに一応、間違いはないが、スミスが今日、われわれがいうような自由貿易主義を打ち出したというとすれば、大きな間違いを犯すことになる。ましてや、ボーダーレスなグローバリズムの世界を無条件でよしとしたわけでは決してない。

スミスが自由な経済活動を説いたのは、それが「自然のなりゆき」に従って、安定した社会を可能にすると考えたからであった。例えば、彼は次のようにいうのである。資本をもっている人は、それを、できるだけ身近で、常に監視し、支配できるような場所で使うだろう。自分の財産を災難にさらすことを避けるからである。だから、通常、資本をもつ人は、それを自分のもっとも身近にあり、確実に管理できる農業に投下するだろう。そして次には製造業へ投下し、次には商業へ投下する。そして最後に海外貿易に投下するだろう。

これが、「事物の自然のなりゆき」なのだ。重商主義が間違っているのは、この「自然のなりゆき」に逆らって、人為的に、資本を海外貿易に投下しているからである。これがスミスの理屈であった。政府が商業活動を保護して、人為的に海外貿易から巨大な利益を生み出そうとするところに重商主義の誤りがある。自由な市場経済に任せれば、人々の自然の性向に基づいて、経済は、ごく自然に農業、製造業、商業、海外貿易という順番でバランスの取れた発展をするだろう、というのである。

「事物の自然のなりゆき」や「自然な順序」などというと、いかにも非科学的、前近代的な「古典派」の経済学風に響くが、私にはしごくもっともなことのように思える。スミスにはひとつの信念があったのだ。人間の生とは、こころの平穏や生活の安定をまずは求めるものである。だから、日常のなかで慣れ親しんだもの、信頼できるもの、長く続けてゆける耐久性をもったもの、確かなもの、つまり、安定した「世界」とともにある、というのである。そこで、資本の使途についてもスミスは次のように述べている。

「あらゆる個人は、自分の資本をできるだけかってを知っているところで、したがってまた自分ができるだけ多くの国内産業を維持するように、使用しようと努力する……。国内商業においては、かれの資本がそれほどながくかれの視界を去っているということはけっしてない。かれは、自分が信任する人々の性格や状態を比較的よく知ることができるし、また、もしたまたまだまされるようなことがあっても、その救済をもとめるべき自分の国の諸法律を比較的よく

知っている。」（『諸国民の富』第四編　岩波文庫）

経済学者が、ここに引用したスミスのような議論をしなくなって久しい。「自分が信任する人々の性格や状態」などというものが投資に決定的な影響を与えるといえば、経済学者は失笑するだろう。投資先に「信任できる人」も顔の見えない人もないし、国内も海外もない。すべては、リスク評価の問題に解消される。投資はいかなるものでもリスクを負う。なぜなら、投資資金が回収されるのは将来であり、将来など結局のところは何が起きるかわからないからである。だから、主観的なリスク評価と期待される収益だけが問題なのであって、その投資資金がいずこに流れ何に使われるかは問題ではない。

このような観点からすれば、スミスのいう「事物の自然のなりゆき」などというものは妄念以外の何ものでもなかろう。国内の農業であれ、製造業であれ、商業であれ、さらには海外への投資であれ、そこには質的な相違はない。あるのはただリスク評価を含んだ期待収益率の相違だけなのである。その対象は何であれ、投資による期待収益率が大きいところに投資をすることだけが合理的であり、しかも、それが、経済を効率化して成長を可能とする、というのだ。

スミスは本当にそんなことを述べたのであろうか。私にはそうは思われない。土地に対して資本を投下することと、海外貿易に対して資金を投ずることは質的に違っているのである。われわれの生活が豊かであるとは、見も知らぬ外国から投資利益を稼ぎ出すことではなく、われわれの生活の場であり、人々の結びつきの場である地域や近隣をまずは豊かにし、安定させることであ

った。生をできるだけ確かなものにすることこそが、まずはなすべきことであった。だから、同じ理屈で、国内経済と海外貿易を比較すれば、当然ながら、国内経済の充実こそが優先されるべきなのである。海外貿易に対する投資についてスミスは次のように述べている。

「（商人は）自分の財産をしばしば風波にゆだねざるをえないばかりではなく、自分がその性格や境遇を十分に知ることもめったにできないような遠方の国々の人々に大きな信用をあたえることによって、人間の愚劣さや不正といういっそう不確実な諸要素にもそれをゆだねざるをえないのである。」（同、第三編）

ここで論じられているのはリスクの程度に還元できるような事柄ではない。むしろ「人間とは何か」という形而上学的な問いといってもよい。

人間とは社会を作り他者と共存する存在である。そのためには、他者との間の、様々な程度における信頼関係を創出してゆかなければならない。そこで、時間をかけて相手を知り、その性格や嗜癖まで含めて、その人が信頼に値するかどうかを判断することは、決定的に重要なこととなる。ここには、どうしても「距離」と「時間」がでてくる。接する距離が近ければ近いほど、時間が長ければ長いほど、われわれは、その他人を知ることができる。知ることができれば、信頼に足る人物かどうかがわかる。信頼できないならできないで、そのように判断できることは大事なのだ。（注）

（注）確かにスミスは、多くの個所で「利潤が等しいか、ほぼ等しい場合には」と但し書きを入れている。その場合には、自分の資本を海外貿易や製造業に投下するよりも、勝手をよく知った土地に投下するだろう、というように述べている。「利潤」がひとつの判断材料であることは疑いない。しかし、「利潤が等しい場合には、どこに投資してもよい」といっているわけではない。あくまで、勝手がわかっており、信用性があり、安全な場所に投資するのが「自然の性向」だとみているのである。

このことは、たとえば、先の引用に続けてスミスが次のように述べていることからもわかるだろう。「これに反して、自分の土地の改良に固定される地主の資本は、人事の性質上ゆるされる最大限度に安全であるように思われる。そればかりではなく、いなかの美しさ、田園生活の楽しさ、それが保証してくれる心の平穏さ、また不正な人定法がさまたげぬかぎり田園生活があたえてくれる自主独立、これらのものはあらゆる人を多かれすくなかれひきつける魅力をもっている……」

これはそのまま読めば、スミスの前近代的な農業中心的思考のようにも見えるが、そうではない。ここでの要点は次の点にある。人は、自分が住み、生活をし、自然のよさや安寧を享受できる場所において、心の安定を得るものであり、そういう、勝手のわかった場所を改良するために資本を使おうとするものである、といっているのである。大事なことは、利潤原理という経済原則だけではなく、社会学的な条件や精神的な条件がきわめて重要だという認識にある。つまり「生命」「自然」「世界」「精神」などへの配慮がある、ということである。スミスをめぐる以上のような論点については、私の『アダム・スミスの誤算』（中公文庫）を参照していただきたい。

これに反して、接する距離が遠く、その時間が短ければ短いほど、われわれはその人を知ることができなくなる。判断する材料が乏しいという不確定性は、警戒心や猜疑心をかきたてるであろう。それは偏見である、などといってもあまり意味はない。もしも、ホッブズが述べたように、人間とは、何よりもまず自分の生命の安全確保を第一義とする存在であれば、見知らぬもの、いかなる価値を信奉し、いかなる文化的背景をもっているのかわからないものを警戒するのは当たり前のことである。

この世に純粋な個人主義などというものはありえず、いかに大地の上に一人でたっているように見える個人であっても、その大地から養分をもらい、大地によって育てられている。つまり、いかなる個人であれ、彼を育てた文化的背景と価値的負荷を負う限り、その文化や価値へのある程度の共感がなければ、その人を信頼することはできない。

ここに社会性を規定する距離と時間の意味がある。つながりの距離が近く、時間が長ければそれだけ文化的背景や価値の共同性は高まるだろう。要するに、社会性の凝縮度は高くなるだろう。他方で、つながりの距離が遠く、時間が短ければそれだけ文化的な背景や価値の共同性は低くなるであろう。いいかえれば、社会性の拡散度が高くなる。

こうして社会性は、凝縮する方向と拡散する方向との二つのベクトルをもつ。おそらく、人間の生は、この両方の存在様式をもち、この両極の間で揺れ動くであろう。その場合、今日の市場原理主義のグローバリズムが徹底して「拡散」の方向を主張するのに対して、スミスは「凝縮」の方向を主張したのであった。

## そこそこの楽しみ

私の手元に5000万円あるとしよう。果たしてそれをどう使うのか。合理主義的経済学者にとっての判断基準はあくまで期待収益である。ヘッジファンドに資金を預け最大のリターンをえればそれでよい。その資本がどこへ流れようが、どこで何の役に立とうが知ったことではない。ブラジルの国債に流れようが、アフリカの開発に使われようが、どこかの土地の価格を暴騰させようが、世界中の株式市場を転々と動いて投機マネーとなろうが、一切、関知しない。もしかしたら、「人間の愚かさと不正」に資しているのかもしれない。実際に、この無記名の資本が集積してあちらこちらでバブルを引き起こし、世界の金融市場を不安定化している可能性は大である。しかし、ありがたいことに、資本の姿は目には見えないために、われわれは何の痛痒も責任も感じることなく、ただただ送りつけられてくる運用リポートの数字に一喜一憂しているだけである。

それならば、その5000万円を、知り合いの事業主に貸してもよいし、地域の商店街の改修費にしてもよい。よい製品を作っている企業の株主になってもよいし、文化的事業に寄付をしてもよいし、自国の国債に投資をしてもよい。そのように使えば、自分の資本の使途がある程度は目に見えるであろう。この資本は、ただ私の個人的な利得に向けられるというよりも、私にとって社会的な意味をおびた用途に向けられている。それは、身近な、確かな社会的関係へと向いている。大事なことは、この二つの方向をもった資本の使途は、決してリスクと期待収益率の比較からでてくるものではない、ということだ。投資の「質」が違っており、意味が異なっているの

である。

そして、スミスは、この「遠くて、不確かな社会性」よりも「身近で、確かな社会性」に、より深くかかわろうとすることこそが、人間の自然の性向だ、と見たのであった。確かに、人は、一方では、冒険的な精神によって、あえて危険や不確かさを求め、活動の範囲を広げ、より遠くへと自己の経験の領域を拡張しようとするだろう。社会性を遠心力によって可能な限り拡張しようとするだろう。しかし他方で、人は、日々の生を安定させ、さほど広くはない社会性の空間のなかで繰り返される経験を大切にする。社会性の求心力に生を委ね、その中心を信頼と確実性におこうとするだろう。

前者の社会性の遠心力の作用が、個人主義的な無限の利益追求と資本の無限の拡張をもたらす。グローバリズムやイノベーションがそれを可能とする。シュムペーターが強調したのは、冒険的な精神をもってたえずリスクを引き受けながら新奇なものを実現する新機軸であった。しかしまた、シュムペーターは、こうした創造的破壊を遂行できる企業家は、ほんのひとにぎりの、それも相当な変わり者だと考えていた。それは、濃密な社会的関係の不得意な、いやそれからはみだしたと感じている個人主義的な人間類型なのである。遠心力をもった社会性は、確かに、人間関係を希薄にし、そのぶん、個人的な個性や特異性が正面にでてくるだろう。

だが、それはあくまで少数派であろう。異端児ばかりで作られた社会ではそもそも異端児もいなくなる。大多数は「ふつうの人」なのである。ふつうの人は、日常的な生活の安定と、そこそこの楽しみと、そこそこの豊かさの継続を求めるだろう。

確かに、人間の欲望を最大化の方向で定義すればそれは果てしないかもしれない。経済学者は欲望が飽和することはありえないという。欲望は無限大なのである。しかし、われわれが必要とするものは限られている。「そこそこの豊かさ」とは、この「必要なもの」を基準としてそれに多少のプラス・アルファを加えた程度のものであろう。

人間の快楽もまた最大化の方向で定義すれば無限大になるかもしれないが、われわれが求めるのは「そこそこの楽しさ」である。快楽は、珍味や高価な食材をたらふく腹に詰め込み、りっぱな屋敷に住み、年中、海外旅行へでかけ、高額の装飾品を身に着ければそれだけ高まるかもしれないが、それで「楽しさ」が増大するわけでは決してない。「楽しさ」は、よく知った人間とのつながりや会話、それに精神の活発さや健康やゆったりとした時間などと切り離すことはできないであろう。

たいていの日本人は、正月に神社に参拝して、家内安全や健康を祈願するもので、今年こそは株で一発当てて大富豪になれますように、などという人はめったにいない。たいていは「そこそこの楽しさ」を求めているのである。それは、「楽しさ」は、個人の物的な効用や満足では定義できないからであって、他者との共生や協調という社会性がそこには不可欠だからだ。「欲望」をどれだけ膨らませ「快楽」を増大させても、決して「楽しさ」や「快適さ」を与えてくれるものではない。

スミスが「人間の自然の性向」と見たものは、「ふつうの人」が「そこそこの楽しさ」を求めることであった。この「自然の性向」は、まずは身近なところでの生の充足を求め、その次に、

より大きな地域や国という社会圏を求め、その上で海外へと関心＝利益（インタレスト）を移してゆく、というのだ。スミスの重商主義に対する手厳しい批判も、彼のこのテーゼからすればしごく当然のことであって、彼からすれば、重商主義とは、この「人間の自然の性向」に根本から背くものであった。重商主義は、「自然の性向」に逆らって、わざわざ人為的に海外に対する関心＝利益を優先するものであった。それならば、この人為を捨て去って、自然が導く「見えざる手」に任せればよいではないか、というのだ。

### スミスとケインズに共通した人文主義

まさか「人間の自然の性向」や「見えざる手」などという言い方はしないが、この同じ思想は、スミスとは対極の立場に立つとされるケインズにおいても共有されるところであった。第一次大戦後の１９２０年代のイギリス経済の失調を目の前にして、ケインズは、その原因がグローバリズムにあることをいち早く察知していた。金融グローバリズムのもとで、国内の需要がまだ思うように回復しないイギリスにあっては、どうしても資本は海外に流出してしまうのである。

そこで彼は、資本の海外移転を食い止め、それをイギリス国内で有効に活用するためには政府が資本を管理し公共投資を行うべきだと主張したのであった。後のいわゆるケインズ主義と呼ばれる政府の公共投資や財政政策は、必ずしも不況対策というだけではなく、金融グローバリズムに対抗する政策であった。彼は次のように書いている。

「海外貿易に精を出し、国内経済を外国の資本家や資本の影響下におき、われわれ自身の経済生活を、たえず変化する外国の手に委ねることが国際平和の条件になるという説はもはや成り立たない。……もしも『資本の気まぐれな移動』を排除できるなら、国内政策の勧告ははるかにやりやすくなるであろう。」（「ナショナル・セルフ・サフィシエンシー〔国民的自給〕」）

この「国内政策の勧告」とは政府による公共投資であり、その目的は、美しい田園生活の保持、ロンドンの街の美的な環境整備、住宅の快適さの確保などであった。もちろん、ここに、病院の整備や医療の充実、芸術や文化的活動の推進、教育の充実などを含めてもよい。要するに、人々の生活の質（アメニティ）に深くかかわる公共的なものの充実にこそ、資本は使われるべきなのである。せっかくわれわれの手元にある資本を、見も知らない海外で、何の役に立っているのかもわからない場所に投下するのなら、われわれの身近なところで、われわれの生活が「そこそこ楽しく、そこそこ快適」になるように使うべきだ、というのである。

それは、個人主義的な利得基準を放棄することである。海外投資によって生み出されるかもしれない利益を放棄することである。国際的で個人主義的な資本主義は、美的でもなく公正でもなく有徳でもなく、要するに「退嬰《たいえい》的」だと彼は述べる。欲望の物的な充足を最大化することではなく、他人とのくつろいだ会話の時間や芸術や文化といった、利得勘定にも功利主義にもなじまない営為こそが人間の幸福だというのが倫理学者G・E・ムーアから受け継いだケインズの哲学であった。(注)

（注）２８９ページの注釈にも記したように、１９２０年代のグローバル化のなかで、ケインズは自由放任主義、自由貿易主義を放棄し、一種の保護主義へと転換した。それを彼は「国民的自給経済」と呼んだ。「エコノミック・インターナショナリズム」すなわち今日でいうグローバリズムは、国家間の緊張を高め、しかも、経済的な豊かさを決してもたらさない、という。論文「ナショナル・セルフ・サフィシエンシー」のなかで彼はおおよそ次のようなことを述べている。

「資本の逃避」、つまりグローバルな資本移動を食い止めることができれば、適切な国内政策を立案することは可能になるだろう。ある国の資本が、地球上のどこかで最高の利益を生み出す場所に投資されるように金銭的な収支計算がなされるとすれば、それは人間関係に災いをもたらし、長期的には金銭計算さえも無に帰してしまうだろう。だから、思想、知識、芸術などは国際的にすればよいが、財についてはできるだけ国内生産が望ましく、金融については国内的にすべきである。

19世紀の長い間、人々は、資本運用の評価基準を短期的な金融の収支に求めてきた。そこでわれわれの生活の運営そのものが会計的な基準に左右されるようになった。その結果、すばらしい都市建設を行う代わりに、われわれはスラムを生み出した。なぜなら、それこそが私的な個別の経済活動において利益を可能にしたからである。これに対してすばらしい都市の建設は割の合わない贅沢だとみなされることになる。また、われわれが田園の美観を破壊するのは、自然のすばらしさが経済的に価値をもたないからである。

今日、われわれは幻滅を味わっている。それは、イギリスが貧しくなったからではなく、すべてを金銭的収支の評価基準に還元することで、別の重要な価値基準を犠牲にしてしまったからである。

ケインズは、ここで、公共投資の必要性を、市場経済の金銭的利益中心主義からの脱却として論じている。市場では、本当に耐久性をもった人間にとって大事なものは提供されない、と考えているのである。美しい田園、美的な都市と建物、すばらしい自然、といったものは、私のいう「生命」「自然」「世界」に属するものであろう。ケインズは、それを守るためには資本の公共的な管理が不可欠だというのである。また、私の『ケインズの予言』（中公文庫）を参照されたい。

これを批判して、小説家のD・H・ローレンスなどは、それこそがイギリス特権階級のエリート趣味だと嫌悪感をむき出しにしたようである。確かにその気持ちもわからなくはないものの、ケインズの高踏趣味は別として、グローバリズムによるあくなき利潤追求よりも、身近な生活のなかの楽しみを上位におこうというこの哲学は、スミスからケインズに共通する「イギリス人文主義」の伝統に根差したものといってよいであろう。

ただ面白いことに、スミスにとっては、海外貿易や海外投資というグローバリズムは人為的な重商主義の結末であって、身近な社会圏の経験の重視は「人間の自然の性向」にもとづく自由主義であったのに対して、ケインズではその関係が逆転しているのである。

ケインズの生きた20世紀には、ケインズのいう「退嬰的な」、すなわち個人主義的でボーダーレスで利益追求を第一義とする経済活動はすでに当然のものとなっていた。この「当然のなりゆき」の前にあっては、スミスが見ていた「自然のなりゆき」などとても持ちこたえられる状態ではなかった。だから、ケインズは、見知らぬ遠い世界よりも身近な日常の快適さにこそ関心をも

つ「人間の自然の性向」を満足させるには、グローバルな世界での個人的利益追求というこの時代の「当然のなりゆき」に対して、人為的に手を加えなければならなかったのだ。

しかしいずれにせよ、スミスとケインズという、経済理論上まったく対照的な市場観をもついわれるふたりが、そのもっとも基本的な一点においては、ほぼ同様の認識を示していたということは興味深い。見も知らない海外において無鉄砲なまでの冒険的精神を発揮した大きなリスクを覚悟の投資よりは、また、これも見も知らない海外で誰がどのように生産したかもまったくわからない物産を手にするよりも、勝手知ったる、つまり、文化や価値を共有し、相互の信頼が成り立ちやすい身近な場での経済活動を優先すべきである、というのである。それは、第一に安全であり、また、その使途や生産の様態を監視できるからである。こうして身近な場を心地よく美的なものにしてゆく方がいっそう幸福に資する、というのが、両者の底を流れる道徳哲学であった。

## 外へ外へ求めた近代主義

確かにこれは、ある面ではリスクの問題である。いや、より正確には、リスクになるかどうかの判断の問題である。リスクとは、経験的な事実をもとにして確率的計算が可能であり、また成功と失敗の蓋然性が推測できる状態である。だが、本当の不確実性のもとにあっては、そもそも、この蓋然性が想定できないのである。確率的なリスク計算に還元できるかどうかさえもわからないのである。ヘッジファンドに預けたなけなしの資金は、どこでどのように投資されているか、

まったくわからない。これでは本来、リスク計算にさえのらない。まったく不確実性のもとにおかれている。われわれは、誰かが、それをリスク管理しつつ運用しているものと想定しているだけである。ただ、金融市場に流れた投機的資金が、まったくリスク管理などできていなかったことを一夜で明るみに出したのは、２００８年のリーマンショックだったのである。

だが、より本質的なことは、リスクではなく、価値にかかわっている。人間の活動の社会性の遠心力と求心力という二つの次元のうちの、どちらをより重視すべきか、あるいは、その両者の間で適当なバランスをとることができるのか、ということが問われているのだ。

「国際的で個人主義的な資本主義」、すなわちグローバル資本主義は、物的な生産をますます増加し、自由な経済活動の空間をさらに拡大し、人間の欲望をいっそう開放することが幸福につながる、という価値観によって成り立っている。

そしてその底には、物的に富裕になるもののみが幸福になれる、という価値観が潜んでいる。しかも、それはどのような国や地域にあっても、共通の価値であり、それゆえ、グローバリズムこそが、世界中の人を幸福に導く原理である。これが、グローバル資本主義の正当化の理屈であろう。

物的生産の無限の拡張、自由な移動の空間的拡張、欲望の無限の充足こそが人間の幸せをもたらすという経済学の福音は、おそらくは、キリスト教の千年王国的な福音に差し替えられたもっとも強力な福音であろう。無限の富を生み出す努力の果てにユートピアを見る資本主義の理想は、最終的に神の救いのもとで至福の時代にいたるという千年王国の教義の焼き直しであり、経済的

グローバリズムは、キリスト教のもつ普遍的救済の焼き直しである。

西洋社会は、確かに、人間活動の社会性の遠心力に期待をたくし、外へ外へと拡散する方向をもっぱら強調したことは疑いえない。ローマ帝国は外へ外へと膨張し、キリスト教は人類全体を救済するという普遍性を唱え、マルコ・ポーロは黄金を求めてひたすら東を目指し、マゼランやコロンブスは地球を一周しようと試み、19世紀の帝国主義者は世界の富をすべて手に入れようとし、戦後のアメリカは宇宙へまで触手を伸ばそうとした。

この延々と続く、しかもそれによって西洋を世界史の中心においたこの無限の拡張意欲こそがこの21世紀にも依然として世界史を動かしている。西洋の文化の根底にある拡張と普遍性をもとめる強烈な意思がまた今日のグローバリズムを生み出してきた、ということもできるであろう。西洋社会は、基本的に、人間の活動の社会性の遠心力、もしくは外へ外へと拡散する方向へ圧倒的なエネルギーを投入したのである。そうして、たえず、自己の環境世界を変化させてきた。いまここにある世界を破壊してはまた新たに作り出す。ただし、その新しい世界は、以前のものよりも、より大きく、より遠くまで、より便利に。これが創造的破壊の原理であった。

西洋近代社会は、「より大きく、より遠くまで、より便利に」を組織的に可能とするものとしての科学と技術を経済体系に取り込み、科学と技術を利用した創造的破壊こそが「進歩」を可能とすると信じたのである。この「より大きく、より遠くまで、より便利に」によって近代資本主義は、たえず「世界」を作り変えてきた。この変化を「進歩」とみなし、そこにうまれる「進歩」を享受することこそが幸福の条件だったのである。

しかし、繰り返し述べてきたように、われわれは「人間であることの条件」のなかで生を営んでいる。それ以外の何ものでもない。そして、人は、ある歴史的に与えられた自然環境や世界や精神的な性向のなかで生きるほかない。自然や世界や精神を多少は作り変えることはできるかもしれないが、それを全面的に創造的破壊にまかせることはできない。

人は、自己をとりまく環境的世界を抜け出し、未知の世界へと雄飛しようとすると同時に、その環境的世界のなかで安寧をえ、快適性を感受しようとする。遠心力に対しては求心力、拡散する力に対しては凝縮する力が働くのだ。この両方共が必要なのである。そして、多数派はあくまで後者の世界にある。

いくらグローバリゼーションのなかで、世界中のモノが入手可能になっても、また、世界中の情報を手にすることができ、世界中の人と知り合うことができても、「ふつうの人」が一年間に買うものなどたかが知れている。テレビが壊れて買いかえたり、衣服が汚れて買いかえたりといったことはあっても、まったく新種の新手の製品を買うなどということは数年に一度ぐらいのことであろう。まして、必要なものとなれば、ほんのわずかな種類のものである。また、われわれが日常の生活のなかで必要とする情報など、これもたかが知れている。われわれが一年で会い言葉を交わす人間の数もたかが知れている。本当の意味で大事な付き合いをする人間となると、もう両手で数えれば十分であろう。

これがわれわれの生きている世界である。スミスが述べたのは、人はまず何よりも、この世界を大事に考えるものだ、ということであった。この現実世界を超出した可能性の世界をわれわれ

は想像することはできるが、「ふつうの人」の生は、見もしない可能性よりも、いまここで手の届く範囲の幸福を求めるものである。そしてこの世界の中の生を特徴づける言葉は、「より大きく」ではなく「そこそこの大きさで」であり、「より遠くまで」ではなく「なるべく手の届く範囲で」であり、「より便利に」ではなく「そこそこ便利に」である。この世界を支配する価値は、「欲望」ではなく「必要」であり、「快楽」ではなく「快適」であり、「効率」ではなく「愉楽」であり、「最大化」ではなく「適切さ」である。

シューマッハーは、「より大きく」という拡張原理ではなく、物事には適切な規模がある、ということを口を酸っぱくして強調しているが、それは、安定した世界のなかでしか、つまりは、われわれは、一年間に出会うモノや人や書物や情報のなかでしか、自分自身を確証することはできないからである。

## 経済的な進歩と人間的なものの退歩

人間とは、「人間とは何なのか、私とは何なのか」と絶えず問う存在である。頭の中で問わないまでも、こころの中で問うている。とすれば、常に出会い、常に傍らにあるモノや人や場所があってはじめて、われわれは自己の役割を知り、自分が何ものかの役に立つことを知り、自分が世界の一部であることを知るだろう。こうしてようやくそれなりの自己確証をえることができるだろう。

ヘーゲルが述べたように、人間が社会的な存在であるのは、人は他者から承認されることで初

めて自分自身になるからである。「人間というものは、小さな、理解の届く集団の中でこそ人間でありうる」(『スモール イズ ビューティフル再論』)というシューマッハーの言葉は、決して通俗的なヒューマニズムの表明ではなく、人間存在の基本的な条件を述べたものであった。

だから、われわれは、一方では、市場経済の無限拡張であるグローバリズムや情報網の世界的な拡張を受け止めると同時に、他方では、小規模な地域、組織、場、集団、仕事を保持してゆかなければならない。「そこで、数多くの小規模単位を扱えるような構造を考えることを学ばなければならない」というわけである。

ひとつの地域は、ただそこに住民票をおいたものが漫然と生活しているのではなく、その土地への愛着や愛郷心によってつながっているはずである。相互に相手がどのような人間であるかを理解でき、できれば、地域ぐるみで子供に対して一定の価値観や道徳基準を教育するものである。スミスのいう「共感」があり、その「共感」のうちに自然と道徳心が生じるのが、地域共同体というものである。

確かにかつては、そういうものがあった。日本にも西洋にもあった。トックヴィルは1830年代のアメリカを見聞して、この種の地域コミュニティこそがアメリカ社会を支えている、と述べたのであった。今日のアメリカでも、この「共同体主義(コミュニタリアン)」の伝統は消えたわけではない。イギリスでも、教会や学校が軸になった地域のコミュニティは意外なほどしっかりしている。職と住が近接し、ある程度の自給的な経済循環ができており、その街や都市や地域に対するそれなりの愛郷心をもった人々がいる、という地域コミュニティは、確かにグローバリ

ズムに対抗する「数多くの小規模単位を扱えるような構造」のひとつであろう。

組織や集団においてもまた、ただ仕事の分担によってのみ人々はつながっているのではない。仕事によってつながるためにも、ある程度は他人の性格や人柄を知らなければならないだろう。さらにいえばそれだけではなく、ある他人の別の他人に対する関係も知っておかなければならない。一人一人のお互いに対する関わり方もわかっている必要がある。そうして初めて組織や集団はうまくゆく。これは、巨大組織では無理であって、それが可能なある適正な規模というものがあるのだ。こうした相互に信頼できる仲間があって初めて、人は「組織人」「集団人」として何とかやってゆけるであろう。

逆にいえば、この種の、相互に信頼でき、相互に相手の性格や事情を了解できる組織や集団を作れない社会では、人々は、日常のなかで神経をすり減らし、人間関係はとげとげしく、創造性に欠け、仕事への責任感を持ちえないであろう。組織と仕事は、人々の道徳性の母体にもなるのである。多くのものが、道徳性や規律を身に着けるのは、個人主義によってではなく、適切な組織においてである。

シューマッハーはこういうことを書いている。シューマッハーとは「靴屋」を意味する名前であるが、よい靴屋であるためには靴を作る技術的な知識をもっているだけではダメだ。足についての知識が必要である。それは、ただサイズが大きいとか小さいだけでもない。足の動かし方から、足の形、筋肉の柔らかさ、したがって、使用する人の性別や年齢や、時には職業までがかかわってくる。また、硬い舗道を主として歩くか農道で使用するかでも違ってくるだろう。乾燥し

た土地か雨が多い地域かでも違うだろう。

とすれば、靴は、それが使われる地方によっても、材質や形状が異なる。本当のことをいえば、靴屋とは、人間や風土についてのこうした総合的知識の持ち主なのである。少し大げさにいえば、靴とは、われわれが、われわれの身体を大地や道路やらにつなぎ留め、精神的な安らぎや、逆にまた不安感をもたらす、つまり自然や世界や精神に働きかける道具なのである。

もちろん、今日、こんなオーダーメイドの靴屋はめったにいない。ひとつの標準形に従って大量生産され、様々な形とサイズの多様性さえも情報的に管理される。場合によれば、海外の低賃金工場で生産される。へたをすれば、世界中に同じところで生産される標準的な靴がでまわりかねない。こうして規模の経済と効率性の原理は、靴つくりの仕事から、人間というものに関する総合的な能力を奪い取ってゆく。人間というものについての総合的な能力を必要とするものが「人間的な仕事」だとすれば、グローバル競争や効率性の原理は、大いなる確率で「人間的な仕事」を奪い取るであろう。

もしも、こうした仕事を残し、ある適当な規模の地域や組織を守ろうとすれば、効率性の原理に囚われない、また大量生産と規模の経済の原理に囚われない、つまりは、拡張と進歩の価値に囚われない、別の価値を持ち出すほかないのである。「適切な規模の原理」「適切な豊かさの原理」といったものである。最大化を目指すのではなく、「そこそこ」で自足する精神であり、「足るを知る」の原理である。

「進歩」という思想には恐ろしいところがある。これを経済成長に適用すると、明日は、今日よ

りよいものを作り出さなければならない。そして、「よりよいもの」は「よいもの」を駆逐する。今日、仮に、われわれが「よいもの」を手にしていても、その「よいもの」は「よりよいもの」によって敵対視され、すぐに駆逐される。ということは、今日の「よいもの」を作り出した労働は、たえず無意味なものとなる。ただただ、一瞬の後には役にたたないものを生み出していたことになる。

こんな労働にも仕事にも誰が愛着を持ちえるのだろうか。どうして今日の「よいもの」に満足できないのか。なぜ、自足できないのか。何がわれわれを突き動かしているのだろうか。今日の「よいもの」が、すぐに「よりよいもの」によって放逐され、淘汰されるということは、われわれを絶え間ない慌ただしさ、落ち着きのなさ、心理的な不安定のなかに宙づりにする。これが、経済的な「進歩」というのならば、それは「人間的なもの」の「退歩」というほかないであろう。

# 終章　成長主義と訣別する

## (一)　カール・ポランニーの経済学

### 市場は社会的存在

本書の第二章で、私が大学院生として経済学を研究していた1970年代前半の状況について書いたが、終章もまた当時の状況から始めたい。

少し繰り返すが、1970年代の初頭、経済学を取り巻く状況は混沌としており、今日のように、アメリカの市場競争中心主義の考えが圧倒的に影響力をもっている時代ではなかった。フランス語では「経済」も「経済学」も同じL'économiqueという語であり、男性名詞の場合には経済活動を、女性名詞の場合には経済学をさすが、これは多少面白いことかもしれない。現実の「経済」は、「経済学」という知識もしくはイデオロギーによって編成され、またそうなると「経済学」は現実の「経済」を映し出したものになるから、この両者は重なってしまうことになるだろう。

「経済学」にはもうひとつの重要な役割があり、それは現実の「経済」への批判である。そこでもし、現実の「経済」が「経済学」と重なっているのだとすれば、現実の「経済」への批判はまた「経済学」への批判ともなる。そして当時、経済学を学ぶものの多くが事実そう考えていた。これは日本だけではなく、アメリカでも、ヨーロッパでも同じことであった。

この場合の「批判」というのは、経済学者が政府の規制政策を批判したり、「日本型経済システム」を批判したりする今日の状況とは根本的に違っている。「経済学」を使って現実の「経済」や「政策」を批判するのではない。そうではなく、それは、自由主義的な市場経済というこの現実そのものへの根本的な批判であり、そのことはとりもなおさず、自由競争の市場経済を支えているアメリカの「新古典派」と呼ばれる「経済学」への批判であった。だから、「経済学を勉強する必要があるのは、経済学者に騙されないようにするためである」というイギリスの代表的な経済学者ジョーン・ロビンソンが『マルクス、マーシャル、ケインズ』（1955年）の中で述べた皮肉ないい方にも結構、真理は宿っていると当時、思われたのだった。

もちろん、マルクス主義者は資本主義に対する根本的な批判者を自任していた。しかし、私のように、マルクスに与しない者も、自由な市場競争が予定調和的な世界を実現する、などという楽観論にはまったく賛同できなかった。市場競争のもつ自動調整メカニズムを無条件で認めるわけにはいかなかった。市場経済は本質的に不安定なものだと考えていたのだ。

にもかかわらず、アメリカ経済学という知的世界の中心に居座る新古典派経済学は、市場競争の価格メカニズムこそが経済を安定させるとみなし、多少調整に不均衡が生じた時には、ケイン

ズ的な財政、金融政策によって補正すればよいと主張していた。そして、この楽天的な市場中心主義に対する批判は、第二章でも述べたようにいくらでも存在したのである。当時、私のまわりには、無条件に市場競争のメカニズムを信じているものなどほとんどいなかった。それもそのはずである。環境問題や公害問題が大きな社会的テーマになり、ニクソン・ショックでアメリカ経済が揺らぎ、おまけにベトナム戦争でのアメリカの失敗が白日の下にさらされている時代に、アメリカの自由な市場競争の後見人を自任する経済学を信用するほど、われわれは無邪気ではいられなかったということである。

前にも述べたが、その頃、私は、東京大学の教養学部で「社会科学の総合化」に強い意欲をもっておられた村上泰亮氏と「新進の経済学者」であった西部邁氏のもとで、数人の仲間と社会学や文化人類学などの書物を読み、議論するという日々であった。われわれの関心はこうだった。アメリカの市場中心の経済学（新古典派経済学）の説くところとは異なり、市場経済は本質的に不安定である。とすればそれを安定化するものは何か。ひとつは政治（政策）である。つまり、「国家」が出動する。もうひとつは「社会」である。われわれの社会生活が安定し、地域が安定し、様々な人間集団が形成され、それが土台となって市場が機能する。こう考えればよいのではないか。かくて、「社会」と「経済」の関係を問題にするというのがわれわれの関心の中心であった。

「社会」とは、人間の日常的な生を安定させる枠組みであり、価値の貯蔵所である。言い換えれば、「社会」を問題にするということは、人々の日常生活を問題にすることであり、それゆえそ

の中心にあるのは、「効率性」ではなく「安定性」だ、というわけだ。

だから、「安定性」の観点からすれば、ある程度の将来の見通しがたたねばならず、そのためには賃金や雇用の安定性が不可欠である。企業組織も、もっぱら株主利益をめざすのではなく、従業員の長期的雇用を確保し、また、時には地域経済への貢献も必要とされる。家族は財産の継承と保持による生の安定と、子供への価値の伝達のための場である。また医療や教育が健全でなければまともな「労働力」も育たないだろう。そして、地域社会は、人々の多様な関係をとり結ぶことで、道徳観や規律を育成する場でもあるだろう。

物事を「市場経済」ではなく「社会」の側からみればこうなるだろう。それは決して「市場経済」とは無関係ではない。「市場経済」も、この意味で「社会」が安定してはじめてうまく機能するのではないか。だから「社会」という土台が不安定になり、人間の社会的関係に亀裂が生じてくると、市場の機能もうまくいかなくなる。するとどうなるか。この世はいわばむきだしの競争状態になる。市場競争が純粋化すればするほど、経済社会は不安定になる。資本主義についても同じであって、将来へ向けて資本を増殖し成長をめざす活動が純粋化すればするほど、経済社会は不安定になるだろう。

こんなことはわれわれの日常生活の中で少し視野を広げて考えてみれば当然のことであろう。しかしそれにもかかわらず、この種の考え方は、オーソドックスなアメリカ経済学の結論とは真正面から対立するものだったのである。市場経済理論によれば、あらゆる財貨が市場で取引され、価格メカニズムが全面的に作動すればするほど、つまり市場経済が純粋化すればするほど経済は

効率化するだけではなく、経済の安定性も達成できる、というのだ。それどころか、もしも「社会」の安定性の確保に資源や資本がまわると、それだけ市場経済は非効率になってしまう。こう市場経済学は述べる。

ところで、この「あらゆる財貨」とは何だろうか。「労働」もそのひとつである。そこで、賃金や雇用の安定よりも、一人一人の労働者の職業間の自由な移動を促進し、能力に応じて賃金を支払うのが望ましい、と経済学はいう。「土地」もたえず市場化されて自由な取引の対象にするのがよい。「貨幣」もそうだ。金融市場は全面的に自由化され、貨幣と金融商品は自由に取引されるのがよい。さらには、「医療」もそうである。「教育」もそうである。「食料」もそうだ、「石油」もそうだ。「環境」も二酸化炭素の排出権のように市場化されればよい。これが経済学の立場であった。

だが、そんなことをすれば大変なことになる。なぜなら、財貨には、市場化可能性の程度の差があるからだ、というのが、われわれの考えであった。歯ブラシを買うことと歯医者で治療サービスを受けることはまったく違う。自動車を買うこととそれを公道で走らせることは同じではない。本を買うことと学校で授業を受けることは別のことであり、介護用のオムツを買うことと介護サービスを受けることはまた別なのである。

それをすべて「財やサービスの取引」という単一かつ画一の経済活動に還元することはできない。コメや野菜と自動車、宅地と農地、金融サービスと犬の散髪サービス、若年労働力と老人の労働力では、同じ「財・サービス」といってもそれぞれその意味が違っている。だから、配置さ

れる場所も、政策的な意義も違ってくる。$n$個の財などといってすべてを同じように扱うわけにはいかない。必要なのは財の「意味論」なのである。こう考えていたのだ。

ここで少し述べておきたいのだが、通常、経済学では「私的財」と「公共財」が区別されている。私的財とは、個人が排他的に所有して消費できる財貨なのに対して、公共財は、公園や警察サービスや国防のように、特定の人を排除するのが難しい、と定義される。だから、私的財は市場で取引されるが、公共財はそういうわけにはいかず、公共部門が管理すべきだという。

しかし、これはあまり有益な議論ではない。ここで、「私的」「公共的」とは少し異なった次元で「社会的」という概念を持ち込んでみたい。財貨の社会的意味、社会的存在というあり方を考えてみたい。すると、「私的」「公共的」という区別はさして意味がないことがわかる。なぜなら、通常は「私的」とされている財も、たいていは「社会的な存在」だからだ。たとえば、衣服は、外出して外を歩けば人前にさらされる。その意味ではりっぱに「社会的」なのである。だからこそファッションというものが出現するのだ。車もそうである。車を購入するとき、たいていの人は多少なりとも他人の目を気にしたり、高級車を手に入れて少し得意になったりするものである。しかも、車は交通混雑も引き起こす。もうりっぱに「社会的な財貨」なのである。レストランでの食事も「私的消費」ではあるが、同時に十分に「社会性」をもった行為である。

では、インターネットで情報をえたり、様々なアイテムを購入することはきわめて「私的」ではないのか、なぜならそれは人前に自らをさらけだしているわけではないから、といいたくなるかもしれない。

しかし、話はそれほど簡単ではない。なぜなら、まずこの情報網や、そこへ流れ出る電子的情報そのものが「社会的なもの」だからである。つまり、社会的な情報やネットワークによって構成された市場そのものがきわめて「社会的」な装置だからである。いくら「私的」な消費といっても、すでに情報網という「社会的なもの」に依拠しているのだ。おまけに、過去の買い物にせよ、ネットへのアクセスにせよ、すべて履歴が「管理」されている。「私的」どころではない。むしろ「私的（private）」なことが「剝奪（deprived）」されているのだ。

これは大事なことである。このことが示唆するのは、実は、市場というものそれ自体が「社会的」存在だということだからだ。市場経済においては、一見したところ消費者による「私的財」の購入は個人主義的に見えるが、実際にはまったくそうではない。市場で取引されるということ自体が、すでに集団的なのであり、ある意味では公共的なのである。消費されるものはすべて「市場」という公共的な舞台へ投げ出されているからだ。従って、それを「社会的」と呼ぶことは何らさしつかえない。そして、多くの場合、服を着るにせよ、車に乗るにせよ、レストランで食事するにせよ、あるいは映画をみるにせよ、旅行をするにせよ、住宅を購入するにせよ、ショッピングセンターにでかけるにせよ、いずれも「社会性」をもった活動なのである。だからこそアレントは、近代的な市場経済の出現をもって「社会的なるものの勃興」と呼んだのであった。

そうするとどうなるか。私的であれ、公共的であれ、基本的にすべての経済的取引（消費活動）は「社会的なもの」と呼んでおいた方がよい。そのなかに、個人的で「私事性」が高い活動と集団的で「公共性」が高い活動があるだろう。しかし、その区別は、経済学のような、財やサービ

スに排除性があるかないかがポイントではない。市場化可能性が問題なのではない。そうではなく、われわれの社会にとって、より必要度が高いか否か、そしてそれが社会をより善きものにするか否かといった社会的重要性こそが区別の基準となるはずだ。財の「意味論」の基準は、ある社会にとっての必要性、重要性、道徳性、集団的な利便性などといった価値にほかならないのである。そこには、どのような社会が善き社会なのか、というイメージがなければならない。

だから、多くの社会で教育や医療や交通システムなどは、公共性の高い財ということになる。同じ理由で、情報システムやそこで流通する情報そのものは、私的に消費されるにもかかわらず、公共性が高いということになろう。街路やそこに建つ建築物も公共性が高い。文字通り、「公共財（public goods）」とは「公共善（public good）」なのである。そして、この社会的重要性や善（good）という観念はそれぞれの社会によって異なっている。いかなる経済活動を重要なものとみなすかは、その社会の価値観や文化を反映するであろう。それをすべて画一化された普遍的な市場原理で律することは不可能なのである。

確かに、「私的な財」は基本的に市場での取引に委ねられ、「公共的な財」は公的機関の管理を要するものである。一応このようにいうことはできる。しかし、その理由は、経済学のいうように、排他的な私的消費の可能性にあるのではなく、その「社会性」の重要度や意味の違いにある。そう考えるべきなのであって、「私的財」や「公共財」を経済学のように定義してはならないのだ。

教育にせよ、医療にせよ、交通にせよ、土地にせよ、地域にせよ、ＳＮＳにせよ、これらは

「財」というよりも、人々が交わり、また相互作用をともなって活動する「場」である。都市の商店街やショッピングモールなども同様な「場」である。かりにそこでやり取りされるモノやサービスを一括して財といっても、それは「社会的な財」としての公共性が高い。こうした「社会的な重要財」に関しては、何らかの公的な管理に委ねたり、規制を加えたり、その地域のもっている慣習や習俗に任せたりする必要がある。その領域にまで市場原理が入りこむことを防ぐ必要がある、ということである。

端的にいえば、個人主義の立場にたつ市場経済論の間違いは次の点にあるのだ。それは、市場経済の背後にある集団的な価値や慣習にもとづく「社会性」をまったく考慮していないということである。いくら個人主義といっても、本当にひとりっきりで生きている「個人」などひとりもいない。そこには「社会」がある。人は「個人（individual）」というよりも社会へ向けた仮面（persona）をかぶった「人（person）」である。それを無視して、「効用の独立性」だの「個人の合理的消費」だのといって、おまけに、そこに市場経済の最終的な正当性を求めるというアメリカの新古典派経済学など信用するに値しない。これがそのころのわれわれの考えであった。当時、西部氏の著書のタイトルでもあった「社会経済学（ソシオ・エコノミクス）」はこういう立場にたつものであった。

### ポランニーの「善き生」

経済史家というべきか、あるいは経済文明論者というべきか、ハンガリーの特異な経済学者カ

ール・ポランニーが日本に紹介されたのもこの時期であった。『大転換』と『経済の文明史』の二冊である。いずれも日本に紹介されたのは1975年で、紹介者の大半は、もともとマルクスから出発しつつもそれにあきたらず、新たな方向を模索していた若い研究者たちであった。もっとも、ポランニーの代表作である『大転換』の初版は1944年に出版されており、『経済の文明史』も1930年代から50年代に書かれた代表的な論文を編集したものである。ポランニーは1886年に生まれて1964年に亡くなっている。

私の考えはかなりの程度においてポランニーに近かった。ポランニーは、自由な市場経済（彼はそれを「自己調整的市場」と呼んでいる）が予定調和的に作用するなどというアメリカ経済学の神話を退け、市場経済を安定させるには「社会」がなければならない、という。そこで彼の主張を（私なりの解釈も含めて）まとめておこう。

（1）自由競争的な市場経済（自己調整的市場）は、歴史のなかで自然に生成し発展してきたものではない。それは、19世紀のイギリスの自由主義的な政策とイデオロギーによって政治的に作り出されたものである。それは、アダム・スミスのいう「自然的秩序」でもなければ、ハイエクのいう「自生的秩序」でもない。

（2）自由競争的な市場経済が発展すれば、貧富の格差が生じ、また雇用不安が生じ、社会が不安定になる。そこで人々は、自らの生活の防衛のために、国家による救済や、市場への規制を要

求するようになる。これは市場経済の自立化に対する「社会の自己防衛」である。だから、一方では自由な市場経済が自立してくると同時に、それに対抗して「社会」が市場を牽制するという「二重の運動」が生じる。

（3）「労働」「貨幣」「土地」という生産要素は、市場で自由に取引できるものではない。それは、通常の意味の商品ではなく、擬制された商品である。それゆえに、「労働」「貨幣」「土地」に関しては、自由市場を形成するのではなく、規制によって自由取引に制約をもうける必要がある。さもないと、これら生産要素の自由な市場取引は「社会」を不安定化するからである。

（4）自由競争的な市場経済は、歴史的には、19世紀から20世紀の初頭にかけて、英米が中心となって作り出してきたものであり、歴史上、特異な様式である。前近代社会や古代経済なども含めてみれば、通常は「経済」は「社会」に「埋め込まれ（embeddedness）」ている。市場経済とは、この一時期だけ、「経済」が「社会」から「離床（separateness）」しようとしたものである。しかし1930年代には再び「社会の自己防衛」が始まっており、「経済」は「社会」に埋め込まれようとしている。「社会主義」、「ファシズム」、「ニュー・ディール主義（ケインズ主義）」は、その代表的な試みである。

これがポランニーの主張であった。今日から振り返っても、ある意味では驚くべきことといっ

てもよい。確かに、第二次大戦とは、イデオロギー的にいえば、ソ連の「社会主義」、ドイツの「ファシズム」、アメリカの「ニュー・ディール主義」の三つ巴の戦争であった。しばしばいわれるように、「悪であるファシズム」と「正義である自由民主主義」の間の戦いであった、などと単純に理解してはならない。根底にあるのは、英米流の「自己調整的市場」（自由主義的市場経済）の機能不全にこそある。それが三つの形態の「社会の自己防衛」をもたらしたのである。

ここで「ニュー・ディール主義」というのは、政府によって支えられた資本主義と自由民主主義の組み合わせであり、この三つ巴の争いに勝利したのは「社会主義」と「ニュー・ディール主義」であった。そして戦後の冷戦はこの両者の間で行われた。この戦いに勝利したのは「ニュー・ディール主義」すなわち、アメリカ型の「資本主義プラス自由民主主義」であった。で、その後に生じたものは何か。これらのイデオロギー上の覇権闘争のすべてに勝利したグローバルな資本主義と自由民主主義は、何と20世紀初頭の英米の自由な資本主義と同じように、ほとんど自壊の道をたどっている。21世紀の初頭というこの時代は、１００年前の20世紀初頭に回帰しているようにもみえる。ただし、もはや、かつての三つの選択肢はどれも信用を失ってしまっている。

そして、ポランニーが述べていたように、自由な市場経済と資本主義の自壊は、「労働」「貨幣（資本）」「土地」の過度な自由化の結果、「社会」が不安定化したことに起因している。「労働」についての競争主義や能力主義は、所得格差や雇用不安をもたらし、「貨幣」についてのグローバルな規模の規制緩和は、大規模なバブル状況を生み出し、「土地」の流動化は、地域格差や土地投機を生んだ。まさに、商品化できないものの無理な擬制的商品化の結果が「社会」を動揺さ

せているのではなかろうか。

70年代に、すでにこうした議論はでていたのだった。しかも、それは日陰に目立たなく芽を出している、というようなものでは決してなく、社会科学や社会思想に関心をもつものなら無視を決め込むわけにはいかなかったのである。

これは市場均衡の安定性や不安定性という市場のパフォーマンスの議論ではない。それなら経済学のなかにもある。経済についての見方の問題なのであった。ポランニーの「経済」についての洞察は、アメリカの市場中心の経済学者とはまったく異なっていた。「経済」とは、人間が生存のために他者とともに自然環境に働きかけて物的な生存手段を確保する活動である、というのがポランニーの理解であった。それを彼は、「実体的（実質的）経済（substantive economy）」と呼ぶ。これに対し、アメリカの新古典派のような市場中心主義の経済学が扱うのは「形式的経済（formal economy）」である。第四章で挙げたように、ロビンズが定義した「諸目的を実現するために、限られた手段を合理的に使用する科学」というのがその典型である。

経済とは、人間の「生存」にかかわる「生存の経済（economy of livelihood）」であって、それは市場を想定した「交換の経済（economy of exchange）」とは異なっている。そして「生存の経済」ではなく「交換の経済」の上に、もっぱら利潤動機による競争をよしとして成長をめざす現代の市場経済が乗っている、と彼はいう。それをイデオロギー的に支えるのが「科学」と「普遍性」を標榜するアメリカ経済学であった。だが、この形式的で科学的な経済学は「生存」という人間のもっとも重要な関心事を完全に忘却している。本質的なことをいえば、「生存」への関心の方

が普遍的なのであって、「交換の経済」の方が特殊的なのだ。

　しかし、後年になるとポランニーの「人間」的なものへの関心は、単なる「生存」ではなくなってくる。１９８０年に邦訳が出版された彼の著書は『人間の経済』と題されているが、そこでは、この書名からもわかるように、「人間の目的は何か」あるいは「人間にとって経済とは何か」という問いが浮上してくる。だが、その答えを市場の合理主義も、合理的な経済学もまったく与えてくれない、という。「実体的経済」の論理を「形式的経済」の科学的論理が覆い隠してしまうのである。ではその「実体的経済」の論理とはいかなるものなのか。この問いにおいて、彼が参照するのは、たとえば古代ギリシャの哲学者アリストテレスなのである。

　アリストテレスや古代ギリシャを想起するということは、「人間の生の目的とは何か」、また、「ポリスの目的とは何か」と問うことに他ならない。これに対するアリストテレスの答えは、人間は、ただ「生存」を求めるのではなく、「善き生」を求める、というものであった。ギリシャ人にとっては、ただ生きるという生物学的な意味での「生」（ゾーエ）ではなく、「善く生きる」という充実した「生」（ビオス）の方が重要であった。そして「善き生」は、正義や公正などといった倫理的な概念を含んでいる。究極的にいえば、「善き生」とは、様々なもののバランスを図る、つまり「中庸」にある。「中庸」こそが倫理の核心なのである。

　ポランニーがアリストテレスに関心をもったのは、そこに近代の市場経済を支配する「稀少性の論理」とはまったく異なった経済の論理を見たからである。ギリシャにおいて「稀少」なものは「善（アガタ）」であった。アリストテレスのいう「卓越性」であり、市民的な「徳」であろ

う。そういうものが、ポリスにおける人の名誉や地位を形作っていた。経済は「稀少性」の支配する世界ではない。ギリシャ人にとって経済とは、何よりもポリスにとっての必需品の自給的な生産なのである。この必需品（クレーマタ）は、もちろん限られていて、人間の無限の欲望の対象（それが、市場経済の稀少性の観念を生み出したのだが）などというものとはまったく違っている。それは、ポリスの人々によって共通の、貯蔵される基本物資（ステープル）の観念と結び付いていた。ポリスの存続を表すものが「富」だったのである。

したがって、これらの必需物資の交換が行われるとしても、それはあくまでポリスの秩序を維持し、またポリスの「善」に寄与する限りにおいてである。外部との交易も同じである。それは、そこから何か利益を得たりするものではなく、あくまでポリスの善き存続に役立つ限りにおいてなのである。そこから、ポリスの自給自足を促進する交易は「自然に合致した」よき交易である、という一種の公正な交易の観念がでてくる。ここでの物資の交換は、したがって利益目的の自由競争などというものとは本質的に違っており、交換比率は「公正な価格」として設定されるのである。したがって、この交換は、拡大された家族としての共同体の内部における「相互的分与（ミューテュアル・シェアリング）」という性格をもっていた。そして、このような「互酬性」と呼んだ方がよさそうな経済構造の上に、ギリシャ・ポリスの民主政も市民生活も乗っていた、ということなのである。（注）

（注）ポランニーは、後年になるほど、古代の経済構造に関心をもつようになった。特にアリストテレ

スや古代ギリシャの経済は、彼にとって、近代の市場経済を相対化する重要なレファレンスであった。（「アリストテレスによる経済の発見」1957年、『経済の文明史』に収録）

彼は、経済的な財貨の移動には「交換」「再配分」「互酬」の三つがあると考えており、近代の市場経済を特徴づける利潤動機に基づく「交換」は、あくまでその一つに過ぎない、という。前近代にあっては、「再配分」や「互酬」が一般的なのだが、それは、あくまで「社会（共同体）に埋め込まれて」いるために、経済行為として自立しない。しかし、そのことによって、経済行為は、共同体の維持・存続、というもっとも基本的な「善」に奉仕していたのである。

アリストテレスの重要性は、共同体に奉仕する（あるいは「埋め込まれた」）「自然な交易」を中心に置くことで、この公正な交換と、「カペーリケー」と呼ばれる金銭目的のための商業的交易を区別する点にあった。おそらくポランニーは、アリストテレスの経済論を、過ぎ去った遺物として紹介しているのではなく、そこに、「形式的経済」に飲み込まれ、利潤動機と稀少性の原理に支配された今日の市場経済へ対抗できる可能性を見出そうとしていたのではないだろうか。経済の社会への「再埋め込み」がもし幾分かでも可能であるとすれば、それは、局所的な「互酬」や「再分配」が生じうる地域の経済（ローカル・エコノミー）ではないか、と思われる。

今日、経済学者でなくとも、われわれは、価格は市場で決まると考えている。だが、経済学者はそれだけではなく、市場で決定される競争的な均衡価格は正当なものだという。ところが「善き生」を問うとすれればそう簡単にはいえない。市場で決まる価格は、自由な競争的均衡のゆえに正当化されるのではなく、「正義にかなう」あるいは「公正なもの」だから正当化されるという

べきなのである。

ということは、モノの価格を決めるには、必ずしも市場は均衡する必要はない。社会的に「公正」と想定される水準があるだろう。価格は、経済学が述べるような「均衡価格」というよりも、社会的に承認される「公正価格」であるべきなのだ。こういうことになろう。

また、金融市場での投機的な利益は、社会的な公正さの水準にある限りでしか正当化されないであろう。効率性よりも、社会的な公正さの方が優先されるべきなのである。企業はただただ利益を稼ぎ出せばよいわけではない。それはそれなりの社会的評価や社会的承認を得てはじめて企業でありうるだろう。それは、暗示的にであれ、アリストテレスが述べようとした、ただただ利益を得ようとする交換と、公正で正義にかなった交換の区別と、経済活動といえども、常に「善きポリス」の形成にかかわるという観念を想起させるものであろう。

## (二)「外延的拡張」と「内向的凝縮」

### ポスト・モダニズムが消滅させたもの

さて私は、本書がよって立つのは「人間＝中心主義」だと述べてきた。それは、いわゆる近代的なヒューマニズムの意味ではない。人間は生まれながらに自然権としての基本的人権をもっているというような意味での「人間中心主義」でもない。ただ、「人間」を中心にして考えるというあまりに素朴な方法が、かえって、「ポスト・ヒューマン」ともいわれるこの時代の経済を論

じる上でも決定的に重要だと思うのだ。

言い換えれば、今日の経済的な危機の中心には、このような問いかけの不在がある。「人間とは何か」と問うて、私はひとまず、「人間とは、自らは何者なのか」と問い、「人間の活動について、それが人間にとっていかなる意味をもつのか」と問うような存在だと述べた。端的にいえば、自分自身も含めて、「存在」をそのまま受け取るのではなく、その「意味」を問うような存在だ、ということである。

もちろん、人は次のように抗弁するだろう。今日、いったい誰が日常的にそんな問いを発するのだろうか。学校へ行ったり、会社へでかけたりするときに、いったい、「人間とは何か」など と誰が問うているのか。しかも哲学者でさえも、もはや「人間とは何か」などというナイーブでかつ青臭い問いかけなどしないではないか。ましてや、日常生活においては、われわれは人間であることなど意識もしない。

それはそうだ。とはいえ、われわれは多くの場合、そうとは意識しなくとも、実はきわめてネガティブかつ消極的な形でこの問いの前におかれているのではなかろうか。たとえば、会社には入ったものの、さして面白くない仕事を一日中やっているとき、こんなことで我が人生が終わっていいのか、と誰しも自問してしまうだろう。ネットでやたらモノばかり買いこんで置き場もなくなって、いったい何のためにこんなに買っているのだろう、と考えこんでしまうこともよくある。

フランスに留学したある若いアメリカ人女性の体験を書いた『フランス人は10着しか服を持た

ない』という本が少し前にベストセラーになっていた。彼女はあこがれのパリに留学して、ある貴族の末裔の家にホームステイすることになる。すばらしい部屋に案内されて、アメリカから持ってきた膨れ上がった荷物をほどいたものの、彼女は唖然とする。この部屋には小さなクロゼットしかないのである。実際、この元貴族のフランス人は服をわずかしか持っていない。一人当りせいぜい10着であり、センスのよいわずかな服をとりかえひきかえ着用している。実に堅実で質素な生活なのだ。しかし、礼儀作法や身だしなみにはうるさいし、毎日、食事はちゃんとコースででてくる。

この体験は、クロゼットに一杯モノを詰め込んでもまだ「着ていくものがない」と不平たらたらのアメリカ人の「常識」をすっかり打ち砕いてしまった。帰国後、彼女はいったい、自分はどうしてこんなにモノがなければすまなくなったのかと考える。結局、彼女は、服を次々と捨てて、10着ほどを残し、実にすがすがしい気持ちになった、という。「こんな自分でよいのか」と不安になるとき、われわれは、意識はしていないが、「人間とはいかなる存在なのか」と問うているのである。

1970年代には、社会科学にあっては、まだこの種の問いかけが正面からなされていた。そこで若干興味深いのは次のことであった。70年代の前半とは、西洋思想のなかで、マルクス主義や社会主義を理想とする歴史主義、それと連結したサルトル流の実存主義や、リベラル派の近代的ヒューマニズムがすべて力を失い、それに代わっていわゆるポスト・モダニズムが跳梁し始める時期なのである。ポスト・モダン運動の聖典ともいうべきドゥルーズとガタリの『アンチ・オ

イディプス』の出版が1972年（邦訳1986年）。ポスト・モダンという言葉を明示的に書名にした最初の書物である、建築家のチャールズ・ジェンクスの『ポスト・モダンの建築言語』が出版されるのが1977年である。この書物のなかで、ジェンクスは「モダンは1972年に終わった」と述べたのだった。

確かに、ポスト・モダニズムは思想的な情景を大きく変えた。それは、マルクス主義やヘーゲル的歴史主義のような「大きな物語」を破産させただけではなく、「人間とは何か」「存在の意味は何か」と問う人間学的な哲学さえも破産させたのである。ポスト・モダンの運動は、「存在の意味を問う」というハイデガー哲学におおいに触発されながらも、ハイデガーを拒絶した。さらに勢いあまって、物事の「意味」を問うこと自体を無意味とみなした。物事の意味を問うことは、多かれ少なかれ、物事の「本質」を問うことに帰着し、それは、物事をあるひとつの形而上学のなかに塗り固めてしまうことになる、というのがポスト・モダニストの主張である。端的にいえば、彼らは、真理や物事の本質など存在しない、という否定形において、彼らの言説の正当化をはかり、思想など無意味であるという思想を逆説的に述べたのであった。

1970年代という転換の時代の意義はこういう点においてみることもできるのである。確かに、それは分水嶺の時代であった。一方の水脈には、政治であれ経済であれ、「それはわれわれにとって何を意味するのか」という問いかけがあった。GDPであれ、経済成長であれ、環境であれ、民主主義であれ、国家であれ、それはいったい何なのか、それはわれわれにとって何を意味するのか、という問いかけこそが社会科学の根本にある。こういう意識がまだ残っていた。私

は必ずしも賛同しないが、アメリカでリベラル派の哲学者ジョン・ロールズによって『正義の理論』が書かれたのが1971年である。これもまた、民主的な政治制度の根源を、いわば人間社会の原初的本質にまでさかのぼって構成しようという野心的で哲学的な試行であった。

しかし他方の水脈は、「意味を問うなどということは無意味である」といい、現実を、多様で偶発的な出来事のあまりまとまりのない集合体や連続体として捉えようとしていた。出来事の背後に、それを生み出す本質も構造も存在しない。だから、現実社会は、その都度その都度に生じる出来事の偶発的な連接であって、そこに決定的な意味を求めることはできない、というのである。

この綱引きはすぐに勝負がついた。1980年代に入るころには、少なくとも知的活動の表層をみれば、人間学的な哲学主義はなりをひそめ、ポスト・モダンが凱歌をあげた。知的世界の正面舞台に躍り出たポスト・モダニズムは知的流行となり、あろうことか少し高踏趣味的な80年代の消費社会、消費文化のなかにすっぽりと飲み込まれていったのである。1968年のパリの学生反乱をひとつの触媒として産み落とされたポスト・モダンが、新自由主義的な資本主義と共鳴しあい、やがて消費市場のファサードに展示されるのである。それはペダンティックで奇をてらった知的ファッションとして消費文化の主役になってしまった。

かくて、80年代になると、市場経済や資本主義に対する根源的な批判も疑問も力を失ってゆく。その同じころ、アメリカでは、新自由主義的な市場中心主義経済学が凱歌をあげる。新自由主義の代弁者の地位におさまったミルトン・フリードマンは、以前より「実証主義的経済学」を唱え

ていたのである。ということは、経済学にとって、哲学的な問いなど無意味であるどころか有害以外の何ものでもない、というのである。私などが大学院生のころに、日常的に論じあっていた、「それは何を意味するのか」といった問いは、まったく無効になってしまった。市場競争はわれわれにとって何を意味するのか、経済成長とはどういう意味をもつのか、そして経済学とはそもそも何をするものなのか、などという問いかけはこの世から蒸発してしまった。

### 外延的拡張と内向的凝縮のモーメント

繰り返すが、本書で私が試みたいのは、ただひとつ、この種の問いかけをもう一度、経済の領域に持ち込みたい、ということだけである。そこで、この問題を少し先に進めたい。すなわち、「人間とは自分は何者かと問うような存在である」と述べたが、それをもう一歩進めて、次のように考えてみたい。さしあたり、私はここで三つの次元で「人間とは」と考えてみたい。

(1) 人間とは、社会をつくる存在である。つまり、他者との相互関係のなかで生きる「社会的存在」である。そして、このことは、社会性のあり方としてふたつの方向をもつだろう。ひとつは、遠心力と呼んでよいような外延的な拡張の方向であり、社会性の範囲すなわち相互作用が外延的に拡張するものであり、もうひとつは、その逆に、求心力といってよいような内向的に凝縮する方向である。

この場合、遠心力は社会性の範囲を拡張するだろうが、その内実は希薄化するだろう。逆に、

求心力は社会性の範囲は狭めるだろうが、その内的な密度は高くなるだろう。第八章でも少し述べたが、たとえば、今日のグローバリズムや情報化は明らかに外延的拡張の方向であり、家族的関係やごく親しい人との親密圏、小規模な共同体などは、内向的凝縮の方向である。伝統的な社会学の用語を使えば、前者は「ゲゼルシャフト」に対応し、後者は「ゲマインシャフト」に対応するといってよいだろう。

（2）人間とは、生死を強く意識する存在である。要するに「死すべき存在」である。「死」があるから「生」を意識する。宗教や聖なるものを持ち出して死を意味づけ、死を前提にして生の意味を問うのである。しかしまた同時に「生」の中にあるわれわれは、できるだけ「死」を遠ざけようとする。

そこでこの場合、生と死に関して、やはりふたつの方向があるだろう。ひとつは、死を当然のものとし、それをいかに迎えるかという関心であり、もうひとつは、もっぱら生へと関心を集中する方向である。できるならば、死を意識しないで生の状態に自らを置こうとする。生の延長と充足を求める方向、つまり生を拡張する方向である。

たとえば今日の生命科学や遺伝子治療、健康科学から経済成長主義は、死を無視し、できるだけ生を引き延ばそうとする。生を遠心力の方向で思考する。他方で、われわれは死を意識したときには、生のむなしさやはかなさの意識に囚われる。しかも、常にいまこの瞬間にも死と隣り合わせであり、死は見えないけれどいまここにも潜んでいる。こういう意識をもつだろう。

死を自然のものとして受け入れることは、生をできるだけ極小化することになる。それは、生をつかのまの夢のごときものとみなし、生から充足をはぎ取る方向を向くだろう。極端になれば出家、遁世ということになる。ここでもまた、生を遠心力の方向、すなわち外延的に拡長して充実させる方向と、逆に、生を求心力の方向、すなわちそれを内向的に凝縮して、できるだけその意味を薄めて、常に死の圧倒的な力のもとにおいてしまうという方向がある。

(3) 人間とは、常に自己を超越しようとすると同時にその限界を知る存在である。「人間とは」と問うて、己は何者かを問う存在であると先ほど述べた。ところで、このように述べた時、すでに、人間は己を超越しようとしている。現実にいまここにいる己を相対化するような超越的な視点を持とうとしているからである。こうして、われわれは、不断に、われわれが今ここにおかれた現実から超出し、それを外から眺めようとする。この現実の外にアルキメデスの点を求めるのである。

現実の外にたって現実を見る超越的な原理をわれわれは理性と呼んだり、精神と呼んだりする。そこに、科学が生まれ、技術の高度化がはじまる。その遠心力の作用、つまり外延的拡張の上に、科学と技術の無限の発展、理性の全面的な開花を夢想することもできる。理性は無限の進歩をもたらし経済は無限の富をもたらすという、ユートピア的な楽観的意識も生まれてくるだろう。

しかしまた同時に、われわれはその限界をも知る存在である。カントが述べたように、われわれは理性によって理性の限界を知ることができる。しかし、理性によってはその限界の向こうに

何があるのかは知りようがない。カントも、この向こうにある「もの自体」は定義できなかったのである。いくら自己を超越し、現実を超出しようと試みても、人間は、本質的に、ある環境の内にあってその制約に服して生きるほかない。こう自覚せざるをえないだろう。われわれは、決して、この歴史的世界と所与の自然や風土的条件の外にでることはできないであろう。

とすれば、人間に知りうること、なしうることなど限られている、という諦念が生じるだろう。人はその制約のなかで生きるほかない。ここにひとつの運命観のようなものも出現しうる。われわれは常にある限界のなかで「分」を知り、その「分限」のうちで善きものを求めるほかない。「節度」をわきまえなければならないのである。

無限に現実を超出することはある意味では「神」的で絶対的なものへの接近を意味している。しかし、人間は決して「神」ではありえない。完全な存在ではなくきわめて不完全な存在なのである。このように考えれば、われわれの思考は、必然的に内向的に凝縮する方向へ向くほかない。外へ向けて拡張するというよりも、自らの内へ向けて内観するだろう。観照といってもよいし、諦念を含んだ達観といってもよいだろう。これはいわば求心力であり、内向的凝縮の方向といってもよいだろう。

少し説明が煩雑になったので、もう一度まとめておこう。

ここでは、人間存在の在り方を次の三つの次元で捉えておきたい。そしてそのそれぞれが、「遠心力（外延的拡張）」のモーメントと「求心力（内向的凝縮）」のモーメントをもっている。

(1)「人間は社会性をもつ」
その外延的拡張のモーメント――グローバリズムや情報ネットワーク
その内向的凝縮のモーメント――家族主義や親密圏への引きこもり

(2)「人間は生死の意識をもつ」
その外延的拡張のモーメント――延命治療や生命科学を使った生の延長
その内向的凝縮のモーメント――死の受容や諦念、生の瞬間的な充実

(3)「人間は己を超えると同時にその限界を知る」
その外延的拡張のモーメント――理性主義、科学主義・技術主義による変革
その内向的凝縮のモーメント――宗教的内観や哲学的観照、自然や運命への随順

人間とは常にこの二重性を併せ持ち、この二重性の狭間を揺れ動く、この両極をもった存在だと考えておきたい。どちらへ振れるとしても、そのとき、人はきわめて不安定な状態におかれ、おそらくは精神の平衡を失うのであろう。つまり、決して幸福ではありえない。

アリストテレスは、徳とは中庸である、といった。バランスをとることだというのである。しかし、中庸ほど難しいものはない。ためしに一本の棒を手にしていただきたい。それをバランス

させることは実はたいへんに難しい。なぜなら、バランスさせる点はただひとつしかないからである。それに対してバランスを崩す点はほとんど無限といってよいほどである。無限に広がるなかから一点を見つけることは至難の業である。われわれの精神についても同じことがいえて、精神のバランスを保つことは実はたいへんに難しい。そのためにはそれなりの経験と思慮と慎重さと同時に勇気が必要であろう。だから、アリストテレスは、中庸こそが最大の徳であるとし、それを実現する具体的な徳として、思慮、節制、勇気、それに正義の感覚などを取り上げたのだった。

しかし、近代社会とは、このすべての次元で、もっぱら「外延的拡張」の追求をよしとし、遠心力の過剰なまでの作動を求めるような社会である。人間が理性の力を全開し、社会性の空間を最大限に拡張してゆき、科学・技術によって経済成長をもたらし、生命を可能な限り引き延ばし、死を遠ざけ、自然の制約を克服する試みこそが「近代のプロジェクト」であった。

それは、ひたすら「より遠くへ」「より自由に」「より多くを」「より高くへ」を求める運動である。いわば絶対的なものの領分、すなわち「神」の領分に近づこうという試みである。人間が、「神」へと近づき、己を縛っているくびきから自由になることこそが人間に幸福を約束するというのである。

だが、もちろん人間は「神」ではない。絶対的な領域へ入ることはありえない。われわれは、常に相対的な世界、可謬的な世界、不完全な世界に住んでいる。ところが、この相対的な世界にありながらも絶対的なものを目指したとき、われわれは「人間的なもの」からますます遠ざかる

であろう。完全な社会も、完全な幸福も、絶対の正義も、この相対的な世界にはありえないからである。

それにもかかわらず、西洋の近代社会が発明した外延的拡張の信仰は、この相対的で不完全な世界のなかに、完全なもの、絶対的なものを実現しようとする。ある種の正義が絶対化され、ある種の理念が絶対化される。ユートピアさえ実現しようとする。そのとき、「人間的なるもの」からすれば、われわれは一方の極へと傾き、バランスを崩してゆくだろう。可謬的で不完全な人間がその生をかろうじて維持するには、この両極の間のどこかに平衡を求め、バランスをとるための棒を必要としている。にもかかわらず、この外延的拡張が続けば、われわれは徐々に精神の平衡を失調しかねないのではなかろうか。こうしたことは、十分に予想できるのではないだろうか。

## (三)「足し算」から「引き算」へ

### 引き算の原理を

そこでバランスの回復にはふたつのやり方が考えられる。ひとつは、一方で遠心力が強く作用するなら、他方で求心力を意識的に高める、ということである。両方の極端でバランスをとる、という方向だ。「両極平衡の原理」とでもいってよかろう。しばらくその方向で考えてみたい。

近代社会がいずれ、遠心力を最大限に発揮させるものであれば、グローバリズムや科学技術の

高度な先端化を使った経済成長追求を逆転させることは難しい。それは近代社会の必然であり、外延的な拡長の論理は永遠に続くであろう。

とすれば、それに対するカウンターバランスは求心的な方向で、家族や地域コミュニティや親密圏を確保し、その密度を高め、最先端の科学的知識よりも日常的・経験的なアナログ型の知識や技術を愛用するという内向的凝縮へ向かうことであろう。

確かに、いくらグローバリズムといいＳＮＳといっても、われわれが日常の経験のなかで接する人の数も情報も限られている。家族や知人も含めて本当に信頼できる人間の数などごくわずかであり、本当に知りたいことも、知らねばならないことも限られている。10着の服で足りるかどうかは別として、本当に身に着けたいものも限られている。生を充実させるには、まずはそれで十分だと考えればよいであろう。わざわざ「ミニマリスト」を引き合いに出さなくとも、この「足るだけのモノ」による生き方を美徳とする観念は今日でも決して消えうせたわけではない。「足るだけのモノ」以上のモノはまずは過剰なのである。

少し興味深いのは、最低限のモノだけで生活する「ミニマリスト」のなかに、２０１１年3月11日の東日本大地震に影響を受けたものがかなりいることである。大地震は瞬時に「世界」を崩壊させた。彼らはモノを持つことの虚しさを実感したというだけではなく、実際に、大地震のために部屋のなかのモノによって殺されかけたからだ、というのである。あふれるようなモノによって人が殺されるというのは、いかにも象徴的に思われよう。大地震も「ミニマリスト」も少し極端だとしても、肉体的のみならず、精神が過剰なモノによって殺される、などということもあ

りえるのだ。

それにもかかわらず、繰り返し述べてきたように、われわれは過剰なモノをこれでもかとばかりに産出することを社会進歩と考えてきた。効率性を追求するといいながら、実は過剰なモノ、つまり無駄なモノばかりを生み出しているにもかかわらずである。無駄を省くことによって壮大な無駄の体系を産出しているのである。もしも、過剰な情報のなかで本当に必要なモノだけにしか関心をもたず、いくらでもつながりうる人間関係のなかで本当に大事な人としか関係をもたず、ネットショッピングでいくらでもモノが手に入るなかで、本当にほしいモノしか買わない、という「しない生き方」を実践しようとしても、その方がはるかに難しくなっている。「つましさのなかにある幸せ」などというものは昭和30年代の映画か歌謡曲にしか残っていないようにみえる。今日のグローバル競争のなかで、「しない生き方」によってそのもっとも基本的な生の充実を確保すること自体が困難になっているのだ。

外延的拡張とは、いわば「足し算の原理」である。付け加えること、数を大きくしてゆくこと、増やしてゆくことだけが評価される。ここにあるのは自我の拡張の論理である。自我の拡張の延長上にモノの所有がでてくる。その延長上に欲望の増大と充足、所有の拡張を求めることになる。この原理の行き先は、必要だから所有するのではなく、また欲求するから所有するのでもなく、ただただ所有したいがために所有するという一種の自己撞着的な自動運動であろう。所有することとそれ自体、獲得することとそれ自体が欲望されるだろう。

これに対して内向的凝縮は「引き算の原理」といってよい。無駄なモノ、過剰なモノをできる

だけ取り去ってゆく「しない生き方」である。「死」というものから「生」を逆算する、つまり「引き算」をすれば、「死」に向けてできるだけ不要なモノを捨て去ってゆくことこそがよき「生」になろう。特に日本文化のなかに生きるわれわれは、伝統的に、余計なモノを捨て去り、「死」の側から「生」をみるという「引き算の原理」にこそ「美」をみてきたのではなかっただろうか。

もちろん、「引き算の原理」は成長主義やグローバリズムとは対立する。「引き算の原理」を価値の基軸にすえて、グローバルな世界で利益を稼ぎ、資本主義の成長を促進するなどということはありえない。しかし、「引き算の原理」が必要な「場」はある。われわれの日常的な生活の世界や親密な人々とのつながりの場では、「足し算の原理」ではうまくいかない。狭い世界で人々が「足し算の原理」で生きようとすると、すぐに摩擦を起こすだろう。

こういう狭い人間的な世界では、自我の拡張、欲望の充足と所有の拡大よりも、「私」から無駄なもの、余計なものを取り去って、「無私」や「滅私」とはいわないまでも「脱私」や「去私」ぐらいには自我を捨て去り、信頼できる親密さに貢献する「引き算の原理」の方がはるかに意味があろう。

一方の極には自我と欲望の無限拡張があるが、他方の極には、自我の抑制による、信頼できる他者や集団のための自己犠牲や献身の精神がある。「足し算の原理」からすれば、生は可能な限り充足されるべきもので、可能な限り延長されるべきものだ。したがって、今日の経済成長や技術革新の時代には、老人よりも若者が社会の主役になるのは当然である。経済活動の主役は、新

たな技術を生み出し、新たなファッションや流行を作りだし、SNSとほとんど一体化し、この高度情報・消費社会の中心に居座る若者ということになろう。

ところが、この経済成長とグローバリズムの社会は、実際には老齢者の社会なのである。高齢化率は、日本の場合、2016年で27・2%になっている。10年後には30%を超えるとされている。何とも皮肉な話である。いくら人口の3分の1が高齢者であるからこれからは老人が主役だなどとおだててみても、そもそも「老人」というカテゴリーは、成長主義の経済からすれば意味のない存在なのである。財政上のお荷物以外の何ものでもない。高齢化社会とは、壮大な規模で人間の「無駄」を産出している社会ということになる。効率性と生産性をとことん追求する社会が実際には壮大な人間の「無駄」を産出している。かくて、高齢化社会化という現実と、その現実を認識する観念がうまく適合していないのだ。

しかし、「生」ではなく「死」を基準にとり、経済成長ではなく脱成長を前提にすれば事情は変わってくる。もしも「生」を基準にすれば、老人の「生」は「死」からの引き算であり残余でしかなく、生産性や効率性や成長を基準にとれば「無駄」な時間でしかない。70歳を超した人に「人間、成長しなければダメだ」などと説教してもはじまらない。すでに脱成長しているのだ。しかし逆に、「生」を「死」からの引き算と考える者にとっては、経済成長やグローバリズムにはほとんど何の重要な意味も見いだせなくなるであろう。

もしも「死」を基準にとれば、「生」は「死」へ向かう途上に過ぎないことになり、常に不完全なものである。「死」がゴールだと考えれば、「生」は「死」へ向かって日々損耗し、減退して

ゆく途中経過に過ぎないだろう。「死」というゼロへ向けて、「生」はそのエネルギーを失ってゆくのである。

では、「死」を基準にしたとき、日々その「生」が衰弱する「老人」に、それに代わる意味はあるのだろうか。ありうるとすれば、それは「経験」と「知恵」である。「年を重ねる」ことは、多少は経験を積み、物事を即席の功利主義や損得のみから見るのではなく、少しは長期的な展望においてみ、損得では測れない何ものかを指し示すことができるということであろう。有用性を誇るのではなく「無駄」な存在であるからこそ見えてくるものもある。老人は「情報」やそれを体系化した「知識」ではなく、経験からえた「知恵」をもっているであろう。情報としてえた知識や専門的な知識を蓄えるのではなく、いわば「経験知」をもった存在なのである。それによって、ただ「生」の拡張を図るのではなく、「善き生」を指し示すことができるかもしれない。

もちろんこれは現実にはなかなか難しい。だが、本来は、その「はず」なのである。生物学的に細胞が衰え、経済学的に生産能力が衰えた老齢者が「お年寄り」として社会的な存在意味をもつとすれば、彼がかろうじて「知恵」と「経験知」を有するからであろう。

近代社会は、この種の「経験知」や「知恵」をあまりに軽視してきた。いまこの瞬間に実用化できず、生産性に寄与しない知識、しかも市場で売買の対象にならない知識はただただ「無為」な知識なのである。したがって、実用主義と功利主義にへつらった種類の近代社会が200年にもわたってのさばってくれれば、この種の「経験知」も「知恵」も社会のなかで自己の領分を発揮することは難しくなる。その結果、そういう形で人を成熟させることも難しくなった。「情報」

にうつつをぬかしている間に「知恵」からはどんどんと離れてしまう。高齢化社会には、自分自身さえも持てあましている「老人」はいくらでもいるが、経験を積んだ「お年寄り」はほとんどいなくなってしまった。

かくて、「情報」に敏感な「若さ」に焦点を合わせる経済成長主義やイノベーショニズムは、人をしてうまく「年を重ねる」ことをたいへんに困難にしてしまったのである。近代社会にあって人が成熟することは難しい。ところが老人の「知恵」とは、このような成熟を求めるものであり、そのゆえに、それは「無為」の知でありながらも、その「無為」であることをこそ静かに誇るものなのである。

だが、それにもかかわらず、今日、「無為」なものがその存在価値を訴えるのは難しい。確かに、「無為」であることこそが求められる生の領域もある。先ほどから述べている「引き算の原理」が有効な世界である。それは、決してSNSやイノベーションや経済成長の世界ではなく、市場原理や損得勘定、つまり「自我の拡張」を持ち込むべきではない世界である。日常的な生の世界、親密な人との交わりや、多様な集団であり、教育の場である。社交の場といってもよいし、多種の社会的共同体がそれである。また、そのなかに私がひとりで没入できるような場所と時間も含めてよい。われわれの日常のなかでの、親しい人との信頼をもったつきあいの時間や、また、一人で没入する時間こそは「無為」の時間なのだ。社会性においては、むしろ「無為」であることこそが信頼性を担保するのである。

こうして、「人間的なものの復興」が遠心力の方向と求心力の方向とのバランスにあるとすれば、ひとつの立場は、もっぱら遠心力の方向へと傾く近代社会に対して、意図的に求心力を働か

せることである。それは、グローバリズムや経済成長主義に対して、家族や親密圏や地域のコミュニティにおける信頼度の高い人間関係を可能とする場の形成であり、成長主義からの脱却であり、効率性に対して、意図して「無駄」や「無為」の活動を対置することだ。

それはまた、「生」を充実させ延長させようという「足し算の原理」に対して、「死」を正面におき、「引き算の原理」によって「生」を組み立てることでもある。それは、いかに長く生きるかではなく、いかにうまく死ぬか、を模索することである。「善き生」とは実は「善き死」でもあるのだ。私には、今日の医学や医療に求められているものは、延命治療ではなく、それを希望するものに対する安楽死や尊厳死の方にあることは疑いえないと思われる。

また、それは未知の領域へとわれわれをいざなう科学技術による社会変革に未来を託するよりも、われわれの生の条件になっている、自然や環境、風土や伝統的な価値を改めて確認することであろう。目に見えない不確定な世界へリスクを負って出航するという冒険的精神が人間のものであることは事実であるが、近代社会は、あまりにそちらに傾斜しすぎた。

いや、より正確にいえば、真に野蛮な冒険的精神など失ってしまった近代人は、野蛮に対するある種の郷愁のゆえに、恐る恐る冒険的精神をあおっているのである。その結果、未知の未来の可能性が過度に宣伝されてきた。その宣伝の結果、われわれは自らがいまここで立っているこの大地とそこにある自然や伝統に対して目を背けるようになってしまった。

もともとが「神」との確執から始まった西洋近代社会は、どこまでいっても「神」への接近を放棄できない。絶対的なもの、全能のもの、完全なものは、相対的なもの、限界をもったもの、

不完全なものよりも上位にある。それだけではなく、前者が後者を支配することができる、という。いいかえれば、ここには「力」の原理がある。そこで、人は「力」を求めて、より高いもの、より絶対的なもの、より完全なものを欲望するほかない。こういう思想が近代を無限の進歩と発展に駆り立てた。

そして、それは、ますます人間にとっては、残酷な要求となりつつある。「力」の原理は、勝つものの背後に多数の敗者を見捨ててゆくものだからである。それから逃れるには、人間には、それなりの分限があることを自覚する以外にないであろう。それはまた、人間は、相対的な存在で不完全で可謬的な存在である、というしごく当然の事実を心に刻むことであり、それゆえ、自然や風土や歴史的なものからの贈与と援助がなければうまくやってゆけないことを確認することであろう。

こうして、この遠心力の極大化の時代にあって、意図的に求心力を支えにすることがバランスをとるひとつのやり方といって間違いない。私は、決して、グローバリズムもイノベーションも否定するものではない。いや、否定などしようもない。繰り返すが、近代社会は、すでに「拡張の原理」によって離岸し、出帆してしまっているのだ。だがそうであれば、それを抑制する逆向きのベクトルもまた必要になる。それが「両極平衡の原理」だ。そして、幸か不幸か、われわれの日常生活の多くの局面は、決して「拡張の原理」では成り立っていないし、それではうまくいかないのである。その世界にまで、遠心力を持ち込むわけにはいかないのだ。

## ㈣　「ふつうの生」へ

### 「ふつうの生き方」が難しい

さて、バランスのとり方にはもうひとつある。それを最後に論じておきたい。バランスのもうひとつのやり方とは、ふたつの両極端の真ん中に、われわれの関心を近づけることである。中庸といってもよいが、物事の「中間」へと接近するというやり方である。「中間接近の原理」と呼んでおきたい。

一方で、今日、世界中でかつてに比べれば、間違いなくグローバリゼーションが進展した。われわれが世界を移動する速度も人数も急激に上昇した。訪日観光客の数など、1977年に1000万人だったのが2013年には1000万人になり、2016年には2400万人になった。また、われわれは居ながらにして世界中の情報がいつでも入手できる。大企業の生産拠点は世界中に散らばり、おかげでひっきりなしに海外へでかけるビジネスマンもごく普通になった。

しかし、この表層の下面を少し窺えば、実は、本当にグローバルに活躍しているビジネスマンや研究者は決して多くはない。日常的に外国人と接し英語を必要としている人も決して多くはない。

グローバリズムとかかわる「ふつうの」ビジネスマンは、いわゆるグローバル・エリートなのではなく、ただただ忙しく点から点を移動しているだけで、企業のなかで与えられた業務を遂行しているだけである。海外赴任といっても、拠点はあくまで自国にあって、家族を自国においた

ままの者も多い。また、いくらSNSが発展しても、外国語で世界中の情報を入手し、他国の人とコミュニケーションをとっている者などほんの少しである。大半の者は、自国語で、必要な範囲の情報で満足している。「ふつうの人」にとっては、時間と金銭の制約もあるが、海外へでかけるなどという機会はそれほどないのが実情である。むしろ、ほとんどの人々は、学校や企業や住居地域という身近な場で大半の時間を過ごしている。いくらグローバリズムの時代といっても、この基本的な構造が大きく変わることはありえないだろう。

となれば、一方の極には、グローバル世界があり、他方には、家族やごく親しい人の親密圏がある。遠心力と求心力である。しかし、その「中間」がある。中間には多様な「社会共同体」があり、多様な人間関係がある。地域社会、都市、企業、学校、趣味の仲間、友人の集まり、そして国家がある。その多様な集団は、それぞれなりの価値や規律をもっている。この「中間集団」はゲゼルシャフトとゲマインシャフトの中間であり、現実には、われわれ「ふつうの人」にとっては、この様々な社会共同体に足場をもつことこそが日常の社会生活を安定させるものなのである。

この「中間」を認識することはきわめて重要だ。われわれは、ただ孤独な個人主義者でもなければ、グローバル世界を浮雲のようにただよっているわけでもない。多様な「中間」にあって様々な人間関係を取り結んでおり、それなりに帰属意識や準拠意識をもっているのだ。実際には、この社会の大多数は、そういう集団や社会共同体にあって生を営んでいる。そこで改めて「中間接近の原理」が意味するところをいくつかあげておきたい。

（1）「ふつうの人の重視」の原則。

おおよそどの時代にも、またどのような国でも、その時代に適合するという意味で優秀な人材は、せいぜいトップ10％程度であろう。時代にまったく適合しない「落ちこぼれ」も10％ぐらいであろう。そして、大半はその中間の80％である。上下にあと10％ずつ加算しても、中間層は60％である。いわば「ふつうの人」なのである。念のためにいっておくが、ここで下位10％を「落ちこぼれ」といったが別に何らかの価値を含んでいるわけではない。この競争社会からあえてドロップアウトした者もいるだろうし、個性が強すぎてはみ出した者もいるだろう。ただ、今日のこの資本主義的な競争社会にはなじまないのである。と、ことわった上でいえば、確かに、トップ10％はこのグローバリズムやイノベーションの時代の寵児であり、社会的エリートであり、彼らが所得を生み出すことは事実であろう。かつてロバート・ライシュが述べた「シンボリック・アナリスト」である。

しかしだからといって、この10％の優遇政策をとれば、格差はますます開く。「ふつうの人々」は経済的な所得も、社会的な地位も低下するであろう。にもかかわらず、今日、政府は、トップ10％に焦点を当てた政策を採用している。グローバルな成長競争のなかで、有能なトップ10％をもっと増やそうというのである。そこで小学校からの英語教育、特異な才能をもった人材の大学への早期進学、「グローバル人材」の育成、「優秀な」（つまり、イノベーションを可能にしそうな）人材への支援……。

これが今日の教育の中心になっている。トップ10％の優秀な人材をモデルにした教育政策である。しかし大事なことはそうではない。「ふつうの人」が「ふつうに生きる」ことがたいへんに難しくなっているのだ。とりわけて特別な才能ももたないが、それなりの仕事ができ、多少の道徳心もあり、一応の社会的常識も備え、格別な成功を求めるわけではないが、そこそこの生活はしたい、と思う、7割の勤勉さと3割の怠惰さを組み合わせて生きているような「ふつうの生き方」が難しいのである。これは異常な社会というべきなのではなかろうか。過剰なまでの競争経済と、過剰なまでの科学・技術偏重社会は、中間層の没落を招き、この「ふつう」をたいへんに難しくしているのだ。必要なのは、社会の中心に、グローバル・エリートではなく、中間に幅広く散らばる「ふつうの人」の「ふつうの生」を据えることなのである。

（2）「中間社会の重視」の原則。

個人やあまりに凝集された親子関係でもなく、いささか抽象的なグローバル世界でもなく、多様な中間的集団にわれわれは帰属している。家族や親族、地域、学校、企業、そして「国」といった、自らが社会的な存在であることを確認できる「場」を確保することはますます重要になる。グローバルな世界が、国と国の関係（inter-nation）から成り立っているとすれば、ここで重要なのは、相互の「国のあり方（nationhood）」を認めつつ、自国の「国のかたち」に帰属意識と責任をもつことである。

同様に、国が、その内部の多様な地域の連関（inter-region）によって成り立っているのなら、

ここでも大事なことは、相互の地域の尊重の上にたった地域への愛着と責任をもつことであろう。愛郷心といってもよいしパトリオティズムといってもよいだろう。

私は、時々、地方都市へ仕事等でいくが、できるだけ仕事が終わってから二、三泊してそのあたりを歩いてみる。多くの場合、到着した時の第一印象は、駅前や商店街の無残なほどの荒廃である。見事なまでのシャッター街をみると暗澹たる気持ちになってくる。しかし、歩きまわっているうちに少し印象は変わってくる。ゆったりと流れる時間。しばらく歩けば田畑が広がる。人口数万の町であれば、一応の施設もそろっている。県庁所在地であれば、大病院もありデパートもある。公共交通もあるし、車での移動も便利だ。それに概して物価が安いし、農作物など安価に入手できる。確かに人口密度は低く、閑散とした印象はあるものの、こうした場所で、ある程度、親密に集まれる仲間があれば、なかなか優雅な生活ができるではないか。こう思ってしまう。

もちろん、これは旅行者の印象に過ぎないし、現実はそれほど安閑としたものではないであろう。実際、無残な姿をさらけ出している街もかなりある。しかし、住民の住み心地満足度調査などでは、富山、石川、福井、それに鳥取、島根などがかなり上位に入ってくるのである。しかも、第一章であげた『現代日本人の意識構造』を見ると、「地域の生活環境の満足度」は一貫して上昇し続けている。２００３年に75％だったのが10年後の２０１３年には87％まであがっている。もちろんこのなかには地方都市や田舎も含まれている。というより、大半が地方であろう。この数年間のデフレ経済にもかかわらず、おそらくはかなりの地方生活者が、自分の住んでいる地域を住みやすいと感じているのだ。

このことは、端的に、人間の満足や幸福が、経済成長やGDPでは測れないことを示している。70年代初期に発表された「イースターリンのパラドックス」は、今日になってますます現実味を帯びてきていると思われる。中間的な社会共同体には、数値化できない何かがある、ということだ。自分のおかれた場所、安心できる土地、愛着をもてる故郷、顔を見知った人間関係といったものを提供できるのは、地域的コミュニティだけである。人は、一方で、未知のグローバルな世界への跳梁を夢想すると同時に、いつでも帰還できる場所や人間関係が常にそこにあることを求める。未知の世界へのあこがれとともに安定した大地を求める。一定の経済水準に達し、それなりの福祉が得られれば、人は信頼できる人々との土地に根差した生活のなかに安定と安らぎをえるのだ。それが「故郷」であるとすれば、中間的な社会共同体としてのやすらげる場所（故郷）を確保することはきわめて重要なことである。

実際、地方都市や小さな町を歩いていると、思いがけない古い町並みや古民家や寺院に遭遇することがある。かつてはそれなりに栄え、それなりに由緒ある街並みと伝統的な住宅に支えられていたのであろう。今でもまだその名残をとどめてはいる。本来は、たいへんに居心地のよい場所であろう。しかし、郊外型のショッピングモールの登場やインターネットによるショッピングや多彩なアミューズメントのおかげで、ただただ衰退の一途をたどっている。こういう場所がいくらでもある。そうした中にあって街づくりに精を出したり、都会から戻ってきて小さな店を出店したりする若者もいる。

また、私は、古都の古い寺院なども好きで、それらは時間を超えて保持されるべきだと思うが、

かりに寺院の建物だけは残っても、周辺がまったく古寺の雰囲気にそぐわない郊外型のロードサイド・ビジネスに埋め尽くされている、といった場所にもよく遭遇する。

景観とは、ある程度の全体的なまとまりをもったものなのである。こういう光景に直面すると絶望的な気分に覆われる。ほんの少し自分の手足を動かせば済むようなものを取るためにロボットを開発する必要があるのだろうか。その資金をほんのわずかこうした場所へまわすことがどうしてできないのか。また、大都市で、ほんの少しだけ便利さと快適さをがまんしてその分の資金を地方の崩壊寸前の街並みの維持にどうしてあてられないのか、という気になるのだ。おそらくは、それこそ多くの「ふつうの人」がそう考えているだろう。(注)

(注) かねてより「定常型社会」を提唱している広井良典氏は、「市場経済プラス拡大・成長」としての資本主義はもはや適切には機能しない、という認識のもと、定常型社会はローカルな地域コミュニティを軸にした経済こそが重要になる、という。ヒト・モノ・カネが地域で循環して、そこに雇用と、同時に人々のつながりを可能とするようなローカル・コミュニティの経済循環を生み出すことである。そのひとつの軸として、広井氏は、「鎮守の森・自然エネルギーコミュニティ構想」なるものを提示している。彼が述べていることだが、ある地域で、水力を利用した地域再生事業を推進しているが、そのエネルギーは「自然の力」の恩恵であるという認識をもとに、地域の土着的かつ自然信仰とエネルギーを利用した地域再生である、という。伝統的信仰(鎮守の森)と自然エネルギーを結び付けて、そこに経済循環を可能とするコミュニティを再生しようというのである。また、広井氏は、高齢化社会における

福祉を軸にした地域コミュニティ構想なども論じている。「拡張・成長」が終わり「定常化」へ向かう「ポスト資本主義」では、それぞれの特質に応じた「地域」のある程度の自立した循環経済（それは必ずしも利潤原理にもとづく市場経済ではない）こそが必要になる、という氏の構想には共感できる。

（3）「善き生の重視」の原則。

これはすでに幾度も述べてきた。今日の経済上の最大の問題は、実は、景気や雇用というよりも、経済上の豊かさや成長がわれわれの幸福には結び付かない、という点にある。今日、経済成長を達成するために、企業はかつてないほどの競争を要求され、そのためには、労働者や一般の従業員は厳しい競争圧力のもとで仕事を強いられる。ゼロ成長のもとでは、働けばもっと生活がよくなるのではなく、これまでの水準を維持するためにいっそう働かなければならないのである。

人は誰でも、もっと働けばもっと所得が増え、もっと豊かになれると考えてしまう。しかしそれはあくまで成長経済での話だ。ゼロ成長のもとで競争すれば、いっそう働いてもいっそう豊かにはならない。以前と同じ水準を維持するのが精いっぱいになる。これでは、経済活動はもはや幸福にはつながらないだろう。

そもそも、幸福とは、多様な要素をもった概念であり、少なくとも、そのひとつは、他人とつながりをもつこと。他人からの承認を受けることが大きい。しかも、それは国によっての相違も大きく、少なくとも、日本ではその傾向が強い。幸福感の国際比較を行っている社会心理学者の内田由紀子氏はこういう結果を報告している。仮に、あなたの現在の幸福度を10段階で示すとす

るとどれくらいか、と質問する。するとたとえばアメリカは7や8という答えがでてくる。しかし、日本では、平均して6・5程度だという。さらに、ではどれくらいの幸福度を求めるかと問うと、アメリカではできるだけ10に接近しようというのに対して、日本では6・5とさして変わらない。

これはどういうことか。アメリカ人は、基本的に、幸福感はその個人だけの問題であり、しかも、幸福は大きければ大きいほどよい、という。幸福も「より大きく」の原理なのである。自我の拡張はまた幸福の増大なのである。これに対して、日本の場合には、幸福は、「みんな」つまり自分の仲間や国民的な平均とつながっており、自分だけが幸福である、ということはありえないし、望ましくもない。しかも、幸福は満点に近づくことなどありえないし、その必要もない、と考えているのだ。仲間や他人と分かち合える平均的水準であることが本当の幸福だ、というわけである。日本の場合には幸福を決定するものが個人主義というよりも「関係性重視」にあり、アメリカの「増大的幸福像」に対して「バランス志向的幸福像」になっている。これが内田氏の指摘である。おおよそわれわれの実感にも即した結論だと思う。日米比較でいえば、両者において「善き生」の意味が異なっているのである。

もしも、アメリカでは「増大的幸福像」が標準形であるのに対して、日本では「関係性」と「ほどほど」を重視する「バランス志向的幸福像」が標準形だとすれば、アメリカ型の、経済を拡張すればするほど幸福は増大する、という成長の思想を日本に持ち込んだとき、どういうことになるのか。少なくとも、それは、われわれの「善き生」の観念とはそぐわないだろうし、われわれ

われの幸福感とも合致しないであろう。にもかかわらず、日本はアメリカ型の幸福感を「押し付けられる」こととなる。(注)

（注）北山忍氏や内田由紀子氏を中心とする比較文化心理学の研究は、日米における幸福感の違いを際立たせる結論を導いていて興味深い。内田由紀子・荻原祐二の論文「文化的幸福観」によると、たとえば、北米で幸福だとみなされる人物像は、若くて健康で高い教育を受け、高収入で、人付きあいがよく、よい仕事をしており、自尊心が高い人である。つまり、自分の能力や与えられた環境を最大化したときに幸福が得られる、とされる。これに対して、日本では、幸福の頂点を追い求めるという考えは強くない。むしろ、人生全体でみれば、一人一人の幸福や不幸の総量はおおよそ同じであり、だからあまり幸福であることがかえって不幸を招き寄せる、という意識が生まれる。また、自分だけが突出して幸福であることは望ましくなく、他人との関係性のなかでのバランスが大事になる。

では、このような日本社会で、グローバル化や情報化、市場競争などの影響のもと、「個人主義化」が進めばどうなるのか。これに対しては、個人の能力や業績を追求することが他者との関係性のネットワークを乱してしまって、孤立し、結果としてかえって幸福感が低下する、という意識が強い。

こういう報告を見ると、明らかに、アメリカ主導のグローバル競争や個人主義や能力主義、それにおそらくは情報化は、決して日本人を幸せにしていない。これは、われわれが日ごろ感じている感覚を裏付けているといってよいだろう。日米では、そもそもの「幸福」についての感じ方が違っているのであり、それはそれぞれの「文化」によって異なるのである。にもかかわらず、今日の「幸福度の世界比較」などは、あくまで、アメリカで開発された指標を使用しており、アメリカ型の幸福感がグローバ

ル・スタンダードだ、という前提にたっている。「幸福」のアメリカ帝国主義のようなものである。他文化のなかで作られた幸福度をもって自国の幸福を論じることの愚はいまさらいうまでもなかろう。北山氏や内田氏の研究は、アメリカ型の幸福指標ではない、たとえば日本型の幸福指標がありえるのではないか、という問題意識に基づいている。

（4）「多様性の承認」の原則。

脱成長へ向かう社会は、競争社会ではない。ゼロ成長の社会とはゼロサム社会である。ここでは、激しい競争は勝者と敗者を明確に隔ててゆく。同じ国民のなかで、また国土のなかで、目に見えない壁が築かれてゆく。この両極への分離を回避しようとすれば、「競争」ではなく「共生」を目指すほかない。すなわち「すみ分け」こそが重要になる。EUの失敗は、ギリシャもドイツも同じ市場競争ルールの下においた点にあった。世界中での市場競争の失調も、グローバルな大企業からローカルな小規模自営業まですべて同じ競争ルールを適用した点にある。東京と地方の間に広がる驚くほどの格差も、両者に共通の単一ルールを当てはめたために生じた。それを避けるには「すみ分け」によって、国や地域や企業の多様性を維持していかねばならない。事業の形や規模が違うものはそれぞれの事情に応じて処すほかなく、そこに画一のスタンダードを当てはめることはできない。もしそうすれば、必ず弱体化したところからほころびが生じるであろう。それは全体のシステムをも弱体化するであろう。

アベノミクスのひとつの柱に「国土の強靭化」が掲げられている。しかしこの強靭化によって、

あたかも国土全体をコンクリートで固めた強力な国家をイメージしてはならない。強靱化つまり「レジリエンス（resilience）」とは、もともとは物理学用語であり、外的なショックを適切に吸収しつつ、元の状態を回復する柔軟性をいう。今日ではそれが生態学（エコロジー）に転用され、あるシステムが外的衝撃を吸収しつつ、この構造や働きを維持し、さらには永続化することを指す。そして、フランスの経済哲学者セルジュ・ラトゥーシュが『〈脱成長〉は、世界を変えられるか？』において述べるように、自然や人間活動のシステムのレジリエンスを確保するためには、様々なレベルでの多様性が不可欠であり、それは「空間の分割化」をも必要とするだろう。

たとえば、都市を考えてみよう。人口が密集した巨大都市は、巨大災害、停電のような突発的出来事、エネルギーの枯渇や遮断、さらには不動産バブルの崩壊といった経済危機などに対してきわめて脆弱である。そのなかで、行政、消防、私的企業活動、大学、交通・輸送などが専門的に機能分化してそれ自体の与えられた役割しか果たさず、住民がそれぞれの専門的な機能の体系に吸収されて、それに依存してしまうとしよう。すると、この都市は平常時には効率的に機能するとしても、予期しえないショックに対しては、むしろ、きわめて脆弱になってしまうであろう。

それよりは、巨大都市に密集した人口を地方へと分散させ、多様な地方都市を整備し、その全体像が目に見えて、全体の構造がわかるようにする。そして、そのなかにあって、住民は専門的分業体制に依存するというよりも、相互に連携して状況に柔軟に対応できる。こうして一人一人の住民のなかに全体がイメージされる。つまり公共精神をもっているような地域の方が、はるかにレジリエンスが高いであろう。ラトゥーシュはこの点を次のように述べている。

「多様性は抵抗力と環境変化に対する順応能力を向上させる。菜園、種々の作物の同時栽培、近隣農業、パーマカルチャーを導入し、ＡＭＡＰ（伝統農業を支えるアソシエーション）［フランスの提携運動］や小規模の手工業組織を発達させ、再生可能エネルギーを増やせば、地域社会のレジリエンスは高まる。」（『〈脱成長〉は、世界を変えられるか？』作品社）

ここでわれわれは、シューマッハーのいう「中間技術」を想起することもできよう。それは、地域社会に結び付き、その場所（土地）に支えられ、その技術が彼にとってもつ意味を確認できるようなものである。それは、人間が、技術の歯車になったり、また、人間の働きを過度なまでに技術に代行させ、結果として人間が特定の技術に依存するような現代の高度技術の対極にある。現代の高度な技術によって張り巡らされ、支えられた生活の方が、低いレベルの、人間が容易に管理できるような技術とともにある生活よりもはるかに脆弱でありえるのだ。

こうした多様性を保証する「中間的な地域社会」は、ある程度の、つまり大きすぎもせず小さすぎもしない規模でなければならないであろう。私には、おそらく人口10万から30万あたりが適当な規模だと思われるが、いずれにせよ、ここで必要なのは、グローバリズムのような「空間の均質化と統一」ではなく、「空間の多様化と分割」である。

もちろん、今日は、グローバリズムの時代であり、人間の能力までしのぎかねない高度な技術社会である。この現実を否定することはできないし、この動きを逆転させることは不可能に近い。

したがって、課題は、「効率性とレジリエンスとの間の良質な均衡を実現する」（同前）ということになろう。効率性に与すれば、いやおうなく、規模の拡張、技術の高度化、機能の専門分化へ向かう。しかし、この機能の専門分化を基礎にした効率性の追求は、外的なショックに対して実に脆弱なのだ。これに対してレジリエンスは、一定の配慮が行き届いた空間を必要とする。それを実現するのは、規模と機能の多様性にほかならないのである。

## 「方法的悲観主義」でいい

結局、本書で私が主張したいことはきわめて単純で、あまりに常識的なことであった。実際、私が、本書で述べたかったことは、ただただ「常識に帰ろう」「ふつうにやろう」ということである。本書では何も特別なことは述べていない。しかし、この「ふつう」を訴えるために、結構エネルギーを費やさなければならないのである。それほど、今日の社会は「ふつう」ではなくなっているのだ。

新自由主義とグローバリズムがもたらした激しい経済競争は、一部のものには大きな利益をもたらしたが、「ふつうの人」の生活や将来展望を明るいものにしているかといえばそうではない。インターネットやSNSは過剰なまでの情報と簡便な「つながり」によって、一見、われわれの合理性を高め便利になったようにみえるが、実際には人間の思考能力を著しく低下させている。新たな産業を創出するイノベーション競争も、それにかかわる人々を異常なまでの競争と神経戦にさらしつつある。政治も社会もゆとりを失い、いわば衝動によって動かされている。こうした

なかで、親密で大事な人間関係や多少は落ちついた生活空間を確保して、精神の健全性と安定をたもって生きることがそうとうに難しくなっている。これこそが「ふつう」の生き方であるにもかかわらず、だ。

しかしまた、それはいいかえれば、この「常識的な生」を守ろうとするそれなりの意識をもち、日常的な空間のなかにある健全性を保つ努力をしてゆけば、社会は少しずつ変わるかもしれない、ということでもあろう。われわれは、あまりに、成長主義や、グローバリズムや、イノベーションといった「観念」に取り込まれ、支配されているようにみえる。最後に、すでに述べてきたことではあるが、二、三の点について改めて繰り返しておきたい。

(1) 私は、本書で「脱成長主義」を説いているが、「脱成長」でなければならない、といっているわけではない。私は、今日、先進国では、ある程度の経済成長ももはや無理だと思っている。日本はほぼゼロ成長の状態にあると考えている。程度問題ではあるが、これに対して、たいていのエコノミストやジャーナリストさらには経済人も、適切な政策をとれば経済成長は可能である、という。さらには、一歩前進して、何が何でも成長しなければならないのだ、ともいわれる。

そのことを私はあまり争う気はない。いずれ、これは将来予想にかかわることで、実際には誰も将来のことなどわかりはしない。そこで、私の考えはこうである。もしも経済成長が可能であるとみなしたにもかかわらず、現実にそれが困難であることがわかれば、われわれの生活上の、また精神上の打撃は大きく、問題は深刻である。一方、ほぼゼロ成長を前提にし、経済成長を目

指すのではなく、別のやり方で将来社会の方向を描けば、経済成長が不可能であったとしてもさして困りはしない。反対に、ある程度の経済成長が達成できればそれはそれでよい。その富をいかに社会的に有効に使用するかを考えればよいだけのことである。

とすれば、「脱成長」の方向でわれわれは考えるべきだということは明らかだろう。これが序章でも述べた「方法的悲観主義」である。私は、個人的には、あまりペシミストというわけでもなく、どちらかといえば「なるようになるさ」という「方法的楽観主義」なのだが、今日のような世界情勢も社会状況もきわめて不安定になり、将来の見通しも容易にはたたない時代の社会哲学はあくまで「方法的悲観主義」であるべきだと思う。

(2)「方法的悲観主義」はまた、いわゆる「保守主義」ともかかわっている。思想の基本的な立場として、私は、いわゆる「進歩主義」ではなく「保守主義」にたちたいと思う。「進歩主義」が人間の理性や技術的な能力に、さして根拠のない絶大な信頼をおいて、将来を希望に満ちたものと想定するのに対して、「保守主義」は、人間の理性にも技術的能力にもさしたる信頼をおかない。それらへの過信がかえって社会を混乱に陥れ、文明を衰退させることを危惧する。そこで、将来に対して、最大限に幸福を増大させようというよりも、できるだけ損失や災難を減少させようとする。つまり「マックスミニ原理」(最悪＝ミニの状態を最善＝マックスにする原理)なのである。これは「方法的悲観主義」にほかならない。最悪の場合を想定し、それをできるだけ避け、また、損失を最小化しようというのである。

（3） 経済や経済成長についての考えは国によってかなり違っている。ラトゥーシュは、面白いことを書いている。décroissance（脱成長）というフランス語を他のラテン系言語に翻訳することは決して難しいことではない。しかし、それを英語にするのは不可能だ、と。décroissance に込められた「落ち着いて、気楽に、活動のペースを落としてリラックスした人間」という意味を表現する英語が見当たらない、という。degrowth という言葉はない。これを表すのは、"decreasing growth" というような言い方しかない。

ラトゥーシュはゲルマン語圏の言葉には、脱成長にあたる言葉がない、と述べているが、とりわけ英米圏の言葉に「脱成長」に対応する言葉がない、という指摘は興味深いのではなかろうか。これは英米圏における様々な意味での「成長」というものへの強い信仰を示しているともいえるだろう。

これに対比していえば、日本語で「脱成長」とは、自明の言葉ではないものの、さして奇妙な言葉でもない。ほぼ意味は通る。「成長」というものにこだわることをやめよう、という含意をもつ。それは、先のフランス語と同様に、「もっと活動のペースを落としてゆったりとする」といったニュアンスを含んでいるだろう。あるいは、日本語の場合、もう少し「成長の盛りはもう過ぎた」という若干「諦念」に似たニュアンスも付着しているように思われる。とすれば、「成長」ひとつをとっても、国によって、それがもつ意味合いは異なっているのだ。

言葉はそれぞれの文化のなかで育ち、文化を背負っている。ヨーロッパのラテン系はいざしら

ず、日本人は日本の文化や価値観を背負って生きるほかない。日本の文化や価値観を前提にした場合、「脱成長」は、われわれにとってそれほど違和感のある観念だとは思われないのである。にもかかわらず、近代社会とは英米の、とりわけアメリカの文化や価値の圧倒的な世界化によって生じたのであり、ここに日本人にとってのディレンマがある。そのことをわれわれはもっと自覚すべきである。それは、別にアメリカと対決する、ということを意味するものではないが、しかし、「アメリカではこうだから……」「アメリカではこうなっている、だから……」式の話があまりに多いのである。アメリカ発をあまりに無条件に受けとめ過ぎている。それでは、いつまでたっても、仮にどれだけ日本の経済が成長しても、われわれは不幸なままであろう。「アメリカニズム」という、いわば「目的なき進歩主義」へとゆきついた西洋的近代主義を自明視するよりも、「文明の多系的展開」（村上泰亮）という「常識」にたちかえるべきであろう。

最後にもう一度、繰り返しておきたいが、本書で私が意図したことは、あくまで「脱成長主義」という「考え方」を提起することであった。本書を読んでいただいた読者のなかには、「お前は脱成長などといっているが、ではどうすれば可能なのか」という人が必ずおられるだろう。「一体、どういう政策があるのか。政策を提示してくれ」という人もでてこられるだろう。さらには、「では、脱成長になったとして、財政問題や年金問題はどうすればよいのか」という疑問もでるかもしれない。そして「具体案がなければ、脱成長など無意味である」という人もでてくるだろう。

これに対しては、こう答えておきたい。「脱成長はどうすれば可能なのか、どういう政策があるのか」と問われても、私には別に具体的な提案があるわけではない。それは本書の関心の外である、と逃げるほかない。しかし、「具体案がなければ、脱成長など無意味だ」といわれるとすればそれは心外である。私が、ここで長々と論じてきたこととは、せんじ詰めれば、まさにこの種の「考え方」を批判することだったからである。それは、第一に、「具体的な成果に結びつかないものはすべて無意味である」という性急な技術主義、成果主義への批判であり、第二に、「成長を目指すのは当然である」という成長至上主義への批判だったからである。

この二つの典型的な近代主義こそ、今後、ますますわれわれを窮屈な世界へと押し込めてゆくだろう、と深く危惧するのだ。その理由については改めてここに書くまでもなかろう。問題としたいのは、技術主義、成果主義、成長主義といったものを絶対的な価値として受け入れて疑わない「考え方」なのである。だから、「具体策がなければ脱成長は無意味で、策があれば意味がある」などということではない。繰り返すが、科学も技術も経済成長も、私は決して非難しているわけではない。そんなことはできるわけがない。問題にしているのは、それらを当然のものとして疑わない無恥であり、それらを絶対化して譲らない傲慢である。しかも、この時代に生きるわれわれは、自ら意識はせずとも、いつのまにか、この不徳のなかに落ち込んでしまう。ひとたび落ち込めば、この妙に便利で威勢のよい場所に安住して自分の境遇に思いを馳せる力を見失ってしまう。そして、そのうちに、われわれは、過剰で急進的なまでの科学技術と経済成長によって、とりかえしのつかない不幸に陥っている、という事態が現出しかねないであろう。

それならば、「脱成長主義」という別の考え方を提示することにも意味は大きいのではなかろうか。それは、政策論でもなければ、具体的な制度論でもない。それもまたあくまで「考え方」であり「観念」に過ぎないともいえよう。よくいえば「思想」であろう。しかしそれにもかかわらず、長い目でみて、人々に影響を与えることのできるものは「思想」だと思う。もちろん本書が、そんな、たいそうな思想だなどとうぬぼれるほど、私は傲慢でもなければ自信家でもない。ただ、ささやかながら、われわれが向かうべき社会と、考えるべき物事の方向を指し示すことに貢献できればと思うだけである。

## 本書で紹介されている主な書籍（初出の章のみ記載）

### 序章

『経済の未来　世界をその幻惑から解くために』（以文社）ジャン＝ピエール・デュピュイ、森元庸介訳
『時間かせぎの資本主義　いつまで危機を先送りできるか』（みすず書房）ヴォルフガング・シュトレーク、鈴木直訳
『超一極集中社会アメリカの暴走』（新潮社）小林由美

### 第一章

『現代日本人の意識構造［第八版］』（NHKブックス）NHK放送文化研究所編
『スモール イズ ビューティフル』（講談社学術文庫）E・F・シューマッハー、小島慶三・酒井懋訳
『日本列島改造論』（日刊工業新聞社）田中角栄
『成長の限界――ローマ・クラブ「人類の危機」レポート』（ダイヤモンド社）ドネラ・H・メドウズ他、大来佐武郎監訳
『エントロピー法則と経済過程』（みすず書房）N・ジョージェスク＝レーゲン、高橋正立他訳
『スモール イズ ビューティフル再論』（講談社学術文庫）E・F・シューマッハー、酒井懋訳

第二章

『脱工業社会の到来［上］［下］』（ダイヤモンド社）ダニエル・ベル、内田忠夫他訳

『ケインジアンの経済学とケインズの経済学』（東洋経済新報社）A・レィヨンフーヴッド、根岸隆監訳、日本銀行ケインズ研究会訳

『産業社会の病理』（中央公論社）村上泰亮

『文明としてのイエ社会』（中央公論社）村上泰亮・公文俊平・佐藤誠三郎

『ソシオ・エコノミックス　集団の経済行動』（中央公論社）西部邁

『選択の自由　自立社会への挑戦』（日本経済新聞出版社）M&R・フリードマン、西山千明訳

『選択という幻想　市場経済の呪縛』（青土社）アンドリュー・バード・シュムークラー、河田富司訳

第三章

『ザ・ワーク・オブ・ネーションズ　21世紀資本主義のイメージ』（ダイヤモンド社）ロバート・B・ライシュ、中谷巌訳

『個人主義と経済秩序［新版］ハイエク全集Ⅰ－3』（春秋社）F・A・ハイエク、嘉治元郎・嘉治佐代訳

『隷属への道〈新装版〉［新版］ハイエク全集Ⅰ－別巻』（春秋社）F・A・ハイエク、西山千明訳

『限界費用ゼロ社会〈モノのインターネット〉と共有型経済の台頭』（NHK出版）ジェレミー・リフキン、柴田裕之訳

『ケインズ全集7巻　雇用・利子および貨幣の一般理論』（東洋経済新報社）J・M・ケインズ、塩野谷祐一訳

「わが孫たちの経済的可能性」（『ケインズ全集9巻　説得論集』東洋経済新報社）J・M・ケインズ、宮崎義一訳

『「衝動」に支配される世界　我慢しない消費者が社会を食いつくす』（ダイヤモンド社）ポール・ロバーツ、神保哲生訳

第四章

『経済学の本質と意義』（京都大学学術出版会）ライオネル・ロビンズ、小峯敦・大槻忠史訳

『ゆたかな社会』（岩波書店）ガルブレイス、鈴木哲太郎訳

『石器時代の経済学〈新装版〉』（法政大学出版局）マーシャル・サーリンズ、山内昶訳

『経済発展の理論　企業者利潤・資本・信用・利子および景気の回転に関する一研究〈上〉〈下〉』（岩波文庫）J・A・シュムペーター、塩野谷祐一他訳

第五章

『21世紀の資本』（みすず書房）トマ・ピケティ、山形浩生他訳

『大停滞』（NTT出版）タイラー・コーエン、若田部昌澄訳

「人口減少の経済的帰結」（"Some Economic Consequences of a Declining Population" The Eugenics Review, Vol. 29 1937）J・M・ケインズ

『大格差』（NTT出版）タイラー・コーエン、若田部昌澄訳
『ポスト資本主義』（岩波新書）広井良典
『スティグリッツ　マクロ経済学（第3版）』（東洋経済新報社）ジョセフ・E・スティグリッツ／カール・E・ウォルシュ、藪下史郎他訳

第六章
『風土』（岩波書店）和辻哲郎
『法と立法と自由I［新版］ハイエク全集I－8』（春秋社）F・A・ハイエク、矢島鈞次他訳
『聖なるものの刻印　科学的合理性はなぜ盲目なのか』（以文社）ジャン＝ピエール・デュピュイ、西谷修他訳
『資本主義・社会主義・民主主義』（東洋経済新報社）J・A・シュムペーター、中山伊知郎・東畑精一訳

第七章
『人間の条件』（ちくま学芸文庫）ハンナ・アレント、志水速雄訳

第八章
『反古典の政治経済学　上　進歩史観の黄昏』（中央公論社）村上泰亮
『反古典の政治経済学　下　二十一世紀への序説』同

『グローバリゼーション・パラドクス　世界経済の未来を決める三つの道』（白水社）ダニ・ロドリック、柴山桂太他訳
『諸国民の富』（岩波文庫）アダム・スミス、大内兵衛・松川七郎訳
『アダム・スミスの誤算　幻想のグローバル資本主義（上）』（中公文庫）佐伯啓思
『ケインズの予言　幻想のグローバル資本主義（下）』（中公文庫）佐伯啓思

終章
『マルクス主義経済学の検討　マルクス・マーシャル・ケインズ』（紀伊國屋書店）ジョーン・ロビンソン、都留重人・伊東光晴訳
『大転換　市場社会の形成と崩壊』（東洋経済新報社）カール・ポラニー、吉沢英成他訳
『経済の文明史』（日本経済新聞社）カール・ポランニー、平野健一郎他訳
『フランス人は10着しか服を持たない　パリで学んだ〝暮らしの質〟を高める秘訣』（大和書房）ジェニファー・L・スコット、神崎朗子訳
『ポスト・モダニズムの建築言語』（ユー・アンド・ユー）チャールズ・ジェンクス、竹山実訳
『正義論』（紀伊國屋書店）ジョン・ロールズ、川本隆史他訳
「文化的幸福観」（「心理学評論」Vol 55, No. 1）内田由紀子・荻原祐二
「文化とこころ」（『こころ学への挑戦』創元社、吉川左紀子・河合俊雄編）内田由紀子
『〈脱成長〉は、世界を変えられるか？　贈与・幸福・自律の新たな社会へ』（作品社）セルジュ・ラトゥーシュ、中野佳裕訳

本書は『新潮45』二〇一六年七月号〜二〇一七年五月号に連載された「反・幸福論」を改題し大幅に加筆修正した。

新潮選書

# 経済《けいざい》成長《せいちょう》主義《しゅぎ》への訣別《けつべつ》

著　者………………佐伯啓思《さえきけいし》

発　行………………2017年5月25日
3　刷………………2018年5月25日

発行者………………佐藤隆信
発行所………………株式会社新潮社
〒162-8711 東京都新宿区矢来町71
電話　編集部 03-3266-5411
　　　読者係 03-3266-5111
http://www.shinchosha.co.jp
印刷所………………株式会社三秀舎
製本所………………株式会社大進堂


ISBN978-4-10-603802-0 C0333